2020-2038
부의 미래

THE FUTURE OF FORTUNE

2020-2038

부의 미래

데이터와 통계로 전망한 유망 비즈니스 미래 연표

사카구치 다카노리 지음 | 신현호 옮김

미래의 핵심 비즈니스를 전망하다!

비전코리아

한국의 독자 여러분에게,

우선 정치적 감정을 배제하고 이 책을 선택해주신 한국 독자 여러분께 진심 어린 감사의 말씀을 드립니다. 한국과 일본은 때때로 외교적으로 대립해왔지만, 경제적으로는 늘 밀접한 관계를 맺어왔습니다. 한일 양국 정부 사이의 관계가 어떻든 간에 민간 차원에서 두 나라 국민의 감정이 심각한 수준까지 악화된 일은 거의 없었습니다. 얼마 전에도 한국을 찾은 일본인 관광객이 한국 국민으로부터 환영을 받았다는 이야기를 들은 적이 있습니다.

그 까닭은 무엇일까요. 아마 두 나라가 지리적으로 가깝기 때문이고, 글로벌 경제의 틀 속에서 볼 때 같은 처지에 놓여 있기 때문일 것입니다. 물론 경제적인 부분에서 한국과 일본의 차이가 없는 것은 아니지만, 그럼에도 불구하고 한국과 일본은 아시아의 일원으로서 유사한 부분이 많습니다. 그래서 일본에서 일어난 일은 한국에서도 일어날 가능성이 있습니다. 미국의 상황이 수년 후에 일본에 전파되듯이 말입니다. 마찬가지로 일본으로 전파된 것은 다시 한국에서 받아들여지지요.

이 책은 열아홉 가지의 테마를 다루고 있습니다. 그중에서도 인프라스트럭처, 저출산, 고령화, 자동차, 여성 활용, 90년생 젊은층, 베이비붐 세대, 음악산업 등은 한국에서도 주요 이슈가 되고 있을 것입니다. 그리고 마지막 장의 테마인 교주 비즈니스는 이미 한국에서 현재 진행 중인 현상일지 모릅니다.

한국은 일본과 마찬가지로 자원이 넘치는 나라가 아닙니다. 그렇기 때문에 우리는 미래를 예견하고 항상 새로운 비즈니스를 발굴해야 합니다. 다시 말해 두뇌를 무기로 삼아 싸울 수밖에 없는 것입니다. 그러기 위해서는 가급적 많은 정보를 입수하고, 그로부터 발전된 미래상을 구현하며 다가오는 새 시대를 함께 구축할 필요가 있습니다.

이 책은 일본에 발을 딛고 사는 제가 최대한 많은 관련 정보와 데이터를 분석하고 내린 제 나름의 결론을 담고 있습니다. 내용을 읽어보면 알겠지만 이 책에 소개된 정보와 데이터의 대부분은 일반에 공개되어 있는 것들입니다. 공개된 정보와 데이터만으로도 이 만큼의 지식 습득과 미래 예측이 가능한데, 사실 이 책에는 이러한 점을 독자에게 알리고 싶은 의도도 반영되어 있습니다. 외교관들이 보유하는 고급 정보도 99퍼센트가 이미 공개된 정보를 바탕으로 하고 있습니다.

아마 이런 점에는 국가 간 차이가 없을 것이며, 한국에서도 마찬가지일 것이라고 생각합니다. 공개된 정보와 데이터를 올바르게 분석하고 제대로 조합하면 엄청난 일을 예측할 수 있습니다. 저는 이 책을 일본인을 위한 미래 생존 매뉴얼을 만든다는 생각으로 펴냈습니다. 그런 점에서, 이 책이 한국의 독자 여러분께도 미래 생존 매뉴얼로서 역할을 다할 수 있다면 이보다 더 기쁜 일은 없으리라고 생각합니다.

미래에 대한 걱정과 근심으로 너무 긴장하거나 거북해하지 않고 느긋한 상태에서 웃으며 읽어 내려갈 수 있기를 바랍니다. 웃으면서 장래의 해법을 찾는 낙관주의야말로 암담한 현실을 극복하는 가장 적절한 태도라고 믿습니다.

사카구치 다카노리

목차

한국어판 서문 … 4

머리말 … 12

2020년부터 2038년까지 돈 버는 법 | 100세 시대의 인생 설계도 | ① 인생 100년, 회사 10년 | ② 무용한 β주의 | ③ '뭔지 모르는 일'도 해야 하는 시대

2020년 자율주행차가 달리기 시작하고, 자동차산업은 전환기를 맞이한다 … 19

변화의 특징 | 자동차의 탄생과 정점 | 일본 자동차업계의 불안감 | 자율주행의 단계 | 모빌리티 서비스 시대 | 세계적으로 포화상태에 도달한 자동차산업 | 자동차 업계의 대응자세 | 포기할 수 없는 운전의 쾌락

돈 버는 법 자율주행차가 보급되면 자동차는 움직이는 금융상품이 된다.

2021년 동일본대지진 이후 10년, 인프라스트럭처 위기 관련 비즈니스가 발흥한다 … 37

변화의 특징 | 기력이 쇠진하는 미국 | 동일본대지진 때 활약한 지역 건설업자와 그들의 쇠퇴 | 인프라스트럭처 노후화 시대 | 건설업의 혁신이 일어날까 | 감소하는 인프라스트럭처 관련 위기의식

돈 버는 법 자치단체나 업체의 한계를 이용하라.

2022년 총에너지 수요가 정점에 도달하고, 대세산업으로 에너지 절약 컨설팅 사업이 주목받는다 … 55

변화의 특징 | 에너지 총수요가 정점에 도달 | 에너지의 역사적 경위 | 풍요로움과 에너지 수요 | 일본을 위협하는 과소화의 문제 | 정부나 에너지 기업이 강구해야 할 대책 | 에너지 불변의 법칙과 이익

돈 버는 법 일본의 절약생활 노하우를 세계로!

2023년 **농업의 6차 산업화가 진행되고, 스마트 농업이 본격화한다** … 72

변화의 특징 | 농업의 6차 산업화 | 위축되는 국산 식용 농수산물 점유율 | 근시안적 수습책에 불과한 각종 방안들 | 일본 농가의 사고방식 전환의 필요성 | 해외에서의 쌀 수요 | 농업 기술의 판매 | 투명성의 극치, 일본

돈 버는 법 효율적인 농업이 일본의 강점이다. 지역 개념의 자급자족에서 세대 개념의 자급자족으로!

2024년 **아프리카에서 부유층이 급증한다** … 90

변화의 특징 | 먼동이 트는 아프리카 | 아프리카와 각국의 관계 | 아프리카 부유층의 확산 | 인구와 GDP의 증가 | 주목해야 할 3개국 | 앙골라 | 나이지리아 | 르완다 | 기업의 반응 1: 인구증가 그 자체에 대해 | 기업의 반응 2: 건강증진 비즈니스 | 기업의 반응 3: 미개발 분야 개척 | 아프리카에 대한 전략의 필요성

돈 버는 법 아프리카의 인구증가라는 기회를 잡아라.

2025년 **일본 베이비붐 세대가 75세를 맞는다** … 113

변화의 특징 | 안녕, 청춘의 나날 | 인구의 변화 | 소비자로서의 시니어 | 현대 시니어의 젊음 | 끊임없이 이어지는 시니어 마케팅 | 다양한 도전 1: 매장 인테리어의 변화 | 다양한 도전 2: 취미, 연애, 여행 | 다양한 도전 3: 방문주문접수 비즈니스 | 시니어는 새로운 소비자 계층

돈 버는 법 고령화하는 연애시장에 주목하라.

2026년 **젊은층 공략을 위한 마케팅 키워드가 SNS와 애국주의가 된다** … 130

변화의 특징 | 2026년에 젊은층에 속하는 사람들 | 젊은층은 물건을 사지 않는가 | 젊은층에서 나타나는 소비 특징 | ①돈은 없어도 만족한다 | ②과장 없는 모습의 소시민적 카리스마를 선호한다 | ③조국에 대한 자부심이 있다 | 절약, SNS, 일본 | 어쩐지 크리스탈

돈 버는 법 스마트폰을 내려놓고자 하는 니즈도 존재함에 주목하라.

2027년 후지 록 페스티벌이 개최 30주년을 맞는다 … 149

변화의 특징 | 후지 록 페스티벌의 충격 | 생생한 체험으로서의 라이브의 부활 | 라이브의 우위성 | 음악 무료화 전략 | 데이터 지향성의 음악

돈 버는 법 음악 추천 비즈니스에 가능성이 있다.

2028년 세계 인구가 80억을 돌파한다 … 166

변화의 특징 | 투자 대상으로서의 물 | 최근 300년간의 현저한 인구증가 | 우리가 하찮게 여기는 물이라는 자원 | 공급사슬 체계에서도 관심이 필요한 물 사용량 | 중요성이 커지는 수자원 비즈니스

돈 버는 법 일본의 수도 기술을 활용하라.

2029년 중국의 인구수가 정점을 찍는다 … 181

변화의 특징 | 중국의 구조적 한계 | 문제 1: 관제 수요의 종언 | 문제 2: 1자녀 정책의 폐해 | 중국 리스크의 재점화 | 중국이 안고 있는 문제

돈 버는 법 일본의 저출산 고령화 경험을 중국에서 활용하라.

2030년 각계 리더의 절반이 여성이 된다 … 197

변화의 특징 | 근무방식과 여성의 사회 진출 | 2030년, 여성이 지도자적 위치의 반수를 차지 | 난제에 부딪친 일본 사회 | 육아와 창업 문제 해결의 시급성

돈 버는 법 비용과 이윤의 패러다임 변화가 필요하다.

2031년 일본의 우주산업시장 규모가 두 배로 증가한다 … 213

변화의 특징 | 다음 개척지는 우주 | 일본의 동향 | 우주 및 위성 관련 산업의 성장 | 그 밖의 우주 비즈니스의 동향 | 개방화 전략의 필요성 | 우주 비즈니스와 각오

돈 버는 법 지구에서 사양화된 비즈니스를 우주에서!

2032년 **인도가 일본의 GDP를 추월한다** … 227

변화의 특징 | 인도와 일본인 | 비즈니스 환경이 정비되는 인도 | 일본과 중국을 제치고 앞서가는 인도 | 인도인의 민족성이 갖는 특징 | 멀고도 가깝고, 가깝고도 먼 나라 | 인도의 인프라스트럭처 사업 | 인도 성장의 속사정

돈 버는 법 제조업 이외의 분야에서 인도를 활용하라.

2033년 **전체 주택 30퍼센트 이상이 빈집이 된다** … 243

변화의 특징 | 내 집 마련인가 전셋집인가 | 급부상하는 빈집문제 | 토지를 상속받지 않는 이유 | 빈집문제를 가속화하는 여러 요인 | 국토교통성의 근본적인 대책이 필요 | 빈집이 초래하는 사회문제 | 빈집과 비즈니스 기회

돈 버는 법 빈집을 커뮤니티로 승화시킬 수 있는가?

2034년 **AI가 인간의 일을 경감 혹은 강탈한다** … 258

변화의 특징 | 의사, AI, 접촉 | 인간의 일 약 절반을 AI가 처리 | 범용 AI와 특화형 AI | AI와 관련된 실제 경험담 | 특화형 AI의 미래

돈 버는 법 AI라는 블랙박스를 잘 활용해야 한다.

2035년 **하늘 비즈니스가 확대되고, 파일럿과 기술자 수요가 약 150만 명에 이른다** … 274

변화의 특징 | 인류가 하늘을 난다는 것 | 하늘 수요의 급증과 공급의 둔화 | 오픈 스카이 | 파일럿 증가 대책과 기체 개발 | 제트기의 속도 향상에 대해

돈 버는 법 마일리지 카드를 다각도로 활용하라.

2036년 **노년 인구가 전체 3분의 1, 사망자 수는 최대가 되고 종활 비즈니스가 절정을 맞는다** … 288

변화의 특징 | 현대의 묘지, SNS | 산다는 것과 죽는다는 것 | 평생 미혼자, 독거노인, 사망자 수 | 종활, 죽기 전 마지막 거처를 찾아서 | 마지막 인생은 배우자와 떨어져서 생활 | 종활, 죽은 뒤 문제 발생에 대비하여 | 평생을 함께한 반려동물의 처리 | 종활 레이팅

돈 버는 법 다양화하는 죽음, 다양화하는 장례문화에 주목하라.

2037년 **토요타자동차가 창립 100주년을 맞는다** … 305

변화의 특징 | 토요타 100주년과 기업의 수명 | 장수기업이 많은 나라 일본 | 100년 기업의 조건 | 족벌경영이 장수기업의 비결인가 | 노포기업의 문제점과 이점 | 기업에 대한 평가 척도의 다양화

돈 버는 법 스터디그룹을 통해 얻은 교훈을 되새기자.

2038년 **전 세계적으로 교주 비즈니스가 크게 유행한다** … 320

정형에서 벗어난 미래 예상 | 보이지 않는 종교의 등장 | 보이지 않는 종교의 실용성 | 보이지 않는 종교의 목적 | 자기계발의 발명 | 보이지 않는 종교가 구원하는 것 | 소시민적 카리스마가 해야 할 일 | 인생의 DIY화

맺는말 … 338

참고문헌 … 344

머리말

2020년부터 2038년까지 돈 버는 법

이 책은 시대를 상징하는 산업군을 예로 들어, 2020년부터 2038년까지 19년 동안 해당업계에서는 무슨 일이 벌어질지 예상 가능한 결과에 대한 내용을 구체적으로 담고 있다. 우선, 목차를 보면 알 수 있듯이 '자동차산업', '에너지', '인프라스트럭처', '음악', '우주' 등을 비롯하여 'AI', '종활', '교주 비즈니스' 등에 이르기까지 그 범위가 아주 다양하다.

이 책의 특징은 다음과 같다.

- 통계와 데이터를 바탕으로 적었다.
- 데이터의 출처는 가급적 누구나 액세스 가능한 곳을 사용했다.
- 매년 하나의 업계를 광범위하게 압축하여 취했다.

아울러 각 연도별로 데이터를 통해 알 수 있는 변화와 그 특징, 각 업계의 대처방법 및 특별히 염두에 두어야 할 사항, 그리고 앞으로 각광받을 상품의 예상은 물론 새롭게 성장할 가능성이 있는 비즈니스를 소개하는 데에도 최선의 노력을 기울였다.

이 책은 비즈니스에 관련된 사람들 모두를 대상으로 삼고 있다. 이제는 비즈니스에 종사하는 사람들이라면 누구라도 미래의 가설에 관심을 기울이지 않으면 안 된다. 지금 속해 있는 업계에서 다른 업계로 전직할 가능성도 있을 것이고, 경우에 따라서는 회사의 업태 자체가 바뀔지도 모른다. 따라서 다양한 업계의 정보에 접촉할 필요성은 점점 커지고 있다.

게다가 지금은 모든 비즈니스 종사자에게 기획력의 중요성이 증대되고 있다. 정해진 일을 처리하는 것만으로 제 할 일을 다했다고 인정해주는 시대가 아니다. 앞으로 어떤 분야에서 비즈니스의 기회가 싹을 틔우고 있는지에 대해 일개 영업사원이든 경리사원이든 고민하며 살지 않으면 안 된다.

이 책은 각 업계의 경향을 가능한 한 데이터를 바탕으로 설명하기 위해 노력했으며 가급적 데이터의 출처도 기재했다. 필요하다면 독자 여러분들이 재검증할 수 있기를 바랐기 때문이다. 내가 A라고 해석했다고 해도 주체가 누구냐에 따라 B라는 다른 해석이 나올 수도 있다. 주목하고 있던 업계에 대해 뭔가 석연치 않은 구석이 있는 사람이라면 주변 정보를 조사하여 자신이 직접 검증할 것을 권하고 싶다.

100세 시대의 인생 설계도

흔히 사람들은 100세 시대의 미래를 예상하며 다음과 같이 말한다. "하늘을 나는 차가 거리 위를 둥둥 떠다닐 겁니다." "연하장은 앞으로 10년 동안 계속 감소되는 양상을 보일 겁니다." 전자는 바뀌어가는 현대를 드라마틱하게 묘사한 것이고, 후자는 화려하지 않으면서 꾸준하게 이루어지는 변화를 묘사한 것이다.

이러한 예상들을 자신의 업무에 활용할 수 있다고 가정해보자. 전자처럼 관념적이고 급진적인 예상에 대해서는 실무적인 대책을 마련하기가 쉽지 않다. 그렇다고 후자는 무언가에 대해 가정하는 것 자체만으로도 너무 무미건조하다. 그래서 이 책에서는 엇비슷하게 균형을 잡기 위해 노력했다. 실무가용이면서 읽을거리용으로서도 재미있게끔 만들었다.

나는 본래 다양한 회사의 정보를 모으거나 분석하는 일에 종사해왔다. 그리고 그런 일을 마치면 분석 결과를 단시간 내에 미디어를 통해 보고한다. 이 책은 평소의 업무 내용들, 즉 업계의 다양한 사람들을 만나 인터뷰를 한 내용과 날마다 읽곤 하는 서적 내용의 결과물을 집계한 것이다.

나는 앞으로 다가올 시대의 특징을 다음과 같은 단계로 생각하고 있다. 이런 내용을 설명하기 위해서는 내가 몸담고 있지 않은 분야의 식견도 필요한데, 그것이 결국 이 책을 펴낸 의의이면서 이유이기도 하다.

① 인생 100년, 회사 10년

사람들은 이제 100세까지 살 수 있게 된다. 그러나 회사에서 수행하는 프로젝트의 수명은 길어봤자 10년이고 그것도 점점 짧아지고 있다. 직업의 수명이 사람의 수명보다 짧아질 때 비즈니스 종사자들은 여러 가지 스킬을 미리 갖춰놓을 필요가 있다.

물론 정확히 100년인지 10년인지 하는 기간은 엄밀하게 말해 그다지 중요하지 않다. 중요한 것은 세상을 둘러보고 앞으로 성장할 분야, 축소될 분야를 냉철하게 판단하여 자기 나름의 전략을 짜고 설계도를 그리는 일이다.

100년을 10년으로 나누면 10이다. 그렇다고 열 가지나 되는 프로패셔널한 분야를 구축하는 것이 결코 쉬운 일만은 아니다. 하지만 적어도 여러 다른 분야에 대한 식견을 갖추고 있다면 스킬의 시너지 효과를 끌어낼 수 있다. 더욱이 우리는 하나의 회사가 아닌 여러 커뮤니티에 소속되어 다양한 발상을 소화해야 하는 시대에 살고 있다. 그래서 지금 소속되어 있는 업계뿐만 아니라 다른 업계의 정보도 적극적으로 수집하고 분석할 필요가 있는 것이다.

② 무용한 β주의

한때 '린 스타트업'이 유행했다. 간단히 설명하자면, 상품을 미완성 단계에 시장에 내고 고객으로부터 피드백을 받아 제품 개선에 반영하는 전략을 말한다. 이런 경우를 가리켜 β주의라고 부르기도 한다.

그러나 시장에 참여하는 기업이 많아질수록 출시한 상품에 대한 고객의 반응을 얻기가 쉽지 않다. 실패를 무릅쓰고 끊임없이 반복하다 보면 언젠가는 성공을 이끌어낼 수도 있다는 의미에서 끈질기게 승부하는 것이 필요할 수도 있다.

다만 어차피 승부력을 발휘하기로 결정했다면, 승부를 거는 영역을 철저히 조사하고 데이터와 가설에 근거하여 미래를 예상한 다음 일을 진행해야 한다. 적어도 시대의 흐름에 역행하지만 않는다면 반응을 얻을 수 있으며, 거기에 쏟은 노력은 대체로 보답을 받게 마련이다.

신규 사업은 '기존 기술을 응용한 것' 또는 '신규 기술에 의해 개발된 것'을 가지고 '기존의 업계를 공략하는 전략' 또는 '새로운 업계를 공략하는 전략'을 편다. 가장 좋은 방법은 '기존 기술을 응용한 것'으로 '새로운 업계를 공략하는 전략'의 조합이다. 성숙산업인 만큼 혁신(innovation)이 진행되지 않았을 테니 새로운 기술을 통해 지금까지 통용되던 상식을 뒤집을 가능성이 높다. 그런 의미에서 다른 업계의 동향은 비즈니스 기회의 발상을 얻는 계기로 작용할 수 있다.

사실 이러한 태도로는 세계를 격변시킬 '0 → 1', 즉 무에서 유를 창조하는 일이 불가능하다. 분기충천하는 정열로 서비스를 발굴하여 새로운 니즈를 창조하는 일도 불가능하다. 그래서 어떤 의미로는 '무용한' 태도일지도 모른다. 그러나 실무가나 평범한 사람에게 경영이나 비즈니스라는 것은 이기기 위한 게임이기 때문에, 이런 방법으로 노력하는 것은 매우 중요한 태도라고 생각한다.

③ '뭔지 모르는 일'도 해야 하는 시대

업계 전반에 두루 통용되는 지식을 갖추고 있으면 '무용한' 돈벌이 이상의 가치를 창조할 수 있다. 앞으로의 가치 창조는 그처럼 여러 가지 스킬을 갖춘 개인으로부터 비롯될 것이다.

언제인가 컨설턴트 일을 할 때 '상호를 가타카나(외국어 표기 방식)로 표기하는 사람은 원칙적으로 신용하지 않는다'고 단호하게 말하는 사람을 만난 적이 있다. 한눈에 무슨 일에 종사하는지 알 수 없다면 왠지 뒤가 구린 일을 하는 사람 같다는 것이다.

나는 아무런 자격도 갖추고 있지 않다. 내가 원해서 일부러 그런 것은 아니고 자격의 필요성을 느끼지 못했기 때문이다. 하지만 엄밀히 말하자면 자격증이 카테고리별로 분류된 가격 테이블 같아서 별로 마음에 들어 하지 않는다.

'중소기업진단사', '사회보험설계사', '행정사'라고 말하면서 명함을 내밀면, 기업이 요구하는 업무에 지불할 가격대가 자연스럽게 형성된다.

하지만 가격 테이블 따위는 사실 사소한 것이다. 지(知)가 다양하게 퍼져가는 세계(다른 말로 '복합계'라고 해도 좋다)에서는 장르의 횡단, 월경(越境), 용해가 필요하다. 주위를 살펴보면 된다. 현재 사회를 선점한 사람들은 어떤 직업에 종사하고 있는가. 단지 한 가지로 정의되지 않는다.

과학자면서 경영자이거나 아티스트, 또 사진가면서 컨설턴트이거나 거리 예술가인 사람들이 있다. 그리고 회사원이면서 만화를 판매하고, 미디어를 수단 삼아 사회를 향해 하고 싶은 말을 하는 사람도 실제로 있다. 이처럼 하이브리드(hybrid)형의 지(知)가 요구되는 것이다.

세계는 이제 하나의 지(知)로만 고정관념적으로 해석할 수 없다. 신상품 창조에도 사업 개발에도, 이질적인 관점이 필요하다. '뭔지 모르는 일'도 해야 하는 시대가 된 것이다.

지금부터 19년분, 즉 열아홉 가지 업계를 다룰 것이다. 이 책이 독자 여러분들의 호기심을 채워줄 수 있기를 바란다. 더 나아가 변화하는 세계에 몸을 내던져 비판적인 사고를 하며 돈을 버는 일, 즉 앞으로의 투쟁에 결연히 임하는 기점이 되기를 바란다.

2020년

자율주행차가 달리기 시작하고, 자동차산업은 전환기를 맞이한다

자율주행은 정점의 상징,
하드웨어에서 서비스화의 흐름이 시작된다.

P

Politics(정치)

경제산업성 주도로 추진되어온 자율주행차의 실용화가 본격화된다. 고속도로, 일반도로에서 부분적으로 자율주행이 가능한 자동차가 달리기 시작한다.

E

Economy(경제)

세계 각지에서 자동차 보유 대수가 포화상태에 도달함으로써 자동차업체 각사는 서비스 사업을 본격화한다. 카셰어링 사업체가 증가한다.

S

Society(사회)

자동차를 보유하는 문화에서 벗어나 필요할 때마다 이용하려는 경향이 강해지며 디자인은 크게 신경 쓰지 않게 된다. 또 자동차업체의 브랜드보다 서비스 제공 사업자의 브랜드를 더 중시하게 된다.

T

Technology(기술)

자율주행 기술, 센서 기술, 스마트폰과 제휴한 매칭 기술이 진화한다.

변화의 특징

2020년에는 자율주행차가 본격적으로 운행을 시작한다. 자율주행은 카셰어링 서비스와의 제휴 등 다양한 응용이 가능하기 때문에 관련업체 모두가 개발을 서두르고 있다. 이와 동시에 자동차업계는 전 세계적으로 신차 판매에 한계를 드러내기 시작한다. 따라서 하드웨어를 판매하는 비즈니스 모델에서 소프트웨어를 판매하는 비즈니스 모델로 과감하게 전환할 필요가 있다.

자동차의 탄생과 정점

1880년대 독일에서 칼 벤츠와 고트리프 다임러가 오늘날의 원형이 되는 자동차를 설계하여 세상에 첫선을 보였다. 이른바 사륜 자동차가 탄생한 것은 1886년이고, 그로부터 약 130년이 지났다. 자동차가 널리 유행하게 된 것은 독일이 아닌 프랑스 부유층에 의해서였는데, 프랑스의 상사가 그것을 대대적으로 확산시켰다. 프랑스에는 마차를 제조하고 공급하는 업체가 곳곳에 분포하고 있어서 자동차산업의 발달을 촉진했다.

수년 늦었기는 해도 거의 동시기에 미국에서도 자동차 개발이 진행되었다. 오바마 전 대통령도 "자동차를 발명한 나라는 자동차산업을 돌보지 않을 수 없다"라고 말할 정도였다. 미국에서는 광활한 국토를 이동하는 수단인 자동차의 수요가 산업의 분위기를 극적으로 호전시켰으며 사회나 생활양식도 자동차를 중심으로 발전하게 되었다. 작가 존 키츠는 자동차 없이는 불안해하는 미국인의 심리상태를 가리켜 자동차와 사랑에 빠져 결혼을 했다고 표현했다(《망할 놈의 자동차(The Insolent Chariots, 1958)》).

그러한 결혼생활은 여러 명의 아이를 탄생시켰다. 1908년에는 포드가 T형 포드의 판매를 개시했는데, 컨베이어벨트에 의한 대량생산 방식을 확립하고 저가 판매와 할부판매 방식을 도입함으로써 급격한 판매의 상승곡선을 그렸다. 이 과정에서 작업공정의 세분화를 통하여 효율을 극대화하는 등 오늘날에는 당연한 일처럼 받아들이고 있는 관리기법이 개발되었다. 1920년대에는 마차 제조업체의 사장이었던 윌리엄 듀랜트가 설립한 제너럴모터스가 자동차 제조업체로서 두각을 나타내더니, 얼마 안 가서 크라이슬러와 더불어 미국의 자동차 황금시대를 이끌어갔다.

그 후 자동차산업은 일본에도 전파되어 토요타, 닛산, 혼다 같은 자동차업체가 생겨났다. 1950년대에 토요타는 포드를 학습하여 독자적인 생산시스템을 구축하고 저렴하면서도 고품질의 제품을 만들어냈다. 그리고 한 걸음 더 나아가 1970년대에는 그 당시 매우 엄격한 환경기준이었던 머스키법(1970년 미국의 E. S. 머스키 상원의원이 제안하여 성립된 대기오염 방지법_옮긴이)을 통과하는 엔진을 개발하여 친환경 제품을 출시함으로써 약진의 발판을 만들었다.

미국의 자동차 제조업체도 몇 차례의 우여곡절을 겪으면서 글로벌 사업을 전개하고 더 많은 업체들의 경쟁 구도 아래에서 최대의 산업으로 성장할 수 있었다. 자동차는 수많은 부품을 필요로 하기 때문에 산업의 확산 동력으로서도 주목을 받았다. 현재 일본에서 자동차 관련 기업에서 일하고 있는 550만 명의 산업인력은 총 노동자수의 10퍼센트 미만, 생산량 기준으로는 제조업의 약 20퍼센트를 차지한다.

최초의 자동차는 시속 16킬로미터의 속도를 내는 것이 고작이었다. 20세기 초반에는 자동차가 달릴 때마다 고장이 나곤 하여 '고물

자동차'라는 말이 노래처럼 나돌기도 했다. 하지만 2020년에 들어서면서 자율주행차까지 운행을 시작할 정도로 발전하게 된다. 자율주행차는 향후의 기업 운명을 좌우하는 비장의 카드로서 전 세계의 이목이 집중되고 있다. 전 세계적으로 자동차 시장이 확대되는 가운데, 자동차업체들이 자율주행차를 둘러싸고 자동차 발명 이래로 가장 치열한 기술혁신 경쟁 체제 아래서 격전을 벌이고 있다. 자율주행 기술에서 기선을 제압하면 다양한 응용이 가능해질 뿐만 아니라, 선두주자로서 기술표준을 확립하여 세계를 제패할 수 있기 때문이다.

자동차산업 부문에서 자율주행차는 기술과 산업 발전의 정점을 가리키는 하나의 상징이며, 자율주행차 이후 자동차산업은 완만한 하강곡선을 그리면서 천천히 쇠퇴기를 맞이할 것이다.

일본 자동차업계의 불안감

일본 내에서는 젊은이들 사이에서 자동차에 대한 관심도가 떨어지고 있는 추세다. 또 고령층 운전자의 사고가 사회문제로 대두되고 있어, 일부에서는 면허의 강제반납을 요구하는 목소리도 들린다. 한때 '언젠가는 크라운(토요타의 최상급 모델로서 일본에서 오래도록 인기를 끌었던 차종_옮긴이)'이라는 말이 유행하던 시절이 있었을 만큼 자동차는 소득 증가와 더불어 한번쯤 소유하고 싶어 하는 선망의 대상이었다. 그래서 요즘 같으면 '언젠가는 렉서스'라는 말이 유행처럼 떠돌 법도 하지만 사실은 결코 그렇지 않다. 오히려 '언젠가는 고사양 스마트폰'이라는 말이 유행한다고 해도 전혀 이상하지 않을 만큼 문화의 양상이 변화하고 있다.

일찍이 자동차산업에서는 '인구 1억 명 현지 생산설'이 정설처럼 받아들여진 시절이 있었다. 인구 1억 명을 돌파한 나라에서는 자동차 관련 부품을 모두 자국 내에서 조달할 수 있게 된다는 뜻으로 미국, 중국, 인도 그리고 EU가 여기에 해당될 것이다. 일본은 미국의 뒤를 잇는 자동차 강국으로서 영화를 누려왔다. 하지만 1990년부터 약 20년 동안의 산업현황을 볼 때 자동차의 국내 판매 대수는 765

일본 자동차업체의 생산 추이

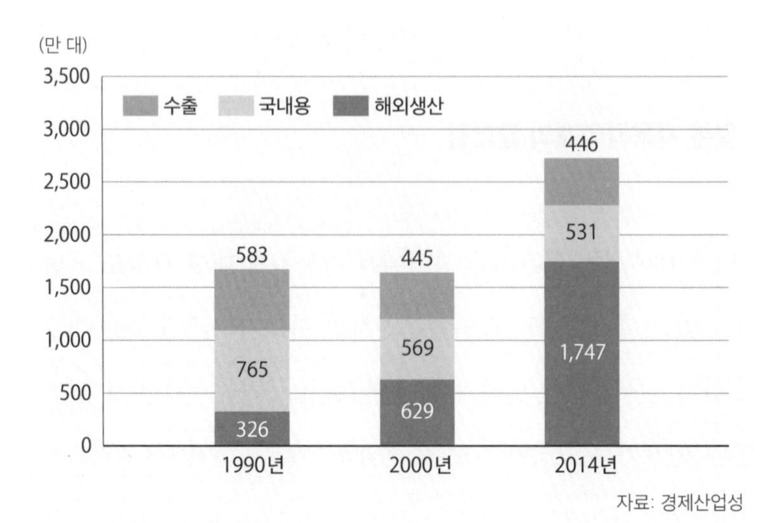

자료: 경제산업성

만 대에서 500만 대 수준으로 격감했다.

국내 판매의 침체에 더하여 외화벌이의 수단이었던 수출도 사정은 마찬가지다. 물론 해외생산은 확대되어 왔지만, 해외에서의 경쟁은 매우 치열하다. 테슬라 등 신흥세력의 확대, 구글 등 IT기업을 필두로 하는 타분야 업계로부터의 공세에 부딪쳐 일본의 자동차업체는 심각한 국면에 돌입하여 위기감에서 헤어나지 못하고 있다.

최근에는 자동차를 자동차로 인식하지 않고 단순히 모빌러티를 실현하는 수단으로 파악하려는 경향이 있다. 그럴 경우 가솔린 엔진만큼이나 숙련이 필요하지 않은 전기모터가 각광을 받게 될 것이다. 운전의 편리성을 누릴 수 있을 뿐만 아니라 GPS와 AI를 활용하

사륜 자동차 수출 대수

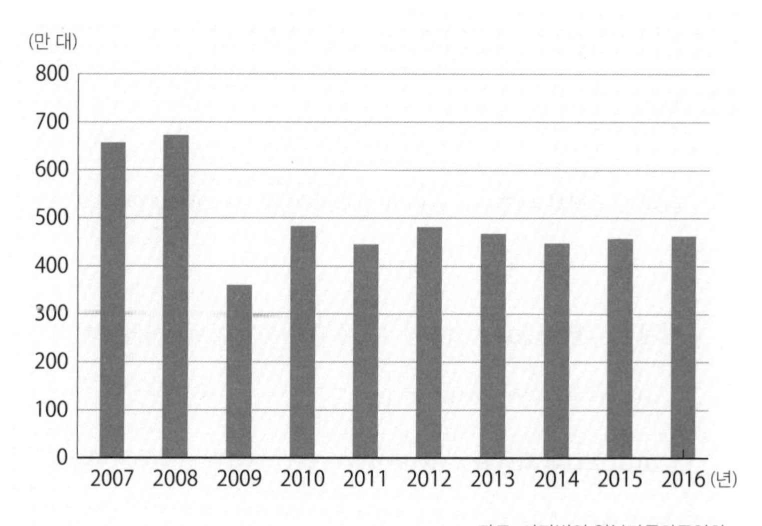

자료: 사단법인 일본자동차공업회

여 운전 지원을 받을 수도 있기 때문이다(자동차 내비게이션과 비교하면 구글지도는 얼마나 사용하기 편리한가!). 그러므로 첨단 기능이 탑재된 해외 제품이 업계 판도를 단번에 바꿔버릴지도 모른다. 특히 자율주행차는 택배 운송이나 구매 취약계층을 지원하는 데도 이용할 수 있고, 재해 시 물자를 배송하거나 공장 내에서 자재를 이동시킬 때도 활용이 가능할 것이다. 이러한 산업 전쟁에서 뒤처지면 자동차산업 및 산하 기업군에도 큰 영향을 미친다.

자율주행의 단계

자율주행에도 몇 가지 단계가 있다. 정의하기 나름이라 나라나 기업에 따라 미묘하게 다르지만, 여기서는 일본 경제산업성의 정의를 인용한다.

- **단계 1: 운전자 보조** / 시스템이 전후좌우 중 하나의 차량제어와 관련된 운전 작업의 부수 작업을 실시한다.
- **단계 2: 부분 자동화** / 시스템이 전후와 좌우의 차량제어와 관련되는 운전 작업의 부수 작업을 실시한다.
- **단계 3: 조건부 자동화** / 시스템이 모든 운전 작업을 실시한다. 이용자는 시스템의 개입 요구에 적절히 대응해야 한다.

· **단계 4: 고도 자동화** / 시스템이 모든 운전 작업을 실시한다. 주행 상황에서 이용자가 시스템에 개입하지 않는다.

자율주행과 관련하여 경제산업성이 목표로 삼고 있는 시기는 도쿄올림픽이 개최되는 2020년이다.

그 내용을 보면 먼저 '고속도로에서는 2020년까지 운전자가 안전 운전과 관련되는 감시기능을 수행하여 언제라도 운전 조작이 가능해지는 것을 전제로, 속도 가감이나 차선 변경을 할 수 있는 단계 2를 실현한다'는 목표를 내걸었다. 그리고 이어서 '일반도로에서는 2020년쯤에 국도와 주요 지방도에 대해 직진 운전의 단계 2를 실현한다'는 목표를 세워놓고 있다.

앞에서 자동차가 모빌러티를 실현하는 수단이 되었다고 언급한 바 있다. 단계 3 이상의 수준이라면 지금까지 우리가 알고 있던 것과 동일한 자동차라고 할 수 있을까. 상징적인 예로 폭스바겐을 들 수 있는데, 그들은 모빌러티 서비스 회사를 설립하여 IBM과 협업하면서 하드웨어를 비롯하여 배차나 배송에도 힘을 불어넣고 있다. 설립할 당시 그들의 다음 코멘트는 참으로 인상적이었다.

'모든 사람이 무조건 차를 소유하는 시대는 앞으로 사라질지도 모른다.'

모빌리티 서비스 시대

보스턴 컨설팅 그룹에 따르면, 2035년에는 세계의 자동차 판매 대수 중 단계 4, 5의 자율주행차가 23퍼센트를 차지하게 된다. 자율주행은 센서 기술 등을 포함한 다양한 기술 부문의 선행자가 이익을 향유하겠지만, 그것이 또한 양날의 검이 될 수도 있다. 원할 때 자동차를 호출하고 자율주행차가 거리를 내달리는 시대가 도래하면 자동차 판매 대수는 틀림없이 격감한다. 현재 우버 등의 카셰어링 서비스가 시작되었는데, 우버는 2009년에 설립된 이래 기업가치가 약 8조 엔에 이르러 이미 혼다의 외형을 넘어섰다.

자동차는 하루 중 95퍼센트는 주차장에서 대기상태로 있으면 되고, 도시에 사는 경우라면 자동차를 소유해야 할 요인이 희박해진다. 실제로 국제 금융 그룹인 버클레이즈는 장차 신차 판매 대수가 40퍼센트 감소할 것으로 예측하고 있다.

자동차업체가 적이나 다름없는 카셰어링 서비스업체와 제휴하는 까닭은, 자동차라는 하드웨어가 아닌 서비스 부문에서 사업기회를 찾을 수밖에 없기 때문이다. 앞서 언급한 폭스바겐 외에도 토요타가, 그리고 리프트와 제너럴모터스가 각각 제휴를 발표했다. 이런 분위기를 감안하여 자율주행 개발의 실타래를 풀어야 한다.

세계적으로 포화상태에 도달한 자동차산업

최근 들어 자동차업계를 바짝 긴장케 하는 전망들이 속속 드러나고 있다. 그중에서도 가까운 시일 내에 하드웨어로서의 자동차는 포화상태에 이르게 된다는 전망 때문에 많은 업체들이 매우 초조해하고 있다. 판매 대수가 아닌 보유 대수 기준으로 일본에는 약 6000만 대의 승용차가 있다(6083만 1892대). 크고 작은 변화 없이 이 상태를 꽤나 오랫동안 유지하고 있었다. 일본 인구가 약 1억 2000만 명이라 하면 1인당 보유 대수는 0.5대꼴인 셈이다.

인구가 늘어나면 좀 더 증가할지 모르겠지만, 현 상태에서 예상할 때 급격한 증가를 기대하기는 어렵다. 오히려 인구감소가 전망되므

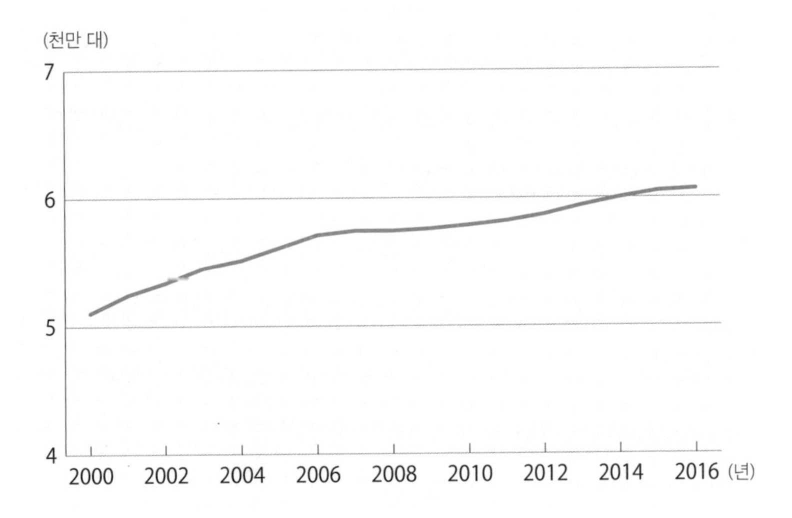

각국의 인구당 승용차 보유 대수

	보유 대수(대)	인구(천 명)	인구당 보유 대수(대)
미국	126,013,540	322,180	0.391127755
독일	45,071,209	81,915	0.550219239
영국	33,542,448	65,789	0.509848881
프랑스	32,000,000	64,721	0.494429938
이탈리아	37,351,233	59,430	0.628491217
캐나다	22,067,778	36,290	0.608095288
중국	135,119,000	1,403,500	0.096272889
인도	30,570,000	1,324,171	0.023086142

자료 : 사단법인 일본자동차공업회, 유엔

로 국내의 보유 대수는 완만한 감소세로 돌아설 것으로 보인다. 물론 이것은 일본에서만 나타나는 특징이 아니다. 선진국이라 일컬어지는 나라, 가령 G7 각국을 살펴보면 똑같이 0.5대 수준에 머물러 있다.

사단법인 자동차검사등록정보협회가 공표한 데이터에 따르면 승용차의 평균 사용연수는 12.76년이다. 정확한 승용차 보유 대수 6083만 1892대를 12.76으로 나누면 476만 7390이다. 앞에서 일본 내 판매 대수가 500만대 정도라 했던 것과 숫자가 거의 일치한다.

문제는 신흥공업국도 자동차 시장이 곧 포화상태에 이르게 된다는 사실이다. 중국은 2025년 즈음에, 아프리카도 2030년쯤이면 보유 대수가 1인당 0.5대가 될 것으로 전망된다. 신차 판매를 전제로 벌이는 비즈니스 모델 경쟁은 한계에 직면할 것이 분명하다. 국내 수요를 북돋우기 위한 감세 조치가 결코 무의미하지는 않겠지만 큰 흐름을 되돌리기에는 역부족일 것으로 보인다.

예전에 비행기에 탑승했다면 '보잉기를 탔다'라고 했다. 그러나 지금은 'JAL에 탔다'라고 표현한다. 다시 말해 하드웨어에서 서비스 제공 사업자의 브랜드 명칭으로 이행된 것이다. 자동차도 '토요타 차를 타고 있다'에서 '우버를 탄다'라고 말하는 것이 일반적인 표현으로 자리 잡게 될 것이다. 과거 고정식 전화가 사라지고 최근 스마트폰 사용이 보편화되고 나서 언제 어디서든 잘 터지는 것이 가치로 인정받게 되었다. 자동차도 언제든 '액세스(타는 것)' 가능한 것이 가치로 인정받을 것이다. 그리고 휴대전화의 단말기업체가 주역이었다가 IT기업이 주역이 된 것처럼 점점 서비스 제공 사업자가 전면에 나서게 될 가능성이 높다.

자동차 업계의 대응자세

자율주행 기술의 확립, 센서 기술 등의 개발에 대해서는 앞에서 이미 소개한 바 있다. 그리고 언뜻 보아 모순되는 것 같은 서비스 제공 사업자와 자동차업체와의 제휴와 관련하여 한 가지 덧붙일 것이 있다. 자동차업체들이 모두 우선은 고속도로에서의 단계 4를 목표로 삼음과 동시에, 주차장 등 한정된 장소에서의 자동주차 기술 확보에 힘쓰고 있다는 점이다.

자율주행과 관련해서는 기존의 도로교통법과의 관계를 신중하게 검토할 필요가 있다. 가령 자율주행으로 인해 사고가 났을 경우 누가 책임져야 하는가. 또 책임 주체를 자율주행의 단계에 상응하여 차별화해야 하는가. 그리고 배상제도는 어떻게 정해야 하며 사고 유형별로 민사 책임은 어떻게 법제화해야 하는가. 이런 문제를 사용자와 자동차업체 그리고 서비스 제공 사업자에 맞춰 다시금 정비할 필요가 있을 것이다.

자동차업계에서는 자율주행과 더불어 발전하게 될 부가가치 영역에도 힘을 쏟고 있다. 자동차를 통해 수집할 수 있는 빅데이터와 교통시스템 전체를 연계시킨다거나 주행 패턴을 인식하기 위해 AI를 활용하여 안전성을 더 높일 수도 있으며, 트럭 운전기사 부족에 대응하기 위해 대열 주행을 실행할 수도 있다. 대열 주행이란, 가령 자동차 세 대가 일렬로 주행할 때 선두차만 유인(有人)으로 하는 경우를 말한다.

앞으로 더욱 증가하게 될 인터넷쇼핑에 대응한 자율주행 택배시스템은 이른바 '마지막 1마일 정책'이 채택될 가능성이 높다. 이것은 각 배송지 근방에 도착하면 수화인이 배송트럭까지 직접 찾아와서 물건을 찾아 가는 시스템이다. 또 거주지 인근 역에서 고령자 등을 자택까지 이동시켜주는 서비스도 검토되고 있다.

자율주행 기술은 자동차산업 부활의 상징으로서 다양한 분야에 응용할 수 있다. 예를 들어, 휠체어 기술에도 응용할 수 있으며 자율주행 경찰차를 운행하여 경찰 업무를 대신할 수도 있을 것이다.

포기할 수 없는 운전의 쾌락

자동차는 원래 운전자가 외부로 노출되는 형태였다. 지붕이 있는 폐쇄형 자동차는 1920년대에 처음 출시되었는데, 이때 비로소 날씨에 영향을 받지 않고 운전이 가능하게 되었다. 그리고 단계 4 이후의 자율주행이 가능해지면 운전자는 단지 탑승자일 따름이다. 그래서 과거에는 운전 중이었던 상황이 이제 여행 중, 수면 중, 동승자와의 대화 중으로 바뀔 수 있다. 지금까지 운전을 했던 사람들은 이제 자동차의 밖을 볼 필요 없이 시선이 안쪽을 향하게 된다. 그렇게 되면 자동차의 내부 인테리어가 주목을 받을 것이며 차 안에서의 엔터테인먼트에 관심을 기울이게 될 것이다.

하지만 과연 우리가 운전 자체를 통해 얻어지는 쾌락을 포기할 수 있을까? 자동차가 왜 이렇게까지 사람들에게 사랑을 받아왔는지를 곰곰 생각해보자. 물론 과거의 미국에서는 대륙을 이동할 수 있는 편리성 때문이었을 수 있다. 또 자동차가 자유의 상징으로 여겨졌던 측면도 있다. 1920년대의 여성들에게 자동차는 가정과 사회를 이어주는 연결수단이나 마찬가지였는데, 그 까닭은 이동을 곧 자유로 받아들였기 때문이다.

하지만 다른 교통수단이 있는데도 굳이 자동차를 적극적으로 고집하는 사람들이 있다. 물론 역사적으로 미국에서 자동차산업이 끊임없이 로비활동을 벌여 도로 건설을 가속화시킨 것이 이동문화 발전의 배경이 되었다는 점도 부인할 수는 없다.

그러나 단지 운전하는 행위 그 자체를 쾌락으로 생각하는 사람들도 적지 않은데, 나도 그중 한 사람이다. 자동차 애호가를 위한 전문서적의 경우에는 어떨지 모르겠지만, 자동차 운전 그 자체가 주는 희열에 대해 언급한 책은 그다지 많지 않다. 그런 가운데서 후쿠오카 신이치가 쓴《행실이 좋지 못한 남자들》(고분샤 출간)은 그 내용이 상당히 흥미롭다. 후쿠오카는 제트코스터를 타는 쾌락은 가속도를 느끼는 지각 때문이라고 말한다.

> "우리는 보통 시간의 흐름을 지각할 수 없다. 그러나 순항하는 시간을 추월할 때 시간의 속도가 인지되어 쾌락을 느낀다."

자동차를 마치 애인인 양 의인화한 예는 동서를 막론하고 곳곳에서 찾아볼 수 있으며, 섹스를 암시하는 1960년대 미국의 자동차 광고도 그런 관점에서 보면 자연스럽게 수긍이 간다.

이런 점을 감안하면 편리성만 우선시되어 모든 차량이 자율주행차로만 대체될 리는 만무하다. 가속 감각을 즐기며 운전하고 싶은 욕구를 채우고 싶은 사람들이 있을 테고, 그들은 계속 핸들을 잡을 것임에 틀림없다. 또는 운전하지 않게 된 인류는 그 결핍을 VR(가상현실)로써 보완할 것이다. 제트코스터나 카레이스의 VR이 인기를 끌고 있다는 사실이 많은 점을 시사하고 있다.

2020년에 일어날 변화

- 자율주행의 개시

염두에 두어야 할 사항

- 자동차가 소프트웨어가 되었을 때의 비즈니스 모델

이런 물건이 팔린다

- 택시를 대신하는 사용자와의 매칭 서비스
- 자율주행 기능을 응용한 소형 배송 서비스
- 운전의 직감적 쾌락을 체험시키는 서비스

돈 버는 법

자율주행차가 보급되면 자동차는 움직이는 금융상품이 된다.

자동차가 스스로 이동하는 기계가 될 때 프리미엄 모델이 발전할지도 모른다. 예를 들어, 무인택시를 타고 5분 동안 광고를 시청하면 1미터 범위에 한해 운임을 받지 않는 서비스가 딸린 모델이다. 하기야 광고 시청 비용과 1미터 요금을 비교할 경우 비즈니스 모델이 성립하지 않을 수는 있다. 자동차와 자율주행의 비용이 더 저렴해지지 않는다면 광고 효과가 높은 부유층에만 한정되는 모델이 되기 때문이다.

또 자신의 소유물이 아닌 이상 자동차는 디자인이 그다지 중요하지 않다.

그래서 자동차는 사각형의 무미건조한 모양이 될 수도 있다. 그렇게 해야 광고물을 손쉽게 부착할 수 있어서 외부에 알리기가 수월해지기 때문이다.

해외에서 우버나 일반 택시를 타면 의외로 고급제품의 차가 많다는 사실을 알게 된다. 일반적으로 우버를 통한 부수적인 수입을 예측하고 고급제품의 차를 구입하기 때문이다. 고급차라면 요금도 비싸게 받을 수 있으므로 타당한 선행투자인 셈이다.

거리를 달리는 자동차의 종류에 따라 선전 광고를 바꾸는 거대 광고탑이 개발되고 있다. 그리고 자동차는 GPS와 연계하여 장소에 맞게끔 차량 내부에서 선전 광고 내용을 바꿀 수 있게 된다. 이용자의 기호가 즉각 스마트폰을 통하여 자동차에 전달될 수 있다면 그런 시스템을 만드는 건 매우 쉬운 일이다.

자율주행 택시는 마약 흡입이나 강간과 같은 범죄에 사용될 가능성도 있으므로 탑승자 확인 등 범죄방지 시스템 분야의 발전도 기대된다.

자율주행차가 일반화되는 시점이면 자동차는 움직이는 금융상품이 될 것이다. 수입을 올리기 위해 투자하고 대량으로 도로에 방출한다. 손님을 태울 때마다 투자의 대가로 요금 수입을 올릴 수 있기 때문이다. 그런 자율주행차는 이를테면 '도로를 달리는 주식'이나 마찬가지인 셈이다.

2021년

동일본대지진 이후 10년, 인프라스트럭처 위기 관련 비즈니스가 발흥한다

만들던 시대에서 유지하는 시대로,
인프라스트럭처 비즈니스가 커다란 전환기를 맞이한다.

P

Politics(정치)
노동 방법 개혁의 일환으로 건설 현장의 생산성 혁명에 몰두한다.

E

Economy(경제)
건설 후 50년을 경과한 인프라스트럭처가 절반을 차지한다. 신규 인프라스트럭처 투자가 감소하는 대신 기존 인프라스트럭처의 개축 비용이 증가한다.

S

Society(사회)
신규 졸업자의 건설업계 취업이 감소한다. 고령화가 진행되어 대부분이 60세 이상이 된다.

T

Technology(기술)
센서에 의한 인프라스트럭처 감시 기술이나 인프라스트럭처의 내구성을 높이는 상품이 탄생한다.

변화의 특징

동일본대지진으로부터 10년. 일본에서 인프라스트럭처 정비의 중요성이 주목받는 한편, 건설 후 50년을 경과한 인프라스트럭처가 전체의 대부분을 차지함으로써 보수 및 개축 비용을 지출하지 못하는 상황에 처한다. 건설업의 효율성 제고에 몰두함과 동시에, 인프라스트럭처의 감시 기술, 내구성 제고 기술 등의 혁신이 요구된다.

기력이 쇠진하는 미국

미국의 인프라스트럭처 위기를 일찌감치 지적한 책으로 수잔 월터(Susan Walter)의 《황폐화하는 미국(America in Ruins, 1981)》이 있다. 이 책은 미국의 인프라스트럭처가 절망적인 상태에 놓여 있다는 사실을 지적하여 전 미국을 깜짝 놀라게 했다. 게다가 인프라스트럭처의 노후화는 미국 경제의 쇠퇴를 의미한다고도 했다.

미국은 뉴딜 정책을 통하여 1930년대에 인프라스트럭처 건설의 전성기를 맞이했다. 그 이전인 1920년대의 미국은 제1차 세계대전 중에 확장일로를 걸었던 설비투자의 거품이 차츰 꺼지기 시작하더니, 결국 1929년에 주가의 대폭락을 경험했다. 그리하여 당시의 루스벨트 대통령은 실업자 고용정책의 일환으로 테네시강에 다목적 댐을 건설하기로 결정한다.

이것이 WPA(Works Progress Association: 고용촉진국) 프로젝트로 이어진다. 공공사업을 벌여 경기를 부양하는, 이른바 교과서적인 경제정책의 시작이다. 물론 인프라스트럭처는 건축물 상태나 입지조건에 따라서도 달라지므로 꼭 건설 후 30년, 40년, 50년에 위기적인 상황을 맞이하는 것은 아니다. 하지만 공공 인프라스트럭처는 만들 때뿐만 아니라 사후관리도 중요하다. 이 교훈을 일깨워준 사건이 1967년 12월에 일어난 실버브릿지 붕괴 사고다. 웨스트버지니아주와 오하이오주를 잇는 실버브릿지가 갑자기 무너져 40명 이상이 목숨을 잃었다. 건설된 지 40년 정도 경과한 다리였다.

그리고 사고 후의 대책도 충분했다고는 말할 수 없다. 사고가 일어난 뒤에도 재원이 되는 유류세는 1980년대 초까지 동결되어 충분한 예산이 투입되지 못했다. 베트남 전쟁이 진행되던 시기였으므로, 공공 인프라스트럭처에 특별한 관심을 기울이지 않았던 측면도 있다.

미국은 어떻게든 재원을 확보해가며 근근이 버텨왔다. 그런데도 2007년 8월에는 미네아폴리스시에서 교량이 붕괴되어 또다시 충격을 안겨주었다. 오후 6시 5분이라는 혼잡한 시간대에 일어난 이 사고는 다리 581미터 중 324미터가 내려앉아 자동차 50대 이상이 파손되고 13명이 사망했다. 이 다리 역시 건설한 지 약 40년이 경과했다.

노후화된 인프라스트럭처 관리에 대해서는 미국 또한 완벽하지는 않으며, 현실적으로 완벽한 해결책이 없기에 이래저래 고민은 계속 깊어지고 있다.

동일본대지진 때 활약한 지역 건설업자와 그들의 쇠퇴

2021년은 동일본대지진이 일어난 지 10년째 되는 해다. 이즈음이면 원자력발전 재가동에 관한 찬반토론이 진행될 것이고, 또 위기관리의 중요성에 대한 논의도 재연될 것이다. 재해를 입은 지역은 여전히 상처가 남아 있지만 그 아픈 기억을 상기시키는 것이 무의미한 일은 아니다. 무엇보다도 나라 전체에서 일어나는 기운을 시들게 해서는 안 된다.

동일본대지진 당시에 초기 단계 대응은 매우 신속했던 것으로 알려져 있다. 국토교통성에 따르면, 지진 발생 후 불과 4시간 이내에 현지의 여러 건설업자들이 도로 등의 복구활동을 개시했다. 물론 그들 자신도 피해를 입은 당사자였으며 피해 기업의 비율이 70퍼센트에 달했다고 한다. 그런데도 그들은 하나같이 초동 대응이 가능했던 이유에 대해 이렇게 말했다.

> "당사와 협력회사는 현지 기업으로, 지역 사정을 누구보다 잘 알고 있기 때문입니다."
>
> "긴급 상황 발생 시의 대비태세가 항상 갖춰져 있기 때문입니다."

나중에 국토교통성이 정리하여 발표한 '동일본대지진의 실제 체험에 근거한 재해 초동대처 지침'은 재해 시 초기단계 활동에 대한 반성의 내용까지 담은 것으로 재난 극복의 매뉴얼로 활용되고 있다. 동일본대지진의 복구를 위해 모든 것을 바친 지역 사업자들과 그 직원들의 생생한 기록이나 다름없기 때문에 단순한 매뉴얼을 뛰어넘어 격문 또는 호소문이라 할 수 있을 정도의 비장함도 느껴진다.

건설투자액과 허가업자 및 취업자 수 추이

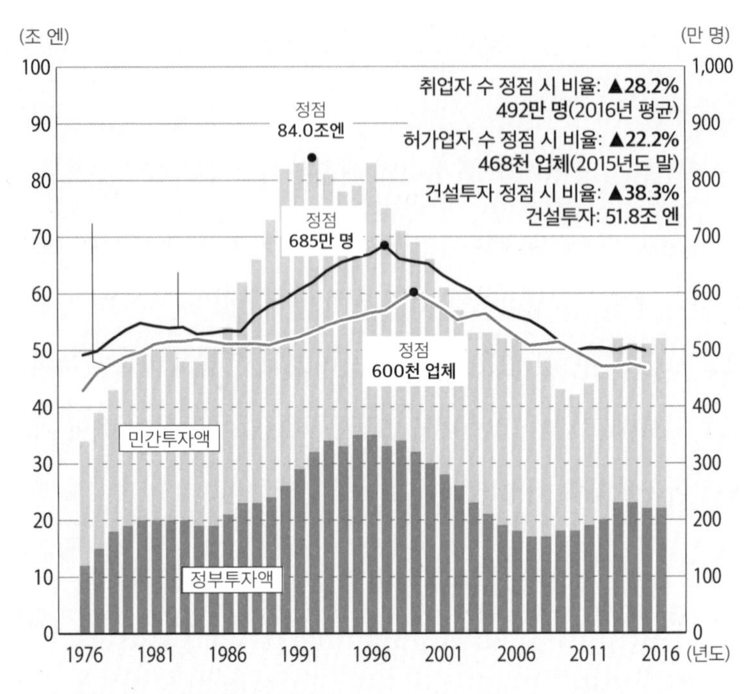

주1) 투자액에 대해서는 2013년도까지의 실적, 2014~15년도는 예상치, 2016년도는 전망치

주2) 허가업자 수는 각 연도 말의 수치

주3) 취업자 수는 연평균. 2011년은 지진 피해지 3현(이와테현, 미야기현, 후쿠시마현)을 보완 추계한 값에 대해 2010년도 국세조사 결과를 기준으로 한 추계 인구로 소급 추계한 값

한편 지방의 건설업계는 공공사업의 감소로 부진을 면치 못하고 있다. 건설 경기가 정점에 오른 해는 1992년으로, 건설투자액 84조 엔 규모에 취업자 수는 약 620만 명이었다. 그 후 완만한 감소세가 계속 이어졌다. 도쿄올림픽 개최의 영향으로 다소 회복되었다고는 해도 현재 건설투자액 48.5조 엔, 취업자수 500만 명에 그치고 있다.

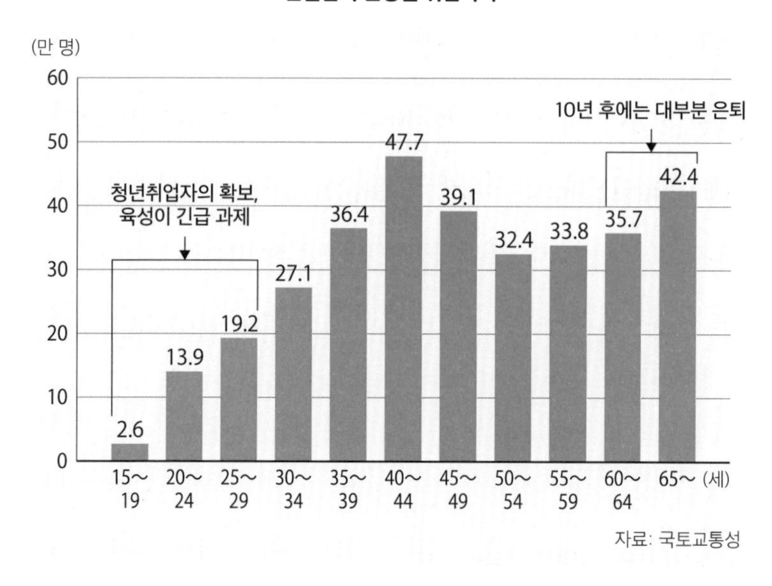

그래프에서 볼 수 있듯이 가장 많은 연령층이 60세 이상으로, 약 80만 명을 차지한다. 아마 10년 후에는 이들도 대부분 은퇴해 있을 것이다.

물론 출산율 저하와 고령화가 진행되고 있는데 건설업만 증가세를 보일 리는 만무하다. 그렇다고는 해도, 전체 산업 중 건설업에 신규 졸업자가 취업하는 비율은 정점 시 8.4퍼센트였던 것이 현재는 5.5퍼센트로 주저앉았다.

건설투자액이 증가하지 않는 상황에서 사업자, 즉 기업이 증가하기는 어렵다. 그리고 출산율 저하와 고령화를 해결할 방안도 딱히 보이지 않는다. 그런 상황에서 동일본대지진 같은 재난 시에는 지역을 기반으로 하는 무수한 건설업자의 자발적인 활동에 지원을 받아왔다.

일본은 자연재해가 많이 발생하는 나라지만 그것이 문제의 전부는 아니다. 인프라스트럭처의 노후화가 곳곳에서 진행되고 있기 때문이다. 2021년은 동일본대지진이 일어난 지 10년이 되는 해이면서 일본 사회가 전반적으로 노후화에 대한 대응을 강구해야 할 시점이 될 것이다.

인프라스트럭처 노후화 시대

일본의 고도성장기는 1960년대로 알려져 있다. 그리고 인프라스트럭처의 수명은 대체로 50년이라고 한다. 그러므로 어림잡아 2020년 초부터는 출산율 저하나 고령화 문제와 맞물리는 신규 인프라스트럭처 투자저하 및 기존 인프라스트럭처 고령화 시대에 접어들게 된다.

실제로 일본의 2011년도 '국토교통백서'를 보면 '2011년도부터 2060년도까지의 50년 동안 필요한 개축비용은 약 190조 엔인데, 이 중에서 약 30조 엔(전체 필요금액의 약 16퍼센트)의 편성이 불가능하다'라고 적혀 있다. 게다가 2037년에는 유지와 개축을 하는 데 드는 비용만도 예산 범위를 벗어난다고 한다.

기존 상태로 유지 관리 및 개축을 할 경우의 비용

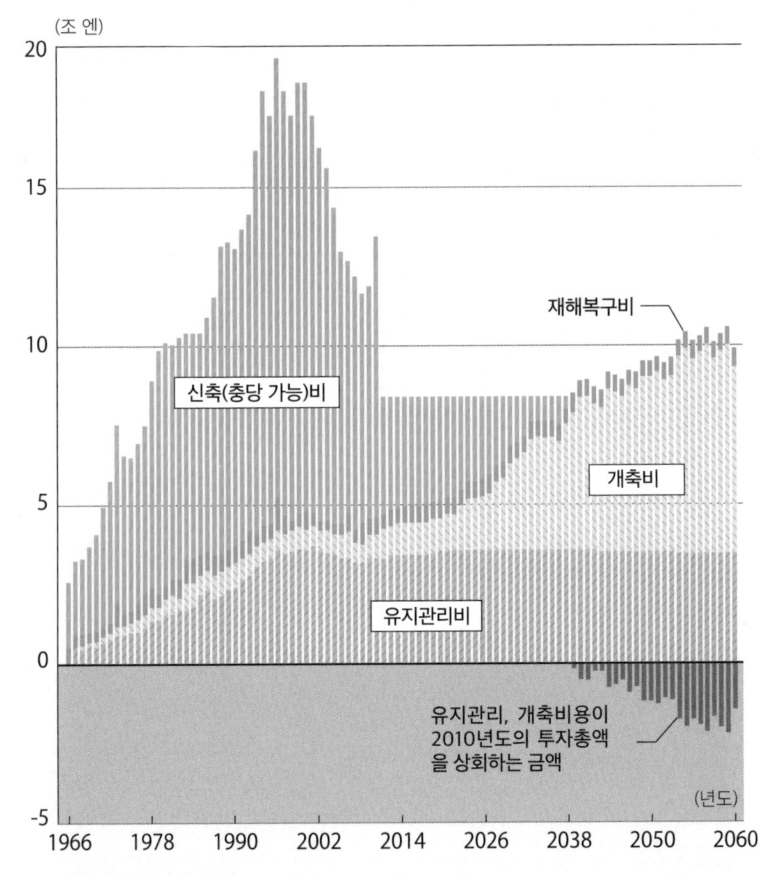

(주) 추계 방법에 대해

국토교통성 소관의 8개 분야(도로, 항만, 공항, 공공임대주택, 하수도, 도시 공원, 치수, 해안)의 직할·보조·지방단독 사업을 대상으로 2011년도 이후에 다음과 같이 설정하여 추계함.

- 개축비용은 내용연수를 경과한 후 동일 기능으로 개축하는 것으로 가정하고 당초 신축비용을 근거로 개축비용을 설정. 내용연수는, 세법상의 내용연수를 나타내는 재무성 규정을 기본으로 각각의 시설 갱신의 실태를 근거로 심이 설정.
- 유지관리비는 사회간접자본의 재고가치와의 상관에 근거하여 추계(참고로 개축비·유지관리비는 최근 연도의 비용감축 실적을 반영).
- 재해복구비는 과거의 연 평균치를 설정.
- 신축(충당 가능)비는 투자총액으로부터 유지관리비, 개축비, 재해복구비를 공제한 금액으로, 신설 수요를 나타낸 것이 아니다.
- 토지수용비·보상비를 포함하지 않는다. 각 고속도로 회사 등의 독립행정법인을 포함하지 않는다. 참고로 향후 예산의 추이, 기술적 식견의 축적 등 요인에 의해 추계 결과는 변동될 수 있다.

자료 : 국토교통성

앞에서 언급한 190조 엔이라는 수치는 연구자에 따라 차이가 있고 어떻게 가정하는가에 따라서도 달라진다. 게다가 어느 범위까지를 집계할지에 따라서도 결과는 상이하다. 다만 주목해야 할 것은 '국토교통백서'조차도 보수공사 등이 이루어지지 않으면 비관적인 미래가 올 것으로 예측하고 있다는 점이다.

2020년 도쿄올림픽 이후는 대형 안건이 상정되기도 힘들다. 대기업은 해외진출을 계획하고, 중견기업은 무엇보다도 방재 등의 재난대책 및 노후 인프라스트럭처 대책 등에 기업의 명운을 걸고 있다. 신규 사업이 아니라 대규모 개수에 희망을 의탁하고 있는 셈이다.

건설한 지 50년이 넘는 인프라스트럭처를 살펴보면 그 수가 엄청나다는 것을 알 수 있다. 실제로 국토교통성도 이미 이런 실정을 지적한 바 있다. 이와 관련하여 2015년도 '국토교통백서'를 살펴보면 불과 수년 뒤에는 상당수의 사회간접자본이 건설된 지 50년이 넘을 전망이다.

수도고속도로 주식회사에 따르면, 점검을 통해 도로의 상태를 'A급: 긴급대응이 필요한 손상(제3자 피해의 우려 등)', 'B급: 계획적인 보수가 필요한 손상', 'C급: 손상이 경미하여 대응이 불필요한 손상(손상 내용은 기록한다)', 'D급: 손상 없음(점검 내용은 기록한다)' 등으로 분류하고 있다. 이 중 A급은 당연히 즉각적으로 대응하고 있는데, 보수가 필요한 손상이 증가 경향을 보이고 있다. 국토교통성 도로국이 발표하는 '도로보수 연보'를 보더라도, 긴급조치 단계에 들어선 도로는 대체로 건설된 지 40~50년 정도 경과하여 매우 노후화된 상태다.

게다가 과적 트럭의 운행으로 도로교의 수명은 짧아진다. 국토교통성의 데이터에 따르면 통행 차량의 0.3퍼센트가 과적 대형트럭이며, 이들이 도로교의 수명을 단축시키는 데 약 90퍼센트의 영향을 끼치고 있다.

국토교통성의 다른 자료를 보면 상당히 많은 건물들도 노후화가 진행되고 있다는 사실을 알 수 있다.

2011년 3월 11일 동일본대지진 당시 구단회관(九段会館: 도쿄 치요다구에 소재하는 건물 명칭_옮긴이)의 천정이 붕괴한 것은 노후화의 상징적인 사건이었다. 실제로 천정의 경우는 내진 기준이 명확히 규정되어 있지 않은 관계로 책임자들이 불기소 처분을 받기는 했다. 그러나 구단회관이 '군인회관'이라는 이름으로 건설된 해가 1934년이니 노후화된 건물에 내재된 위험성을 그대로 드러낸 사건임에는 틀림없다. 실제로 많은 자치단체 청사나 공공시설에서도 노후화에 관련된 문제가 적잖이 드러나고 있다.

건설된 지 50년 이상 경과한 사회간접자본의 비율

	2013년	2023년	2033년
도로교	약 18%	약 43%	약 67%
하천관리시설(수문 등)	약 25%	약 43%	약 64%
하수도 배관	약 2%	약 9%	약 24%
항만시설	약 8%	약 32%	약 58%

건설업의 혁신이 일어날까

공사와 관련하여 말하자면, 건설 부문은 역시 사람의 노동력과 직접 결부되어 있으므로 급격한 변화는 쉽게 일어나지 않는다. 토목공사 부문과 콘크리트공사 부문에 대해 약 30년 전과 최근의 작업자 수를 비교해보자. 토목공사 부문은 1000제곱미터당 필요로 하는 작업자 수, 콘크리트공사 부문은 100제곱미터당 필요로 하는 작업자 수다. 결론부터 말하자면 거의 변동이 없다.

건설현장에서는 일손이 들 때가 많아서 상황을 급격하게 개선하기가 어렵다. 게다가 예산과 인원이 줄어드는 상태에서는 최대한 절약하면서 보수공사를 할 수밖에 없는데, 지방 관공서는 기술자를 보유하고 있지 않은 곳도 있다. 그런 경우 외주에 의존해야 하지만 추가로 확보할 수 있는 예산이 없기 때문에 한정된 예산 내에서 처리할 수밖에 없다. 하지만 완전한 복구가 어려울지라도 조금씩이나마 노후화 대책을 실행할 필요는 있을 것이다.

국가 차원에서는 아이콘스트럭션(i-Construction)이 추진되고 있다. IT기술 등을 활용한 생산성 향상 대책이라 할 수 있다. 예를 들어, 측량에 드론을 활용하거나 3D 데이터를 사용하는 것을 말한다.

기술면에서도 개발은 계속 진전되고 있다. 예를 들어, 광섬유를 터널에 깔아놓고 센서기술을 이용하여 모니터링하는 기술이 가까운 시일 내에 실현될 전망이다. 터널 내벽의 균열 등을 탐지하여 사

약 30년 전과 최근의 토목 부문 작업자 수

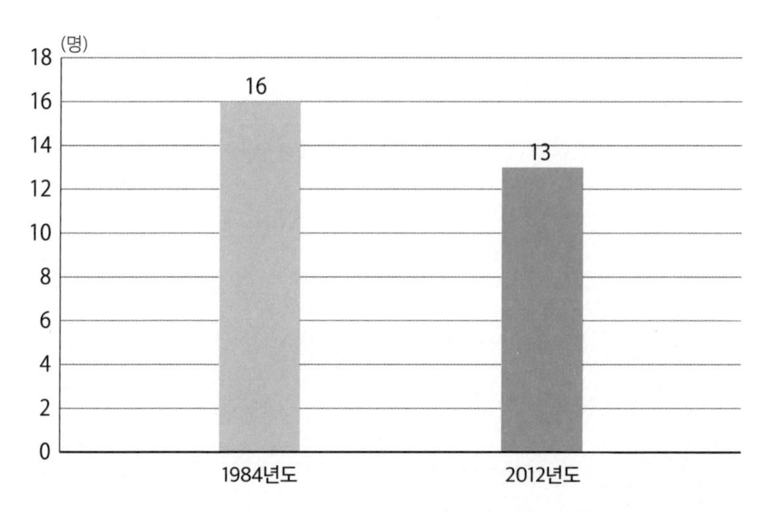

자료: 국토교통성 (1000제곱미터당 필요로 하는 작업자 수)

약 30년 전과 최근의 콘크리트 부문 작업자 수

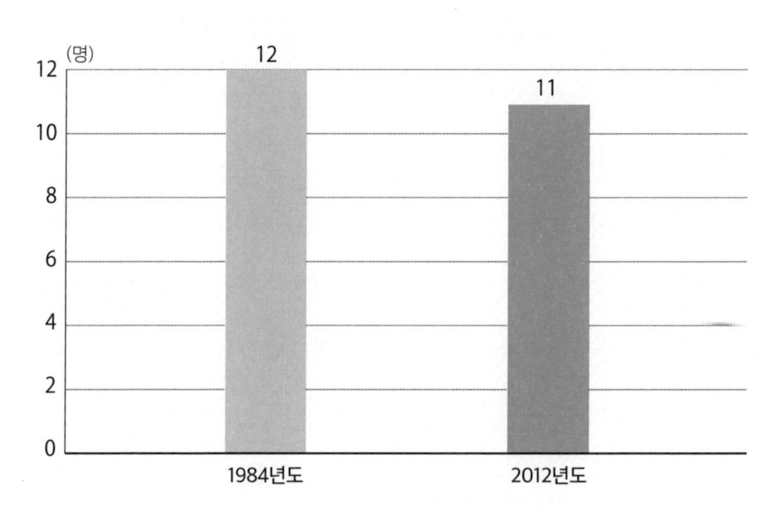

자료: 국토교통성 (100제곱미터당 필요로 하는 작업자 수)

전에 알려주는 구조다. 물론 비용을 어떻게 책정할까 하는 문제는 남아 있지만 가격만 적당하다면 업무의 효율화가 달성될 것이다.

타이어 제조업체에서는 타이어에 장착하는 센서를 개발하고 있다. 자동차가 주행하면서 도로 상황을 파악하여 필요한 정보를 제공하는 구조다. 이런 경우 센서를 통하여 도로의 동결 상태를 알 수 있으므로 최적의 시기에 동결방지제 살포가 가능해진다. 그렇게 되면 인프라스트럭처의 수명 연장에 상당한 도움이 될 것이다.

실제로 택배업자들은 단지 짐을 옮기는 역할에서 벗어나 도로 등의 이상 유무를 탐지하는 데에도 힘을 기울이고 있다. 차량에 부착한 센서를 통해 통행 시 다리 등의 흔들림 혹은 소리의 변화와 같은 이상 징후를 수집한다.

섬유를 시트 모양으로 만들어 콘크리트에 붙이는 제품도 있는데, 시트의 색깔 변화를 보고 균열을 짐작할 수 있다. 또 노면에 붙이면 보수작용을 하는 시트도 있다. 그럼으로써 수명을 조금이라도 늘릴 수 있는 것이다.

구형 인프라스트럭처의 보수에는 적용할 수 없지만, 자기복구 소재도 주목을 받고 있다. 이것은 이름 그대로 흠집이 생기면 스스로 복구하려는 성질을 가진 소재다. 액상의 재료가 잘 반죽되어 있어서 금이나 흠집이 생기면 재료가 스며들어 금을 메워나간다. 고무, 수지, 도료 등의 소재에서 활발한 연구가 진행되고 있다.

감소하는 인프라스트럭처 관련 위기의식

2011년 3월 11일, 며칠 전부터 몸 상태가 좋지 않던 나의 아내는 하필이면 그날 중요한 상담을 취소하고 출근도 하지 않은 채 집에서 휴식을 취하고 있었다. 흔들림이 절정에 달했던 오후 2시 46분쯤, 나는 도쿄 도요스에서 유라쿠초선 지하철에 승차하고 있었다. 커다란 진동을 아직도 기억하고 있다. 그 순간의 나는 사태의 심각성을 깨닫지 못하고 있었다. 전철 안에서도 노트북컴퓨터를 꺼내 일을 하려고 했을 정도였다. 가족에게 연락하려고 했을 즈음에는 모든 연락 수단이 끊어진 상태였으므로 큰 지진에 변을 당한 것은 아닌지 몹시 걱정이 되었다. 아내에게 겨우 연락이 된 것은 아이폰 어플리케이션인 카카오톡 덕분으로 그때서야 비로소 나는 긴급 시 연락의 중요성을 깨달았다.

동일본대지진이 일어나고 수개월이 지났을 무렵, BCP(Business Continuity Plan: 사업계속계획)의 중요성이 대대적으로 알려지게 되었다. 아마도 동일본대지진 이전에 BCP에 관심을 갖고 있던 사람은 거의 없을 것이다. 동일본대지진 이후 나는 거래처로부터 BCP 확립을 위한 컨설팅이나 강연 의뢰를 끊임없이 받았다. 관심도가 극도로 높아지고 있어서인지 어느 강연장도 좌석이 꽉 찰 만큼 대성황을 이뤘다.

그로부터 5년이 지난 2016년, 재해대책을 소홀히 해서는 안 된다는 취지의 일환이라며 어떤 기업으로부터 다시금 BCP 세미나 의뢰가 들어왔다. 그때는 드문드문 빈자리가 적지 않았다. 회사마다 BCP가 잘 정비되어서라기보다는, 단지 세월의 흐름과 더불어 관심도가 떨어졌기 때문이었다.

과거에는 업무 중일 때 호루라기를 목에 걸었고, 취침 시에 신발을 침대 아래에 두었으며, 무슨 방이든 들어가기 전에 긴급 피난기구를 확인하곤 했었다. 그러나 동일본대지진 후 고작 5년이 흘렀건만 그런 모습은 어디에서도 찾아볼 수 없었다. 천재지변은 망각할 즈음에 다시 찾아온다는 말이 명언으로 인정받는 까닭은, 반드시 우리가 인식하면서도 전혀 개선하지 않는 망각의 속성을 정확하게 짚어내고 있기 때문이리라.

도로의 붕괴는 그 징조를 쉽게 알 수 있다. 그렇기 때문에 도로가 무너지는 재난을 겪은 뒤에 비로소 인프라스트럭처 투자의 논의를 재연하는 우를 범하지 않았으면 하는 바람이다. 다만 수도관처럼 지하에 매설되어 있는, 보이지 않는 인프라스트럭처에 대한 반응도는 아무래도 둔해지게 마련이다.

그런 점에 관해서는, 폐기하는 인프라스트럭처와 존속시키는 인프라스트럭처를 구분한 다음, 존속시키고자 하는 인프라스트럭처는 대담하게 민간에 맡길 필요가 있다. 준 민영화든 완전 민영화든 수익사업화를 촉진하는 것 말고는 다른 방법이 없을지도 모른다.

2021년에 일어날 변화

- 인프라스트럭처의 노후화가 사회문제로 부각

염두에 두어야 할 사항

- 건설업의 규모 축소 관련 비즈니스의 기회
- 인프라스트럭처 노후화 관련 점검 및 보수 경감 비즈니스의 기회

이런 물건이 팔린다

- 건설현장의 측정과 관련된 IT상품
- 인프라스트럭처의 수명을 증가시키는 상품
- 공공 인프라스트럭처의 재검토 등과 관련된 컨설팅 비즈니스

돈 버는 법

자치단체나 업체의 한계를 이용하라.

노후 인프라스트럭처를 보수 및 개축하기 위해 다양한 인프라스트럭처 컨설턴트들이 전면에 나타날 것이다. 또 설비 등의 노후화에 대해서는 사고 후에 복구계획을 짤 필요가 있으므로 BCP 컨설턴트의 수요도 높아질 가능성이 있다.

그러나 결국 자치단체나 업체의 힘만으로는 한계가 있다. 날마다 인프라

스트럭처에 접촉하고 있는 생활인을 통해 얻어지는 데이터를 활용해야 한다. 가령 인프라스트럭처의 상태 사진을 찍어 관공서로 전송하는 등의 방법을 예로 들 수 있다. 또 공공 인프라스트럭처의 연령대장을 만들 필요도 있다.

현재 각 지자체의 공공 인프라스트럭처가 몇 년에 건설되었는지 등이 정리된 일람표 같은 자료는 없을 것이다. 그러한 것들을 작성하여 공개해야 한다. 그러면 인프라스트럭처 폐기만을 주장했던 주민들의 이해도가 높아질지도 모른다. 또 인프라스트럭처 유지비를 삭감할 수 있는 아이디어나 독특한 이용법 등이 제안되어 눈엣가시 같던 인프라스트럭처들이 수익을 창출하게 될 수도 있다.

건설업의 일손부족 사태는 기존 인원을 좀 더 효율적으로 활용하는 방법밖에는 달리 해결책이 없다. 개인사업주나 소규모 사업자가 어떠한 기능의 전문가를 보유하고 있는지를 나타내는 데이터베이스가 없는데, 건설인력판 '워크넷'이나 '지역생활 정보지' 같은 것이 있으면 어떤 기능을 가진 사람을 언제 활용 가능한지 알 수 있다. 하지만 현재는 건설 관련 인력을 찾으려 해도 아는 사람을 통하는 방법밖에 없다. 그 이유는 건설 인력이 컴퓨터나 스마트폰을 사용하여 등록할 수 있는 시스템이 갖춰져 있지 않기 때문이다. 그러므로 건설 인력과 건설업자의 매칭 비즈니스가 생겨날 수도 있을 것이다.

2022년

총에너지 수요가 정점에 도달하고, 대세산업으로 에너지 절약 컨설팅 사업이 주목받는다

이산화탄소 배출문제가 대두되는 상황을 맞아,
에너지 절약 기술을 전 세계에 홍보해야 한다.

P

Politics(정치)
에너지 문제로 나라별 연대가 강화된다. 원자력발전에서 다시 화력발전으로 이행됨으로써 이산화탄소 배출 억제에 어려움을 겪고 세계 각국에서 대체 에너지 정책을 강화한다.

E

Economy(경제)
신흥공업국들이 경제성장을 이루면서 에너지 수요가 높아진다. 에너지 이용효율이 높은 일본발 상품이나 서비스가 주목을 받게 된다.

S

Society(사회)
일본의 에너지 총수요가 정점을 찍는다. 또한 과소현상으로 에너지 효율이 저하될 위험성이 있다.

T

Technology(기술)
새로운 발전 기술이나 에너지 절약 기술이 개발된다.

변화의 특징

2022년에는 일본의 총에너지 수요가 정점에 이를 것으로 예상된다. 에너지 조달량이 줄어들어 대외적인 영향력 저하가 우려된다. 그러나 에너지 절약 및 효율화 기술을 세계에 널리 알릴 기회이기도 하다.

일본은 GDP 대비 에너지 이용효율이 압도적으로 높고, 또 동일본대지진 후 원자력발전이 정지된 곳도 있기 때문에 대체 에너지 개발에 힘을 쏟아왔다.

에너지 총수요가 정점에 도달

2005년에 재단법인 전력중앙연구소는 '전국의 총전력 수요는 2022년 즈음에 정점을 찍을 것'이라고 발표했다. 전력 부문을 포함한 에너지 수요 전체에 대한 전망도 그리 밝지만은 않다. 2005년 정부에서 발표한 에너지백서 '에너지에 관한 연차보고'에 따르면 '인구, 경제, 사회구조의 변화를 근거로 살펴볼 때 구조적으로 성장은 둔화하여 2021년도에는 한계점에 도달'하고 2022년부터는 감소세로 전환될 것이기 때문이다.

이것은 세대수의 감소나 에너지 효율 등을 감안하여 일정한 가정을 전제로 계산한 결과다. 물론 2021년이 아닌 다른 연도에 정점을 찍을 것이라는 시각도 있다. 이처럼 장래의 수요를 정확하게 예측하기란 결코 쉬운 일이 아니다. 다만 출산율이 저하되고 있고 에너지 소비 효율화가 착착 진행되고 있으므로 에너지 소비량은 점차 줄어들 것이다.

에너지 수요를 분야별로 살펴보면 산업 부문이 감소하고는 있을지언정 여전히 약 반수를 차지한다. 전자상거래의 발전으로 소량 배송이 폭발적으로 증가했기 때문이다. 하지만 전자상거래 이외의 운송은 줄고 있어서인지 물류 부문에서의 상승은 미약하고 오히려 절대값으로는 감소 경향을 보이고 있다.

에너지의 분야별 소비

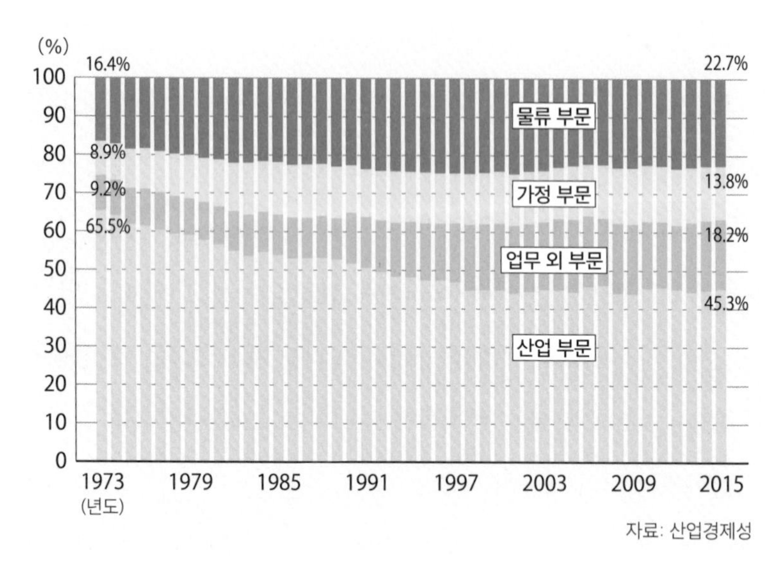

자료: 산업경제성

에너지 사용량의 감소 추세를 반영하여 앞으로는 에너지원의 수입량도 감소하게 됨으로써 글로벌 시장에서의 일본의 상대적 지위도 낮아질 것이 분명하다. 이런 상황에서 무한경쟁 사회를 헤쳐 나갈 수 있는 새로운 에너지 정책이 요구된다.

에너지의 역사적 경위

에너지를 구분할 때, 1차 에너지는 에너지원이 되는 원자력, 수력, 석유, 천연가스, 태양광, 풍력 등을 가리킨다. 2차 에너지는 1차 에너지를 변환 · 가공한 것으로, 전력, 연료용 가스, 가솔린 등을 말한다.

본래 일본에서는 고도성장기 전까지만 해도 모든 에너지의 중심은 석탄이었다. 그 이후 중동지역에서 석유를 수입하면서 석유 중심의 에너지 구조로 이행되었다. 1970년대까지만 해도 GDP의 성장세보다 에너지 소비의 성장세가 더 컸다.

그러다가 석유파동에 휩싸이면서 과도한 석유 소비를 반성하게 되었다. 그 후 대체 에너지로서 원자력이나 천연가스 등의 도입을 가속화함과 동시에 에너지 절약 부문에서도 괄목할 만한 성과를 이루어왔다. 경제성장이 둔화되고부터는 한층 더 에너지 소비의 절대치도 감소하고 있다. 특히 2011년 동일본대지진 이후에는 절약의 생활풍조도 에너지 소비 감소에 한몫을 톡톡히 했다.

대체 에너지에 대해서는, 동일본대지진이 일어난 뒤 원자력에 대한 의존도가 크게 줄었다. 지진 재해 직전에는 원자로 54기가 가동되었으나 원자로 재가동 정지 및 폐쇄가 이어지면서 현재는 기본 기수만 가동되고 있다.

따라서 석유에 대한 의존비율은 여전히 높은 편이다. 일본에서의 원유 채굴은 도호쿠 지방 일부를 제외하면 거의 전무하고 석유 공급은 99퍼센트 이상을 해외에 의존한다. 그래서 천연가스 등에 주목하거나 원유 조달처의 다변화를 도모해왔다. 실제로 중동뿐만 아니라 중국이나 인도네시아로부터 수입을 꾸준히 늘리고 있다. 한편 셰일가스와 셰일오일이라는 새로운 에너지 조달처로서 각광을 받고 있는 미국이 엄청난 주목을 끌게 될 것이다.

앞에서 언급한 대로 태양광, 풍력, 지열 등 재생 가능 에너지에 대한 관심도 매우 뜨겁다. 하지만 전체적인 관점에서 보면 그 어느 것도 기존물량을 완전히 대체하기에는 여전히 부족한 감이 있다. 일례로 지열은 지하수가 증발할 때의 열을 이용하여 터빈으로 발전을 일으키는 구조인데, 발전소의 공사기간이 10년 이상 걸린다.

전력원 배분의 최적 구성에 대해서는 연구자에 따라 데이터나 가

1차 에너지별 공급량

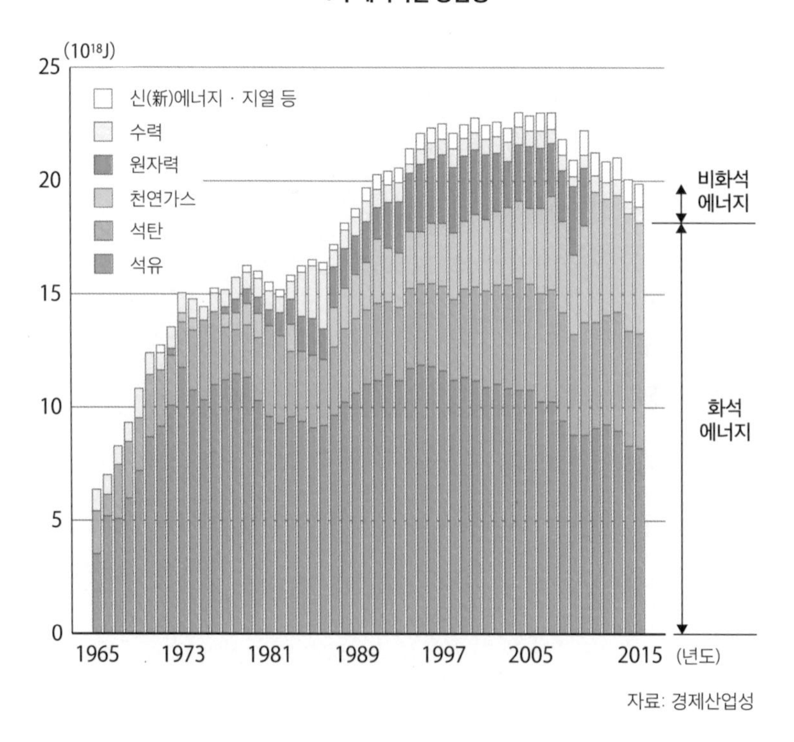

자료: 경제산업성

정이 다르기 때문에 일률적으로 결론을 내리기는 어렵다. 독일에서는 우여곡절 끝에 재생 가능 에너지 법안이 가결됨으로써 2011년에 원자로 8기의 가동을 멈추고, 나머지도 2022년까지 폐쇄하기로 결정했다. 다만 원자력발전 중단은 화력발전에 의해 배출되는 이산화탄소를 어떻게 삭감할지 결정하는 것이 선결조건이며, 효율화를 택할지 혹은 대체 에너지를 택할지 우선적으로 검토해야만 한다.

풍요로움과 에너지 수요

에너지 소비량과 각국의 풍요로움은 명확한 정(正)의 상관관계에 있다. 만약 신흥공업국이 에너지 절약으로 방향을 선회하면 그 나라의 서민층이 정국을 불안정하게 만들지도 모른다. 그렇기 때문에 중국이 선진국에 동조하여 에너지 소비의 총량 억제를 수용하기가 어려운 것이다.

신흥공업국이 에너지의 총소비를 억제하지 않는 한편, 일본은 일본내로 화력발전의 비중을 높이고 있으므로 이산화탄소 배출량은 당연히 증가할 수밖에 없다. 본래 '쿄토의정서'를 선도한 일본은 세계 질서 속에서 에너지 절약정책을 주도하지 않으면 안 되었다. 그러나 선진국은 에너지를 분별없이 사용하여 성장해놓고서 이제 신흥공업국에게 에너지 절약과 이산화탄소 배출 억제를 요구하려니

설득력을 얻지 못하는 것이 당연하다. 게다가 다시금 화력발전에 의지해야 하는 처지가 됨으로써 더더욱 곤란한 상황에서 헤어나지 못하고 있다.

일본을 위협하는 과소화의 문제

에너지 이용 효율화의 저해 요인으로는 이산화탄소뿐만 아니라 일본 내부의 과소화 문제가 있다. 내각부가 '2013년도 연차 경제재정보고'에서 발표한 대로, 인구밀도가 낮아지면 효율성이 저하되므로 배전비용이 높아진다. 실제로 규모의 경제성은 수요 전력량의

전력회사의 평균비용과 전력 수요량의 관계

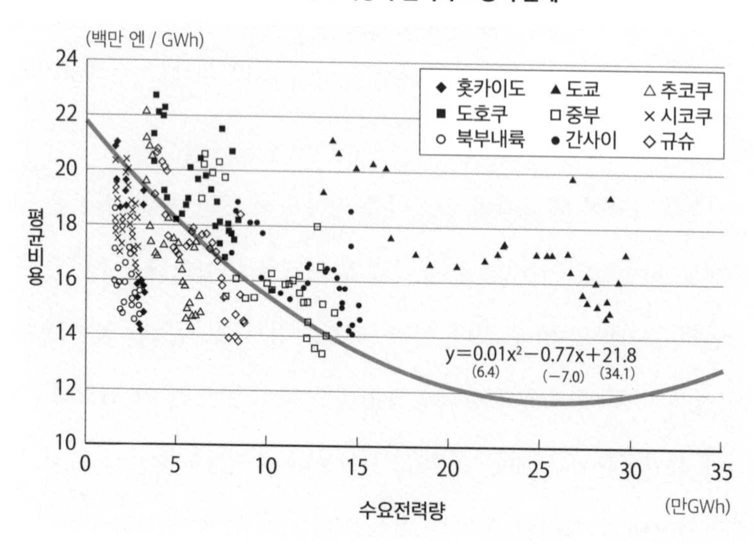

과다에 영향을 받으므로 스마트시티 실현을 위해서는 효율적인 도시를 건설하는 것이 급선무다.

정부나 에너지 기업이 강구해야 할 대책

앞에서 에너지의 총수요가 감소하는 것을 약간 부정적으로 묘사했지만, 당연히 에너지 절약에 의해 얻어지는 바람직한 측면도 있다. 실제로 일본의 GDP 대비 에너지 소비효율은 상위 수준으로 인정받고 있다. 다음에 나오는 1인당 1차 에너지 소비 그래프를 보면 알 수 있듯이 1인당 명목 GDP 효율 측면에서는 상당한 우위성을 나타내고 있다.

에너지의 자급률을 높이면 여러 나라로부터 조달되는 에너지 총량이 줄어들므로 잠재적 영향력이 저하할지는 모르지만, 그러한 효율화 기술을 다른 나라에 파는 방법을 강구할 수 있다.

따라서 염두에 두어야 할 것은, 안정된 에너지 조달을 위해서는 에너지 조달량이 적어지더라도 다른 나라들과 제휴해야 한다는 점이다. 그리고 무공해한 발전 기술과 세계 최상의 효율화 기술을 하드웨어와 소프트웨어 양면에서 해외에 어필할 필요가 있다. 그렇게 되면 다른 나라들도 에너지 절약을 통한 성장을 실현할 수 있다.

그래서 국가 차원에서는 중동과 우호관계를 맺고 있으며 석탄과

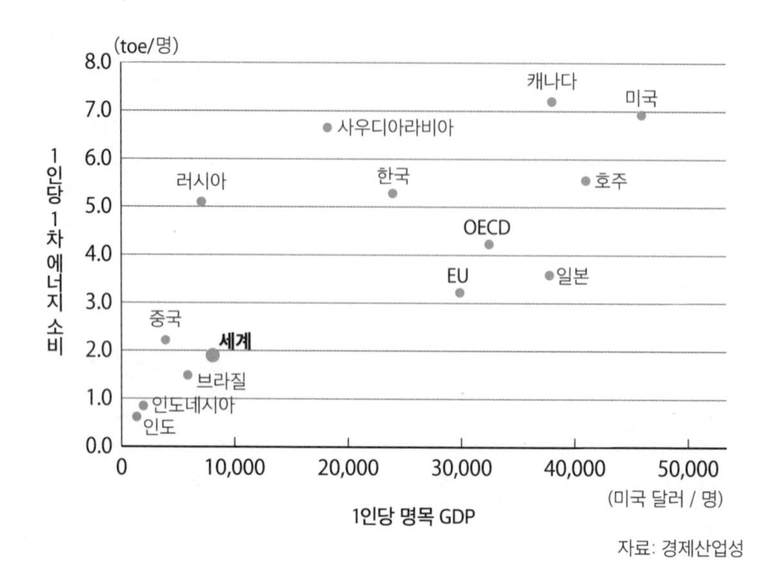

관련해서도 호주와의 관계 강화를 추진하고 있다. 또 적극적으로 자원을 발굴하고자 하는 사업자를 지원하기 위해 독립 행정법인인 석유천연가스금속광물 자원기구가 해외의 자원개발회사 매수를 지원하거나 유전 개발 등을 지원하는 기반을 다져놓았다(석유천연가스금속광물 자원기구법의 개정).

무공해 발전 기술로서는 지열발전 이외에 바이오매스(biomass) 발전이 있다. 이는 식품 폐기물이나 오물 등에서 생물가스를 발생시키는 방법이다. 또한 토양조류, 대나무, 간벌목재, 나무조각 같은 것들을 이용한 발전 기술도 개발하고 있다.

화력발전 부문에서도 여전히 기술을 향상시킬 여지가 있다고 보고 터빈의 고효율 발전 기술에 예산을 책정해놓았다. 아울러 배출된 이산화탄소를 회수하여 유효하게 이용하는 기술 개발도 가속화하고 있다.

최근에는 기업의 연구 성과로서 '클린 조달'이라는 것이 발표되기도 했다. 행정기관이나 민간기업이 거래처를 선정할 경우에 환경부하를 획기적으로 경감시킨 기업을 우대한다는 내용이다. 이처럼 공급사슬(supply-chain) 전체의 이산화탄소 배출량을 감시한다면 무공해 원칙이 지속적으로 지켜지는 사회를 실현하는 데 큰 도움이 될 것이다.

일본의 주택 단열재는 세계에서 최고 수준으로 인정받고 있는데,

각국의 에너지 조달량

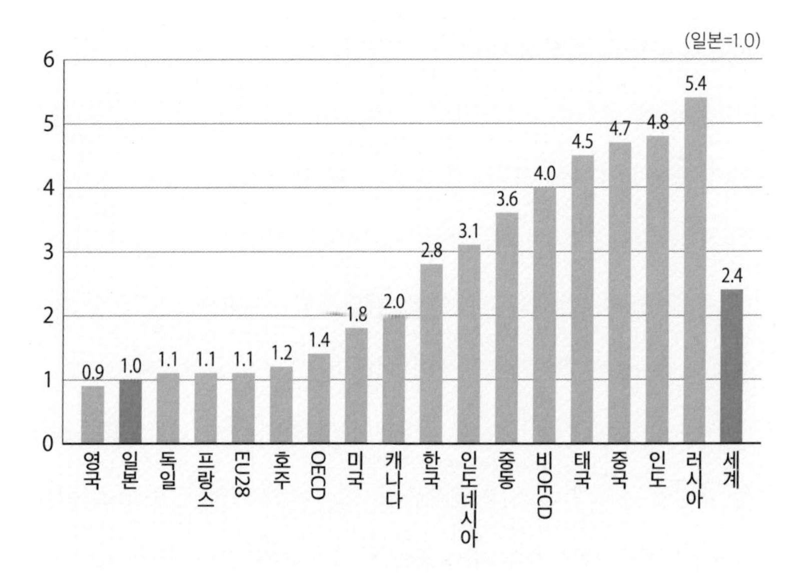

가정에서 방출되는 열손실을 큰 폭으로 줄일 경우 거기서 얻어지는 효과 또한 매우 크다. 리처드 뮬러(Richard A. Muller)는 저서 《대통령을 위한 에너지 강의(Energy for Future Presidents, 2012)》에서 '아무도 모르는 투자 기회를 알려드립니다. 여러분 집의 지붕 안에 단열재를 넣는 겁니다. (중략) 지붕 안에 단열재를 설치하는 비용이 1000달러 들었다고 칩시다. (중략) 5, 6년 후에는 (복리가 아닌 경우) 에너지 비용을 1000달러 절약할 수 있습니다'라고 말했을 정도다.

일본이 에너지 효율을 선도하고 있다는 강점을 활용하여 현재 다양한 에너지 절약 상품이 개발되고 있다. 그런 상품들을 이제 해외에 판매할 때가 되었다.

에너지 불변의 법칙과 이익

얼마 전에 한 대학 강사가 이런 말을 했다.

> "에너지 불변의 법칙이라는 게 있는데도 동일한 에너지를 사용하여 얻어지는 수익은 회사에 따라 천차만별이네요."

참 재미있는 발언이라고 생각한다. 에너지의 단위로 줄(joule)이라는 것이 있지만, 회사상품에 내재된 의미를 정량화할 수는 없다.

한때 오츠카제약의 포카리스웨트는 인도네시아에서 잘 팔리지 않는 상품이었다. 그래서 오츠카제약은 이슬람교도가 라마단이 끝난 뒤 갈증을 해소하는 음료로 포카리스웨트의 포지셔닝을 바꿨다. 그러자 포카리스웨트의 매출은 하루가 다르게 신장하여 국민 음료로 불릴 정도가 되었으며, 이제는 지방 소매점에도 반드시 갖춰놓아야 할 필수상품이 되었다. 게다가 비교적 비싼 가격임에도 아주 잘 팔렸다. 이렇게 상품이 동일하고 만드는 데 드는 에너지가 동일해도 얻어지는 수익은 다르다.

전기의 경우는 어떠할까. 비근한 예로 전지를 들 수 있다. 단4형, 즉 AAA건전지 한 개 가격이 100엔이라 가정해보자. 그럴 경우 단4형 전지의 가격은 일반 전기료의 1만 배에 해당한다. 그리고 단4형 전지를 사용하여 1.5볼트 전압으로 1암페어의 전류를 1시간 동안 흘렸을 때 대략 100엔의 비용이 든다고 치자. 그럴 경우 1와트아워(Wh)의 값을 구하면 100÷1.5=67엔이 된다. 이것을 킬로와트로 환산하면 67×1000=6만 7000엔이라는 계산이 나온다. 한편 전기료는 1킬로와트에 20엔이니 3350배나 비싼 셈이다.

정해진 길(전선)을 통과해야만 제 역할을 하는 전기가, 운반 가능한 편리한 전원으로 바뀌었다고 그토록 엄청난 가격 차이가 생긴다는 점에 주목할 필요가 있다. 따라서 에너지 그 자체가 아니라 그와 연관된 부수적인 의미에 집중해야 하는 것이다.

나는 늘 중소기업의 전략을 한마디로 말할 때 '가격 인상'이라고 한다. 그런 의미에서 일본을 중소기업에 비유한다면, 일본의 기술을 비싸게 팔 수 있도록 상품의 의미를 바꾸는 데에 힘을 쏟아야 할 것이다.

가솔린이 배출하는 이산화탄소가 식물의 생장에 도움이 되는 이로운 것으로 여겨지던 시절도 있었다. 하지만 지금은 온난화의 원흉으로 전락하고 말았다. 물론 독자 여러분 중에는 이산화탄소에 의한 온난화설을 불편해하며 인정하지 않는 사람이 있을지도 모른다. 하지만 나는, 다양한 문헌을 접한 사람으로서 지구 온난화는 틀림없이 현재 진행형이며 매우 심각한 상황이라는 것을 부정하지 않는다. 다만 결코 단언하지도 않을 뿐이다.

분명한 것은, 온실효과 가스에 의해 지구의 평균기온이 상승했다는 사실을 많은 연구자들이 지적하고 있다는 점이다. 다시금 강조하지만 이런 엄혹한 환경 아래서 일본의 에너지 절약 기술은 분명 세계 최고 수준을 자랑하고 있다.

일본은 전력 절약이라는 소프트웨어로 세계의 컨설턴트로서 발돋움하겠다는 목표를 설정해야 한다.

2022년에 일어날 변화

- 대체 에너지 개발의 본격화
- 전기 절약이라는 소프트웨어의 기능이 주목받는 현상

염두에 두어야 할 사항

- 에너지의 의미를 달리 인식시키는 상품 만들기

이런 물건이 팔린다

- 해외공장이나 가정에서의 에너지 절약 컨설팅
- 클린 발전 기술

돈 버는 법

일본의 절약생활 노하우를 세계로!

일본의 '아깝다'란 말이 세계의 유행어가 된 지 오래다. 현재는 로하스(Lifestyles Of Health And Sustain Ability: 건강을 중시하는 생활양식_옮긴이)라느니 에디컬 소비(Ethical Consumerism: 사람이나 사회, 지구 환경을 배려한 윤리적으로 올바른 소비_옮긴이)라느니 하며 단출한 생활을 지향하는 사람들이 늘고 있다. 이 운동의 특징은 소비를 억제하는 데 주력하는 것이 아니라 오히려 로하스하고 에디컬한 상품을 적극적으로 구입하고 소비하는 것이 세계의 발전으로 이어진다고 보는 점이다.

전 세계가 에너지 절약화로 전환되는 분위기 속에서 일본이 선점하고 있던 이코노믹 라이프는 점점 더 중요성이 커지고 있다. 게다가 요즘은 머리로 소비하는 시대다. 상품이 어떻게 생산되는가, 이산화탄소 배출량이 적고 에너지 절약에 충실했는가 등의 물음에 답을 주는 정보가 상품 선정 시 중요한 요소로 작용하게 된다. 사실 일본 기업은 오래전부터 TQM(Total Quality Management: 종합적 품질 관리_옮긴이)이라는 명제를 내세워 제품 개선활동에 매진해왔다. 이제 최종적인 제품이 아니라 그러한 노하우를 세계에 제시해야 하는 시대가 되었다.

또 전기도 공급 서비스를 제공하던 시대에서 전기 사용의 경험을 판매하는 시대로 바뀐다. 아마 미래의 전력회사는 각 가정이 사용하는 에너지 소비를 컨설팅하여 최적의 가전을 제공하고 재생 에너지 투자를 권유하는 등의 파이낸스 어드바이스도 해줄 것이다. 아울러 어떤 생활방식이 에너지 효율성 측면에서 가장 좋은지도 조언해줄 것이다. 그리하여 전력회사는 에너지 프로바이더에서 노하우 프로바이더로 탈바꿈하게 된다.

현시점에서는 계약문제 등이 얽혀 있어서 한순간에 전력회사를 교체하기는 불가능하다. 다만 한 걸음 더 나아가 가정에서 전력회사를 그때그때 필요에 따라 선택하도록 하는 것은 어떨까. 다시 말해 사용량이나 시기, 시간대 그리고 전력회사를 자동 선택하도록 하는 방법이다.

물론 선택지가 꼭 전력회사로 한정되어 있지는 않을 것이다. 어쩌면 거리를 이동하는 자율주행차를 통해 필요한 전력을 구입하게 될지도 모른다. 전기자동차가 자동으로 가정에 전기를 충전시켜준다는 발상이다. 실제로는 배터리가 비싸기 때문에 당연히 기술혁신이 선행될 필요는 있다. 그러나 개인이 전기를 생산하고 그것을 자유롭게 팔 수 있는 구조가 지금보다 더 발전한다면, 지금까지 살펴본 내용과는 다른 의미에서 에너지 혁명이라 할 수 있을 것이다.

유튜브(YouTube) 시대에는 개개인이 미디어가 됨으로써 인기를 얻었지만, 유파워(YouPower) 시대에는 개개인이 전력의 공급원이 될 수도 있다.

2023년

농업의 6차 산업화가 진행되고, 스마트 농업이 본격화한다

돈 버는 농업으로 전환되는
원년이 되는가?

P

Politics(정치)
농업의 6차 산업화가 추진된다. 부가가치가 높은 농업으로의 전환이 국가 차원에서 진행된다.

E

Economy(경제)
국내 생산 식품류가 감소하는 한편 수입품은 증가한다. 국내시장의 요구에 부응하는 농작물 생산이 바람직하다.

S

Society(사회)
중국이나 아프리카 등이 식품 수입대국으로 바뀐다.

T

Technology(기술)
경작지에 센서를 달거나 인터넷에 연결하는 등 IT기술을 활용하는 이른바 스마트 농업이 성행한다.

변화의 특징

농업 생산자가 생산뿐 아니라 유통에서 판매까지 담당하는 농업의 6차 산업화가 추진된다. 농업 경영체가 줄어드는 가운데 부가가치가 높은 농업으로의 전환이 급선무다. 국내에서는 고객의 요구를 최대한 경청하여 농업의 현대화에 박차를 가해야 한다.

일본의 농산물은 맛, 품질, 투명성, 유기농 등의 분야에 강점이 있고 농업의 IT화도 꾸준히 발전해왔다. 이러한 강점을 앞세워 세계에 수출할 길이 없는지 검토해야 한다.

농업의 6차 산업화

아베 수상은 2013년 연설에서 2023년까지 성장 전략의 일환으로 농업과 농촌 전체의 소득을 두 배로 증가시키겠다고 했다. 아베노믹스에서 강조한, 이른바 '제3의 화살(대담한 금융완화가 제1의 화살, 재정지출 확대가 제2의 화살, 민간투자를 환기하는 성장전략이 제3의 화살이다_옮긴이)'로서 이런 내용이 발표되었다. 아베 정권하에서는 농정 개혁이 진행되어 농림수산성과 농업단체를 상대로 총리실이 나서서 '돈 버는 농업'을 표방해왔다. 그때 사용된 용어가 '6차 산업화'다.

6차 산업의 의미에 대해 농림수산성은 '농림 수산물의 생산에 머무르지 않고 가공이나 판매 등도 함께 담당함으로써 생산자의 수입이나 지역 고용 확대를 꾀하는 것을 말한다'라고 풀이했다. 간단히 요약하자면, 생산자들이 처리하는 일의 범위를 확대하여 이익을 극대화하겠다는 뜻이다.

6차의 6은, 농어업의 1차 산업에 더하여 2차 산업(공업, 제조업)과 3차 산업(판매업, 서비스업)을 모두 곱한 숫자(1×2×3)를 의미한다. 생산자뿐만 아니라 협동조합 등도 상정해놓고 강의 상류에서 하류까지 연결하는 식으로 고용 확대 등도 도모할 것이라고 했다. 이러한 농상공 연대 사업은 2008년에 농상공 등의 제휴 촉진법이 시행되고 나서 가시화되기 시작했다.

농업종사자에 대한 가구별 소득보상제도에 따르면, 쌀과 관련해서 인하가 결정되었고 생산비용과 매출차액 보상도 2018년부터 폐지되었다. 한편 신규 농가를 늘리기 위해 보조금은 계속 유지되며, 농업 분야에서 고용을 늘리기 위해 법인에 지원되는 연수조성금도 조성했다.

또한 농림수산성은 '농업 여성 프로젝트'를 출범하여 여성 농업종사자를 위한 PR사업도 진행하고 있다. 여성 농업종사자들이 일이나 자연과 어울려 살면서 축적한 노하우를 활용하여 새로운 상품이나 서비스를 만들어내도록 하는 사업이다.

정부는 힘 있는 농업을 목표로 삼고 농업에 대한 관심도를 높이려 하고 있다. 하지만 이러한 시책들이 쏟아져 나왔다는 것은 결국 농업의 미래를 어둡게 전망하고 있다는 방증일지도 모른다.

위축되는 국산 식용 농수산물 점유율

이제 농수산물의 추이를 살펴보기로 하자.

우선 다음 표를 보면 식용 농수산물이 전반적으로 대폭 줄어들고 있는 것을 알 수 있다. 1980년부터 비교하면 22퍼센트 감소를 보이고 있으며, 국내 생산도 동일한 경향을 나타내고 있다. 그에 비해 수입 부문을 살펴보면 식용 농수산물이 오히려 증가하고 있다. 일본에서는 다른 나라에서 들여오는 식품의 안전성에 대해 의심을 품는 경우가 많다. 그러면서도 실제로는 국산 점유율이 줄고 있는 반면에 수입품은 오히려 높아지고 있다. 이처럼 수입량이 늘고 있기 때문에 안전성에 대해 우려하는 목소리가 더 커지고 있는지도 모른다.

한편 농림업 경영체는 감소일로를 걷고 있다. 관련 자료를 살펴보면, 2010년에 172만이었는데 2015년에는 140만으로 감소하였

국내의 농작물 공급

구분		1980년	1985년	1990년	1995년	2000년	2005년	2011년
생산단계	식용 농수산물	13,515	14,457	14,405	12,798	11,405	10,582	10,477
국내생산	식용 농수산물	12,278	13,056	13,217	11,655	10,245	9,374	9,174
	최종 소비용	3,910	3,500	3,947	3,544	2,947	2,772	2,874
	식품 제조용	7,482	8,837	8,637	7,344	6,414	5,767	5,453
	외식산업용	886	718	634	767	884	835	847
수입	식용 농수산물	1,237	1,402	1,188	1,143	1,160	1,208	1,303
	최종 소비용	280	290	278	323	298	328	261
	식품 제조용	888	1,045	805	661	712	747	929
	외식산업용	69	66	105	160	150	133	113

(단위: 10억 엔)
자료: 농림수산성

다. 농업 부문만 보더라도 167만이던 것이 137만으로 감소하는 등 동일한 경향을 보이고 있다.

앞에서 언급한 6차 산업화를 실천한 농가는 가격 결정권을 확보할 필요가 있다. 이런 상황에서는 아무래도 가격 결정에 있어서 2차 및 3차 산업 종사자에게 주도권을 빼앗길 가능성이 있기 때문이다.

근시안적 수습책에 불과한 각종 방안들

6차 산업화의 흐름에 발맞추어 다양한 방안들이 검토되고 있다. 그중 하나가 소비자에게 직접 어필하는 방법인 이른바 B2C 마케팅이다. B2C 마케팅이라 하여 무슨 거창하거나 복잡한 방식을 말하는 게 아니라, 농가에서 홈페이지를 개설하여 농작물을 직접 판매하거나 메일 매거진 또는 블로그 등 SNS를 활용하여 고객에게 직접 판매하는 것을 말한다.

특히 농작물은 생산자를 확인할 수 있으면 고객이 안심하고 상품을 구입하기 때문에 생산자 정보를 있는 그대로 노출하여 신뢰관계를 쌓을 필요가 있다. 또한 지역의 직판장에 독자적인 농산물을 출품하여 인지도를 올리거나 학교급식으로 납품하는 방법을 통해 지명도를 높이는 방법도 있다.

아울러 지역의 슈퍼마켓이나 백화점과 제휴하여 독자적인 상품을 기획 및 납품하는 것도 매우 효과적인 방안이다. 슈퍼마켓 등에 직접 판매함으로써 고객의 니즈를 세밀하게 파악할 수 있으며, 맛에 대한 솔직한 평가를 듣고 생산에 반영할 기회를 얻을 수 있기 때문이다.

그러나 위에서 언급한 여러 방식들이 그 나름의 역할은 할 수 있겠지만, 아무래도 근본적인 해결책이 될 것 같지는 않다. 지역 컨설턴트나 광고 대리점 등의 배만 불려줄 것으로 예상되기 때문이다. 그러므로 이제 농가는 지금까지의 프로덕트아웃(Product-out: 제품 중심의 확장전략_옮긴이)형 전략, 즉 자신들이 생산한 것을 사주기만 하면 된다는 자세에서 벗어나야 한다. 마켓인(Market-in: 소비자 니즈에 응하는 상품 개발_옮긴이)형 전략, 즉 시장에서 원하는 것을 만든다는 자세로 발상을 전환할 필요가 있는 것이다.

일본 농가의 사고방식 전환의 필요성

해마다 3월이 되면 농가는 쌀농사를 짓기 시작한다. 그 시점에는 구매자인 소비자가 확보되어 있지 않고, 단지 JA공제(전국공제농업협동조합연합회)에 출하하기만 하면 한 해의 쌀농사가 끝난다. 쌀에 국한해서만 그런 것이 아니다. 일본의 농업 생산자는 소비자의 요구는 물론 식품가공업체의 요구에 대해서도 전혀 아는 바가 없다. 그래서 식품가공업체는 해외에서 원료를 조달하는 경우가 대부분이다.

농협에서는 기본적으로 도매시장에 위탁판매만 할 뿐이라서 소매점이나 음식점과 직접 거래할 기회가 적다. 이것도 농업 생산자가 시장의 요구에 무지한 하나의 이유가 될 수 있을 것이다.

그러나 일반적으로는 쌀 수요의 감소가 가장 큰 원인으로 지목되고 있다. 게다가 수요를 훨씬 상회하는 쌀 공급초과 현상도 한몫 거들고 있다. 그렇지만 업무용(식당 및 편의점 등으로 공급되는 쌀_옮긴이)은 오히려 부족한 실정인데, 농가 입장에서는 사료용 쌀을 재배하는 편이 더 많은 보조금을 받을 수 있기 때문이다. 더욱이 업무용으로 유통하는 것보다 더 안정적인 수입을 보장받을 수도 있다. 식품가공업체가 해외로부터 조달하는 품목에는 당연히 쌀도 포함된다.

농림수산성에 따르면 불균형 상태에 있는 업무용 쌀의 부족분이 130만 톤에 육박한다고 한다. 전체의 쌀 생산량 750만 톤과 비교하면 그 크기가 어느 정도인지 알 수 있을 것이다. 2017년 3월 21일에 열렸던 농림수산성 장관의 기자회견을 보면 참 황당한 장면이 있다. 기자가 업무용 쌀 부족에 대한 질문을 하자 장관이 했던 대답이다.

> 기자 : 업무용 쌀 부족분 130만 톤에 대해서는 현재 제대로 검토된 바가 없으며 해결하기도 힘들다는 뜻입니까?
>
> 장관 : 노력하고 있는 단계입니다.

2인 이상을 1가구로 볼 때, 일본 국민은 신선식품 30퍼센트, 가공식품 50퍼센트, 외식 20퍼센트의 비율로 소비하고 있다. 외식 비율은 향후 2035년 정도까지 변함없을 것으로 예상된다. 그러나 신선식품은 줄고 그만큼 가공식품이 성장함으로써 대략 신선식품 20퍼센트, 가공식품 60퍼센트의 구조로 바뀔 것이다.

이때 식품가공업체가 해외 원료 조달을 늘리고 있다는 점에 주목할 필요가 있다. 그들은 대체로 대량의 상품을 일정 품질 이상의 것으로 염가로 요구하기 때문에, 아무래도 중소 규모의 일본 농가로서는 대응하기가 쉽지 않다. 게다가 농가가 원하는 것을 그들이 들어줄 리도 만무하고 생산자인 농가 역시 식품가공업체의 니즈를 적극적으로 알려고 들지도 않는다.

농업 이야기를 할 때마다 산지에서의 직접 판매나 소비자에게 직접 배송하는 인터넷 판매 등을 화제로 삼는 경우가 많다. 하지만 실제로는 식품가공업체에 판매하기 위해 그들의 니즈를 파악하고 반영하는 생산물 개량이 더욱 필요한 시점이다.

해외에서의 쌀 수요

국내에서 기업 거래를 통해 잠재된 수요를 확보하는 것 외에 해외로 눈길을 돌릴 필요도 있다. 이 장의 테마인 2023년의 세계적인 식료수급 전망을 살펴보자. 세계 전체의 쌀 소비량은 537.5백만 톤으로 생산량도 거의 균형을 맞추고 있다. 그러나 주목해야 할 것은, 중국의 소비량이 146.2백만 톤인 데 비해 생산량은 143.9백만 톤밖에 되지 않는다는 점이다.

인구폭발 현상이 지속되는 인도네시아도 소비량이 50.2백만 톤인데 생산량은 44.3백만 톤에 불과하다. 소비량이 생산량을 웃돌고 있

각국의 쌀 수급 전망

	생산량		소비량		순수출(입)양	
	2010~12년	2023년	2010~12년	2023년	2010~12년	2023년
세계 합계	461.5	537.5	458.2	537.5	0.0	0.0
북미	6.6	7.4	4.3	5.0	2.3	2.5
중남미	17.8	22.2	18.5	22.8	-0.7	-0.6
오세아니아	0.7	0.7	0.4	0.5	0.3	0.3
아시아	414.7	479.6	394.0	453.5	17.6	26.2
중동	2.1	2.5	8.8	11.0	-6.6	-8.4
유럽	2.9	3.6	4.3	4.6	-1.3	-1.0
아프리카	16.6	21.4	27.8	40.1	-11.4	-18.8
(참고)						
중국	140.3	143.9	139.7	146.2	-1.4	-2.3
태국	20.3	22.3	10.5	11.5	7.7	10.8
베트남	27.0	34.8	19.7	23.1	7.1	11.7
인도네시아	36.2	44.3	39.5	50.2	-2.2	-5.9
인도	101.9	128.5	93.1	113.0	7.6	15.5
방글라데시	33.1	41.8	33.8	42.5	-0.7	-0.7

(단위: 백만 톤)
자료: 농림수산성

으므로 다른 나라들은 그 두 나라를 유망한 쌀 소비시장으로 주목하게 될 것이다.

여기서는 일본의 주식인 쌀을 대상으로 살펴보았지만 사실 쌀만 그런 것은 아니다. 농작물에 관한 한 생산대국이었던 아시아의 몇 나라(아프리카도 포함)는 조만간 소비대국으로 뒤바뀔 것으로 전망되는데, 그런 상황을 절호의 기회로 삼아야 한다.

그러므로 진정한 6차 산업적인 생각, 즉 고객과의 대화를 통해 농작물을 생산하자는 지향성을 중요시해야 할 것이다. 하지만 현시점에서 6차 산업화의 예를 꼼꼼히 살펴보면 일본은 그 강점을 제대로 활용하고 있지 않다. 일본의 강점은 농작물 그 자체에만 국한된 것이 아니다.

일본의 '농업'에만 주목하지 말고 시야를 넓혀 '식문화'까지 들여다볼 필요가 있다. 맛뿐만 아니라 안전성, 투명성, 유기농 그리고 농업 생산성 부문 등과 관련된 일본의 기술력에 자부심을 가져도 될 것이다. 중국에는 당연히 농작물 그 자체를 판매하면 된다. 특히 중국의 농업종사자들에게는 기술을 판매해도 좋다.

농업 기술의 판매

실제로 기술 판매의 움직임도 나타나고 있다. 요즈음 스마트 농업이라는 말을 자주 듣는데, 이는 센서 기술, 인터넷, 빅데이터 분석이라는 기술을 농업에 접목시킨 것이다.

온도나 습도, 이산화탄소 등의 데이터를 취합하여 분석하는 스마트 농업의 시장 규모는 확대일로를 걷고 있다. 예를 들어, 농지별 수확량과 각종 데이터를 비교하면 어떠한 조건에서 수확량이 최대화되는지 분석할 수 있다. 야노 경제연구소의 예측에 따르면, 2015년도에 약 97억 엔이었던 국내의 스마트 농업 시장 규모는 아베 수상이 지목한 2023년에는 300억 엔을 상회할 것으로 보인다. 낙농업계에서도 스마트 낙농법을 적용하여 센서를 통해 소의 발정 정보를 예측함으로써 수정 기회를 늘리고 있다.

국토 면적이 작은 일본이 수많은 연구와 시행착오를 거쳐 농작물의 수확 효율을 올리며 축적한 기술은 얼마든지 해외 판매도 가능하다. 예를 들어, 싱가포르의 농식품 수의청과 스미토모화학은 재배 실증 실험을 공동으로 착수했다. 도시국가인 싱가포르를 무대로 도심지의 빌딩 옥상에서 작물을 재배하여 연중에 농작물을 수확할 수 있도록 하는 실험이다. 태양광발전 기술을 접목하여 지속 가능한 도시형 농업모델을 구축하는 실험도 하고 있다.

농업은 이제 생산자의 고령화에 대한 우려를 불식하기 위해서라도 IT기술을 활용해야 한다. 농업이 IT화함으로써 농업과 관련된 데이터가 축적되면 농업 수확량을 보장하는 보험상품도 출시될 것이다. 이러한 비즈니스 모델은 농업 데이터를 수집할 수만 있으면 얼마든지 가능하며, 나아가 선물거래에도 활용될 수 있다.

투명성의 극치, 일본

이제 안전성에 관해 살펴보자. 일본에서는 과거에 비해 훨씬 더 투명한 농업, 즉 안심할 수 있는 상품 보증이 진행되었다.

가령 PB상품(private brand products: 슈퍼마켓이나 백화점 및 일반 개인이 독자적으로 개발한 브랜드 상품_옮긴이)의 식품 패키지에는 '생산고유기호'를 사용하고 있는데, 이는 기호와 숫자로 생산자를 표시하는 방식으로 판매자가 행정관청에 신고한다. 행정관청은 PB상품의 생산자를 파악하고 있지만, 소비자에게는 암호로밖에 보이지 않으므로 구체적인 내용에 대해서는 알 수가 없었다.

그러다가 2016년 4월에 표시기준이 바뀌었다. 우선 생산고유기호는 '생산지 등의 정보제공을 요청받았을 경우 제공할 연락처'나 '생산지 등을 표시한 웹사이트 주소' 혹은 '해당 제품을 생산하는 모든 작업장의 소재지' 중 어느 한쪽을 반드시 명기하도록 하였다. 다시 말해 소비자의 의사만 있으면 PB상품의 생산자를 알 수 있도록 개정한 것이다.

또 동일 상품을 하나의 생산지에서 만드는 경우는, 생산자의 명칭과 소재지를 표시해야 한다. 참고로 가공식품과 첨가물에 대해서는

2020년 3월말까지의 단속유예 기간이 있지만 2023년에는 그 기간이 종료될 예정이다.

생산지에 대한 정보 공개, 즉 투명성 있는 식품에 대한 요구는 나날이 높아지고 있다. 그래서 농가가 작물을 기르는 과정을 스마트 기기로 기록하여 전달하고, 생산자의 신상 등 정보에 대해서도 소비자가 알 수 있도록 공개하게 되었다.

특히 일본의 주부들은 식품 구매에 과민하게 반응한다. 과민이라는 단어에는 나쁜 의미가 담겨 있기도 하지만, 그 부분을 적극 활용할 필요가 있다. 이 정도로 식생활에 주목하고 있는데도 왜 식품 생산의 주체로서 여성이 좀 더 활약하지 않는 것일까. 농촌 여성의 창업 현황을 보면 최근 몇 년 동안 계속 성장해왔지만, 그럼에도 불구하고 창업자가 1만에도 미치지 못한다. 어떤 통계에서는 오히려 약간 감소 경향을 보이기도 한다.

여성이 창업을 하는 경우 생산 분야를 선택하기는 사실상 쉽지 않다. 그러나 2차 산업도 있고 3차 산업도 있다. 실제로 여성이 가장 많이 참여하는 분야가 식품가공업이다. 여성에게는 생활인으로서의 DNA가 몸에 베어 있다. 그러므로 지역과의 연대 강화를 통한, 섬세하고 꼼꼼한 식품 생산을 기대할 수 있다.

한편 일본의 유기농 상품 보급도는 결코 높다고 볼 수 없다. 미국, 프랑스, 독일이 각각 3.2조 엔, 1조 엔, 5700억 엔인 데 비해 일본은 고작 1300억 엔 정도에 그친다(《일본경제신문》, 2017년 6월 25일). 그러

여성 창업자 수의 동향

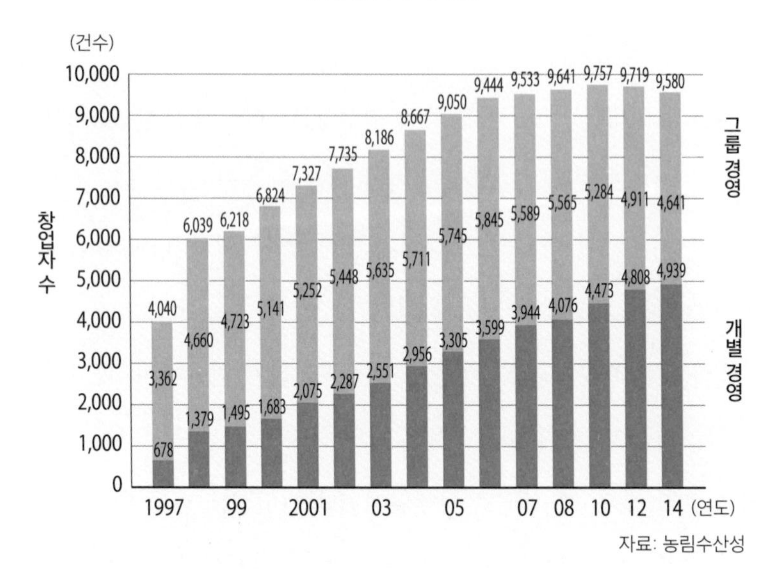

므로 이 분야는 성장의 여지가 충분히 있으며, 그래서인지 농림수산성에서도 '무농약'이라는 말의 의미를 정의해줄 만큼 관심을 갖고 있다.

일본의 농업이 소비자는 곧 생활인이라는 자세를 견지하고 한층 더 노력을 기울인다면, 일본의 식품이 세계에 어필할 수 있는 시대가 찾아올 것이다.

2023년에 일어날 변화

- 농업 6차 산업화의 가속화
- 농업의 마케팅 지향화
- 아시아, 아프리카가 식품 수입대국으로 변화
- 스마트 농업화

염두에 두어야 할 사항

- 새로운 농업 비즈니스의 가능성
- 다른 분야와의 연대, 테크놀로지의 활용

이런 물건이 팔린다

- 해외 지향화하는 일본의 부가가치 식품
- 농업의 수확리스크를 해소하는 보험상품
- 농지에 설치된 센서 정보로부터 수확량을 예측할 수 있는 시스템

돈 버는 법

효율적인 농업이 일본의 강점이다.

미쓰이 물산전략연구소(산업조사 제2실)의 노사키 유키가 발표한 '세계 식육 수요의 행방'에 따르면, 소득 수준과 식육 소비에는 정(正)의 상관 관계가 있다. 각국의 GDP 성장을 바탕으로 노사키는 앞으로의 식육 수

요에 대한 전망을 내놓았는데, 2050년 시점이면 식육 수요가 현재에 비해 약 1.9배 웃돌 것으로 내다봤다. 따라서 가축의 사료가 되는 밀과 옥수수의 가격 상승이 초래될지도 모른다.

현재에 이르기까지 인류는 인구증가에 직면해서도 생산 효율성 제고를 통하여 식품류를 증산해왔다. 앞으로도 전반적인 농업 분야에서 기술혁신을 포함한 끊임없는 공급사슬 개선이 필요하다.

일본의 농업 분야는 기업의 역량을 활용하여 한층 더 효율화의 향상을 도모할 필요가 있다. 기업은 농지를 소유하지 못하고 리스를 통해 활용할 수밖에 없었다. 그래서인지 필요한 만큼의 이익을 얻어내지 못하면 농업을 곧바로 포기하겠다는 생각을 가졌던 것도 분명한 사실이다. 그러나 개정 농지법에 의해 기업도 이제 농지 소유의 적격한 법인이기만 하면 자유롭게 농지를 소유할 수 있다. 물론 농업 관계자 이외의 구성원은 총 의결권의 2분의 1밖에 못 가진다는 제약이 있기는 하다. 그러므로 가급적 한층 더 규제를 완화하여 다른 업종의 진입장벽을 낮춰 많은 기업의 참여를 유도해야 한다. 그렇게 되면 틀림없이 농업 분야에서 기업 간 경쟁이 생기고 결과적으로는 효율적인 농업이 일본의 강점으로 자리 잡게 될 것이다.

지역 개념의 자급자족에서 세대 개념의 자급자족으로!

지역 개념의 자급자족 시대에 이어 소비자가 필요로 하는 농작물을 직접 기르는 붐이 일어날 것이다. 복잡하게 얽히고설킨 유통 과정에 관계없이 안전하고 안심이 되는 식재료를 자신들의 손으로 조달하고자 하는 움직임이라고 봐도 좋다. 이것이 요즘 주변에서 가끔 볼 수 있는 텃밭 가꾸기 등과 비교하여 무엇이 다른가 하면, 우선 시간과 노력이 별로 들어가지 않는다.

예를 들어, 백투더루트사에서는 간편하게 시작할 수 있는 작물육성 키트를 판매하고 있다. 방울토마토, 허브, 버섯 등으로 기본 재배 스타일과 별반 다르지 않은데, 단지 물을 뿌려주고 그냥 내버려두기만 해도 생장한다. 이즈음이면 3D프린터의 진화로 빌딩의 한 공간에서 원하는 물건을 척척 만들 수 있게 된다. 마찬가지로 농업도 넓은 경작지가 필요 없이 어느 집에서든 경작이 가능하게 될 것이다. 그리고 그러한 수확물들은 SNS에서 정보가 공유되고 마이크로 농업법인을 통해 개인에게 판매될 것이다.

또 사회평론가이자 저술가인 오카다 도시오가 유행시킨 레코딩 다이어트를 자동적으로 실천할 수 있는 어플리케이션 등이 보급될지도 모른다. 즉 먹고자 하는 점심이나 저녁 식사의 사진을 찍으면 칼로리가 어느 정도인지를 표시해주는 서비스다. 현재 유사한 서비스가 있기는 하지만 아직 분석의 정밀도는 낮은 수준이다. 가급적 사진을 찍기만 해도 영양소까지 판단하여 부족한 영양소를 제안해줄 수 있다면 금상첨화일 것이다. 종합건강진단 결과와 연동하여 최적의 식생활을 제안해주는 것도 좋다.

아울러 지방 문화와의 제휴를 통해 식생활 문화도 더욱 다양해지고 활성화될 것이다. 예를 들어, 도서관에서 시빙의 문헌을 바탕으로 그곳이 독자적인 식생활 문화나 메뉴를 제시하는 기획을 해보는 것은 어떨까. 그렇게 되면 농업이나 산업의 수익을 얻는 데 그치지 않고 고장의 부흥, 지역의 활성화로 이어질 것이다.

2024년

아프리카에서 부유층이 급증한다

인구증가에 따른 비즈니스가 발흥한다.

P

Politics(정치)

아프리카 개발회의 등에서 일본이 대폭적인 경제원조를 약속한다.

E

Economy(경제)

부유층의 수가 늘고 아프리카 전체에서 GDP 증가세를 보인다.

S

Society(사회)

인구는 세계의 20퍼센트에 조금 못 미치지만, 2100년에는 40퍼센트로 확대될 조짐이 보인다.

T

Technology(기술)

ICT(정보통신기술)를 활용한 비즈니스가 증가한다.

변화의 특징

인구증가가 계속되는 아프리카에서는 GDP 등의 경제지표도 상승세로 전환되고 있다. 그래서 기업은 인구증가를 반영하여 아프리카를 새로운 시장으로서 바라보게 되었다. 또한 ICT를 활용한 새로운 비즈니스도 태동하게 된다.

하지만 아프리카 경제는 원유의 시황에 크게 좌우되고 농업 생산성도 지극히 낮은 상태를 답습하고 있다. 적지 않은 리스크를 내포하고 있는 아프리카 시장을 얼마나 전략적으로 공략할지가 해결해야 할 과제이다.

먼동이 트는 아프리카

고교시절에 나는 시대의 귀재라 일컬어지는 문화인류학자 니시에 마사유키의 저서를 즐겨 읽었다. 강의가 재미있어서 대학 내에서 명품 강의로 유명한 데다 열 개 국어를 다룰 줄 아는 그는, 이를테면 나의 히어로였다.

나의 아프리카에 관한 이미지는 니시에의 저서를 통해 만들어졌다고 해도 과언이 아닌데, 그의 문체는 놀라우리만치 아름다우면서도 담담하게 아프리카의 일상을 기술해나간다. 아래는 케냐의 수도 나이로비에서의 일화를 발췌한 내용이다.

> 식당에는 이웃나라인 탄자니아에서 온 소년 두 명과 루이야족 청년 두 명이 웨이터로 일하고 있다. 그리고 초록색 제복을 입은 루이야족 여성 대여섯 명이 웨이트리스로 일하고 있다. 열일곱이나 열여덟에서 스물네댓 살 정도 되는 여성들로, 오전 10시쯤부터 밤 11시까지 일하면서 맥주를 마시거나 일을 하거나 한다. 끊임없이 주크박스에 동전을 넣고는 요란한 음향으로 아프리카의 유행가를 연이어 흘려보내며 노래하고, 춤추고, 웃고, 때로는 서로를 향해 고함도 친다. 나는 그 여성들이 우는 모습을 한 번도 본 적이 없으며, 남들 앞에서 한탄하는 모습 역시 본 적이 없다.
>
> 한밤중에 가게 문을 닫으면 여성들은 그날 밤 가게에서 만난 남성과 함께 근방의 싸구려 호텔로 사라지든가, 혹은 또 다른 남성들을 찾아 거리

로 나서고는 다시 근방의 싸구려 호텔로 향한다. 그 여성들에게는 돌아가 쉴 수 있는 자신의 방이 없다.

-니시에 마사유키, 《꽃이 있는 원경》

니시에가 묘사하는 아프리카에는 매춘이 있고 폭력과 범죄가 있으나, 그런 환경에서 연약한 듯 강인하게 살면서도 그저 충동에 이끌려 춤추는 아프리카 사람들이 있었다. 비참한 상황임에도 불구하고 왠지 글에서 느껴지는 감정은 전혀 음울하지 않고 오히려 청량감마저 묻어 나온다. 아마도 아프리카에 대한 약동과 고동과 원시적인 생명의 환희를 느끼게 하는 군더더기 없는 문체 때문일 것이다.

음악가인 브라이언 이노는 《와이어드(WIRED)》의 편집장이던 케빈 케리와의 대담에서 "문제는 컴퓨터에 아프리카가 충분히 담겨 있지 않다는 점이다(The problem with computers is that there is not enough Africa in them.)"라고 말한 적이 있다(《와이어드》, 1995년 vol. 5). 클래식 음악이 고전적인 계층 구조, 서열화, 통어(通御)를 상징하고 있으므로 그 대립개념으로 아프리카를 인용한 셈이다. 아프리카는 예측 불능으로 통어의 관념도 없다고 본 것이다.

끝없는 리듬, 원시적 욕구로서의 댄스, 그 고동과 더불어 아프리카는 지구의 마지막 변경지역이라는 이미지를 뒤로 하고 세계의 중심으로 자리 잡아가고 있다.

아프리카와 각국의 관계

아프리카는 지구상에서 두 번째로 큰 대륙이다. 3000만 제곱킬로미터의 면적에 낮은 평지가 적어 고원 대륙이라 불리듯이 해발 300미터 이상의 높은 지대로 이루어져 있다. 아프리카와 일본은 지리적으로나 심리적으로 가깝다고 볼 수는 없다. 아마 대부분의 일본인은 아프리카 출신의 사람과 이야기를 나눈 적도 별로 없을 것이다.

아프리카라고 하면 내전이나 테러 등 부정적 이미지를 떠올리기 십상이다. 그러나 지하자원이 매우 풍부한 곳이라는 사실도 익히 알려져 있다. 막대한 양의 석유가 매장되어 있으며 다이아몬드도 세계에서 가장 많은 양이 아프리카 대륙에서 잠자고 있다. 우라늄 등의 자원 역시 많은 양이 분포되어 있어 이러한 점을 선진국으로서는 간과할 수 없다.

2016년 8월에 케냐의 수도 나이로비에서는 제6회 아프리카 개발회의가 개최되었다. 일본의 아베 수상도 참가하여 3년 안에 1000만 명의 인재를 키워내고 3조 엔의 인프라스트럭처를 정비하는 등 아프리카의 미래에 투자하겠다고 선언했다.

그리고 한 가지 더 망각해서는 안 되는 것이 중국이다.

중국은 일찍이 석유 수출국이었지만, 1994년부터는 수입국으로 자리바꿈을 했다. 그리고 해마다 경제가 약 7퍼센트의 고성장률을 보이고 있으므로 새로운 석유 조달처를 발굴하여 국민에게 제시해야 한다.

중국은 아프리카 식민지 국가들의 해방운동을 지원해왔다. 국가 주석이었던 후진타오는 2003년부터 빈번하게 아프리카를 방문하며 관계 강화에 힘을 쏟았다. 현재 주석 시진핑 역시 아프리카를 연거푸 방문하며 갖은 공을 들이고 있다. 중국의 아프리카 원조는 과잉이라고 말할 수 있을 정도다.

2006 FOCAC(중국 아프리카 협력포럼) 베이징 정상회의에서는, 아프리카의 중채무국과 저소득국에는 채무가 면제되도록 할 것이라고 단언하기도 했다. 나는 아프리카의 지인 두 명에게 물어본 적이 있는데, 그들은 대체로 중국에 대해 나쁘게 말하지 않았다. 참고로 아프리카 3개국, 즉 에티오피아, 가나, 남아프리카공화국을 대상으로 실시한 조사결과에 따르면, 각 나라에 대한 호감도는 영국〉중국〉남아프리카공화국〉독일〉일본〉프랑스〉인도〉미국의 순으로 나타났다(《사회인을 위한 현대 아프리카 강의》, 도쿄대 출판회).

중국으로서는 당연히 아프리카를 개발하여 자원을 확보하고 더 많은 자국상품을 판매하고 싶을 것이다.

이러한 상황을 염두에 두고, 우선은 아프리카의 인구나 경제가 어느 정도 확대될 가능성이 있는지 살펴보기로 하자.

아프리카 부유층의 확산

일본 인구가 1억 2000만 명을 넘어설 것으로 예상되는 2024년에 아프리카에서는 부유층이 증가할 것으로 전망되고 있다. 〈더웰스리포트 2015(The Wealth Report 2015)〉에 따르면, 2024년까지 아프리카 부유층의 수는 두 자릿수의 성장률로 증가한다. 그중에서도 UHNWI의 추이를 살펴보자. UHNWI는 Ultra High Net Worth Individual의 머리글자를 딴 것으로 굳이 번역하자면 초부유층이라고 할 수 있다. 개념을 정의하자면 3000만 US달러 이상을 가진 자, 즉 33억 엔 이상을 보유하고 있는 사람이다. 다음 페이지의 도표를 볼 때 아프리카의 여러 나라에서 하나같이 증가하는 것을 알 수 있다. 아프리카 전체로 보면 이 기간 중에 59퍼센트 성장하는 것으로 나타난다.

아프리카 국가의 수치만으로는 선뜻 와닿지 않을 수 있으므로 다른 지역과 비교해보자. 같은 기간에 UHNWI는 전 세계 평균이 34퍼센트, 아시아 48퍼센트, 미국·유럽 25퍼센트라고 하니 아프리카는 아시아 이상으로 성장하고 있는 셈이다.

위에서는 UHNWI를 통해 비교했지만, 일반적으로 부유층이라고 정의되는 백만장자(자산 100만 달러, 즉 1억 1000만 엔 이상)의 수를 보더라도 같은 시기에 아프리카는 53퍼센트나 증가한다. 이것은 전 세계 어느 지역의 증가율과 비교해도 가장 높은 수치다.

UHNWI의 수와 증가율

나라	2014년	2024년	증가율(퍼센트)
알제리	36	51	42
앙골라	72	112	56
보츠와나	20	26	30
이집트	276	387	40
에티오피아	36	72	100
가나	31	62	100
케냐	115	209	82
리비아	42	66	57
모로코	41	64	56
모잠비크	10	19	90
나미비아	17	23	35
나이지리아	210	399	90
수단	8	12	50
탄자니아	78	156	100
튀니지	57	88	54
우간다	21	35	67
잠비아	16	29	81
짐바브웨	26	38	46

인구와 GDP의 증가

부유층 외에 전체적인 아프리카 인구도 살펴보자. 유엔의 〈세계 인구전망(World Population Prospects)〉에 따르면, 향후 아시아는 노화하여 인구곡선이 감소세를 보이겠지만 아프리카는 급상승할 것으로 전망된다.

숫자를 자세히 따져볼 필요도 없이 세계 인구의 중심지가 아프리카로 이동하고 있는 것만큼은 분명하다. 예상치를 보면 현재(2015년 국제연합 조사) 세계 인구 73억 5000만 명 중 아프리카의 인구는 12억을 차지하는데, 비율로는 16퍼센트다. 그러다가 2024년에는 18퍼센트로 상승하고 2050년에는 26퍼센트, 그리고 2100년에는 무려 40퍼센트나 차지하게 된다.

게다가 2050년에는 세계의 인구강국 20개국 중에 7개국이 아프리카에서 나올 것으로 예상된다(나이지리아, 콩고민주공화국, 에티오피

세계의 지역별 인구 추이

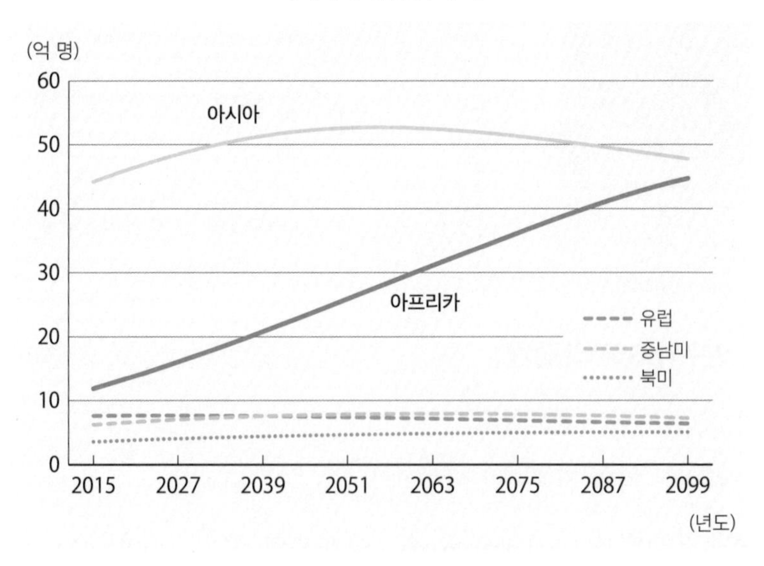

아프리카의 실질 GDP의 증가

2010년	2020년	2030년	2050년	2060년
4.90%	6.20%	5.90%	5.30%	5.00%

아, 탄자니아, 이집트, 케냐, 우간다). 특히 나이지리아는 4억 1006만 명으로 예상되어 세계 4위로 부상한다.

인구가 증가하므로 당연히 GDP의 성장세도 지속된다. 아프리카개발은행에 따르면, 아프리카의 GDP는 향후 50년에 걸쳐 꾸준히 성장할 것으로 예측되고 있다.

주목해야 할 3개국

여기서는 눈에 띄게 성장할 것으로 보이는 아프리카와의 비즈니스에 대해 생각해보자. 아프리카 개개의 나라에 대해 과연 우리는 얼마나 알고 있을까.

예전에 이런 일을 겪은 적이 있다. 우리 아이가 유치원에 다닐 때 아프리카 출신의 아버지가 두 명 있었다. 공통점은 일본어를 잘 못한다는 것인데, 그중 한 사람은 중고차 수출업을 하며 아프리카에서 일본 차량을 판매하고 있었다.

"어떤 방법으로 매물을 구합니까?"

"정기적으로 일본에서 중고차 경매가 있습니다."

"그건 그렇고, 아프리카 차는 핸들이 오른쪽에 있나요?"

"나라에 따라 다릅니다."

"핸들이 왼쪽에 있는 나라라면 어떻게 하죠?"

"개조한 다음 가지고 갑니다. 차종에 따라 차이가 있지만 대당 30만 엔에서 50만 엔이면 왼쪽 핸들로 바꿀 수 있습니다."

"어떤 자동차업체가 인기입니까?"

"나라에 따라 다릅니다."

"아, 그렇겠군요. 그렇다면 나이지리아는요?"

"토요타 차일 겁니다."

"돈벌이는 잘 됩니까?"

"나라와 시장 상황에 따라 다릅니다."

매번 나오는 '나라에 따라…'라는 대답을 듣고는 질문을 잘못한 나의 무지를 분명하게 실감했다. 내가 '아시아는 어떻습니까?'라는 질문을 받더라도 역시 명쾌하게 대답할 방법이 없다. 말이 쉬워 아시아라지만 그 안에는 여러 나라, 수많은 문화권이 존재하기 때문이다. 그런데도 우리는 아프리카라고 할 때 나라별 차이는 전혀 감안하지 않고 미지의 대륙으로서 하나의 거대한 덩어리로 여기는 잘못을 저지르기 일쑤다.

그 부분에 착안하여 아프리카 대륙 전체가 아닌 나라별 비즈니스의 관점에서 앙골라, 나이지리아, 르완다 등 세 나라를 소개하고자 한다.

앙골라

앙골라는 원유와 다이아몬드가 다량 매장되어 있다. 2000년대 중반에는 경제성장률이 20퍼센트를 상회하였는데 그런 성장을 강하게 견인한 것이 원유 수출이었다. 2007년에는 OPEC에도 가입했다. 중국은 주로 러시아와 사우디아라비아로부터 원유를 수입하고 있는데 의외로 세 번째 원유수입국에 해당하는 나라가 바로 앙골라다.

잠깐 화제를 바꾸자면, 이런 관점에서 주목해야 할 나라가 미얀마다. 또 요즈음 미얀마의 발전에 깊은 관련을 맺고 있는 나라가 중국이다. 미얀마로부터 안다만해를 거쳐 인도양에서 아프리카 남쪽을 돌아 아프리카의 앙골라와 나이지리아를 통해 원유를 조달해야 하기 때문이다.

세계지도를 보면 알 수 있듯이 싱가포르의 말라카해협을 지나는 경로보다 미얀마의 항구를 거치는 경로가 훨씬 가깝다. 중국은 아프리카 투자 및 대 아프리카 ODA(Official Development Assistance: 공적개발원조)를 적극화하고 있음과 동시에 아시아에서 물류상의 거점도 정비하고 있는 것이다.

중국은 미얀마를 개발하여 원유를 수송하고 나아가 미얀마를 통해 자국의 상품을 아프리카에 판매하려 하고 있다. 중국의 출구전략이라는 관점에서 보더라도 앙골라는 충분히 주목할 만한 가치가 있는 것이다.

앙골라, 나이지리아, 르완다

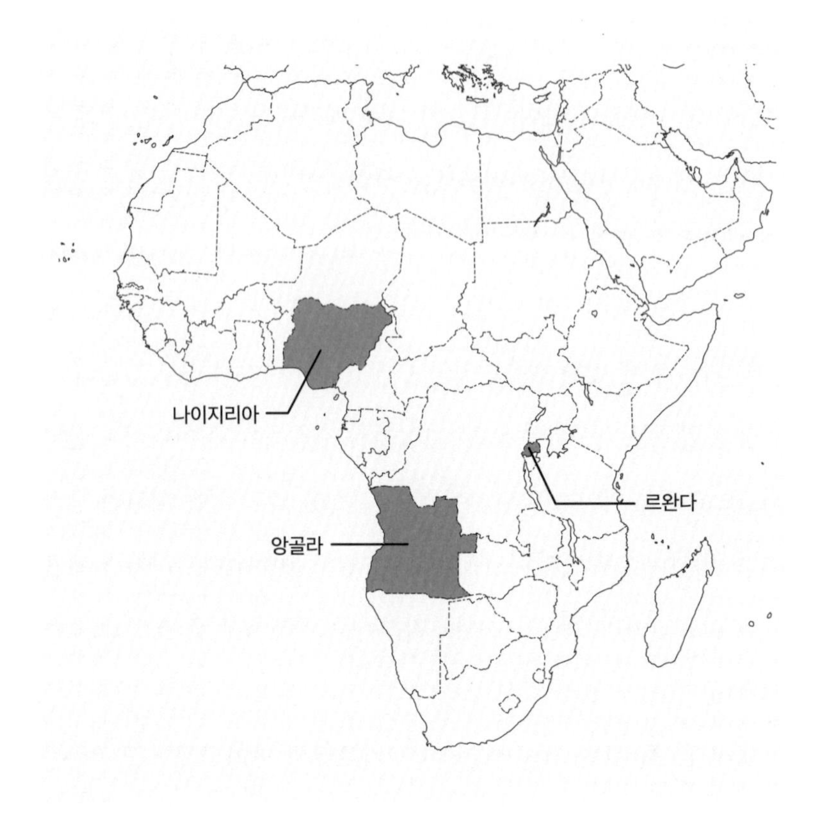

나이지리아

GDP는 4945억 달러에 달하고 OPEC 회원이기도 하다. 나이지리아는 국가재정 세입의 80퍼센트를 원유가 차지한다. 나이지리아의 영향력은 점점 커져 GDP는 이미 남아프리카공화국을 제치기에 이르렀다. 공신력 있는 GDP 통계는 존재하지 않지만 전기통신이나 금융업 부문으로 미루어 짐작할 때 아프리카 제일의 경제대국으로 '인정'받고 있다(참고로 원유가격이 내린 2015년에는 경제에 심각한 피해를 입었던 것도 사실이다).

나이지리아는 영국으로부터 독립하기 불과 4년 전에 원유를 발견했다. 독립을 앞두고 있던 시점에서 이것은 행운이기도 했고 불행이기도 했다. 왜냐하면 독립 전인 1956년에 원유가 발견되고 나서부터 내부분열이 일어났기 때문이다. 내전이 발발하여 나라는 양분되고 200만 명이 목숨을 잃은 것으로 추정된다. 현재는 다수의 영국 기업이 나이지리아에 진출하고 있어 새로운 식민지주의라고 할 만한 자원 쟁탈전이 벌어지고 있다.

나이지리아는 미국과 유럽에 원유를 착취당해 왔는데, 요즈음은 중국이 적극적으로 개입하고 있다. 원유를 확보하기 위해 중국은 양국 간의 프로젝트를 잇달아 가동시켰다. 이를 위해 발전이나 원유시설 등의 인프라스트럭처를 정비하는 데 많은 투자를 하고 있다.

중국은 나이지리아로부터 원유를 조달하면서 저렴한 중국산 섬유제품을 공급하기 시작했다. 나이지리아가 중국을 소홀히 여길 수 없는 까닭은 2007년 이후부터 미국이 아닌 중국이 가장 큰 수입국이 되었기 때문이다. 중국의 교묘한 전략에 의해 나이지리아의 국내 섬유산업은 사양길로 접어들었다. 중국은 나이지리아나 앙골라에 원유를 의존할 수밖에 없어서 시작한 관계였는데, 지금은 중국의 저렴한 섬유제품 공급으로 오히려 나이지리아가 중국에 의존하는 상황으로 바뀌었다.

나이지리아는 앞에서 언급한 대로 아프리카의 인구증가를 견인하는 곳이기도 하여, 소비가 확대될 것으로 전망되는 시장으로서도 많은 주목을 받고 있다.

르완다

아프리카 내륙에 위치하는 르완다는 지하자원 등이 풍족하지 않았으나 '아프리카의 기적'이라는 말을 들은 적도 있었다. 최근 10년 동안 경제성장률 약 8퍼센트를 지속해왔으며 지금은 전 세계로부터 벤처기업을 유치하고 있다. 르완다 정부는 2000년에 '비전 2020'을 발표했는데, 정보통신기술(ICT)을 활용하여 선진적인 국가로 탈바꿈하겠다는 선언서다.

카네기 멜론대학을 유치하여 컴퓨터 석사과정을 개설하였으며, LTE 서비스 제공을 시작하여 전자정부 프로젝트도 개시했다. 다보스회의에서 르완다 정부가 ICT 활용이 매우 뛰어나다고 칭찬을 받을 정도였다.

르완다 하면 1994년의 르완다대학살을 떠올리는 사람들이 많을 것이다. 하지만 지금 르완다는 부정부패가 적은 나라로도 알려져 있다. 2016년에는 공무원 청렴지수 부문 세계 50위로 뛰어올랐다. 이것은 보츠와나의 뒤를 잇는 높은 순위이며, 아울러 회사설립이 용이하고 치안에 안심할 수 있다는 점에서도 좋은 평가를 받고 있다.

일본《와이어드》2017년 3월호에는, 르완다에서 무선조종을 통한 무인기 배송 벤처사업을 일으킨 캘리포니아의 짚라인(Zipline)사를 인터뷰한 내용이 실려 있다.

> '르완다를 선택한 이유는, 정부가 헬스케어 및 다른 여타의 도전 사업에 협력적이었던 점이 크게 작용했다. (중략) 하지만 무엇보다 중요한 것은 대부분의 르완다인들이 지니고 있는 창업가 정신이다.'

짚라인사는 무인항공기인 헬스케어를 활용하여 혈액을 병원에 보내는 서비스를 전개하고 있는데, 아프리카에서는 선진국이 100년 걸려 개발해온 기술을 지금 곧바로 활용할 수 있는 이점이 있다고 말한다. 하지만 정부가 얼마나 더 적극적으로 기술을 받아들이기 위해 노력하는가에 따라 성패가 달리 나타날 것이다.

기업의 반응 1: 인구증가 그 자체에 대해

아프리카는 지금까지 자원의 가격상승을 통해 벌어들인 외화로 개인소비를 늘리며 경제규모를 키워왔다. 실제로 원유가격과 아프리카 각국의 GDP 합계는 밀접한 상관관계에 있다. 그리고 투자를 장려하고 거기서 얻은 소득을 개인이 소비함으로써 아프리카의 경제성장을 견인하고 있다.

따라서 아프리카에서는 경제에 미치는 정부의 소비나, 농어업, 광업, 제조업 등의 기여도가 현저히 낮다. 외국자본들도 그런 점에 주목한 결과, 10년 이상 전부터 BOP라는 용어가 널리 쓰이기 시작했다. 이는 Bottom Of the Pyramid의 약어로, 아프리카의 저소득층을 대상으로 이루어지는 소비재 판매 등을 가리킨다. 그만큼 르완다에서는 세제 등 일용품에서 음료 등 식품에 이르기까지 막대한 양의 소비재 진출이 끊임없이 이어졌다.

아프리카에서는 한때 슈퍼마켓도 부유층을 타깃으로 삼은 비즈니스였는데, 이제는 서민을 대상으로 하는 매장들이 폭넓게 확산되고 있다.

아프리카의 소비자는 일단 마음에 들어 했던 제품을 계속 사용하는 경향이 다른 어떤 지역보다도 현저하다. 재단법인 경제산업조사회가 발행한 《아프리카 비즈니스》에는 '보증은 절대 조건이다. TV는 3~5년, 냉장고는 10년이나 보증한다'라는 내용과 '브랜드 이미지를 어떻게 유지하느냐가 중요하다. 한번 가격을 인하하면 신뢰도가 추락할 것이므로 일본 기업이나 한국 기업은 절대로 가격을 인하하지 않는다' 등의 내용이 게재되어 있다.

기업의 반응 2: 건강증진 비즈니스

아프리카는 의료 서비스에 대한 관심이 매우 높으므로 염가의 의약품이나 사립병원 건설 등에 주목할 필요가 있다. 2017년 유엔 조사에 따르면, 2010년에서 2015년의 기간 동안 전 세계 평균수명이 70.8세인 데 반해 아프리카는 60.2세로 가장 낮다.

아프리카는 농업국의 이미지가 아주 강한데, 실제로도 전 노동인구의 60퍼센트가 농업에 종사한다. 그러나 생산성은 극히 낮아 선진국의 4분의 1에서 5분의 1 수준에 불과하다. 이처럼 농업 생산성이 계속 낮은 수준에 머물러 있고 식료품 공급도 더 늘지 않는다면, 머지않아 식량부족 문제에 부딪칠 것이다. 건강증진이라는 관점에서도 아프리카인들에 대한 농업기술 제공은 오래전부터 초미의 관심사였다. 또한 의욕과 열성이 있는 사람들이 농업기계 등을 살 수 있도록 하는 소규모금융(Micro finance) 제도도 나날이 발전하고 있다.

또 곡물 수출을 위해 아르헨티나 등지에서 아프리카로 향하는 물류 사업을 운영하는 상사도 적지 않다.

유엔개발계획에 따르면, 아프리카 여성들의 노동시간은 매우 길

아프리카 각국의 평균수명

케냐	에티오피아	콩고민주공화국	나이지리아	남아프리카공화국	적도기니
65.4	63.7	58.1	51.9	59.5	56.8

어 케냐의 경우는 하루 11시간 정도 일하는 것으로 보고되고 있다. 이처럼 아프리카 전역에서 과중한 가사노동 시간이 지적되고 있지만, 얼마 되지 않은 휴식시간을 쪼개서라도 아이들을 위해 맛난 음식을 제공하고자 하는 욕구는 분명히 존재한다. 그래서 가공식품업체들이 속속 진출을 서두르고 있다.

기업의 반응 3: 미개발 분야 개척

르완다를 소개하는 부분에서 '아프리카에서는 선진국이 100년 걸려 개발해온 기술을 지금 곧바로 활용할 수 있는 이점이 있다'는 짚라인사의 말을 인용한 바 있다. 이와 관련하여 케냐에서 매우 주목받고 있는 서비스로 OkHi(디지털 주소를 제공하는 서비스업체_옮긴이)라는 것이 있다.

세계 인구 73억 5000만 명 가운데 주소를 가지고 있는 경우는 30억 명 정도밖에 안 된다. 주소를 못 가진 사람이 40억 명 이상이나 되는 셈이다. 그들에게 물건을 발송하려고 해도 이용할 주소가 없다. 그렇지만 그들에게도 GPS로 관측할 수 있는 좌표는 있으므로 배송 가능한 영역을 얼마든지 확장할 수 있다.

아프리카에는 아직껏 전기가 보급되지 않은 지역이 있는데, 그곳에서 전기의 자급은 하나의 해결책이 될 것이다. 실제로 간이 자가 발전 장치를 판매하는 서비스가 있다.

아프리카 각국에서는 재생 가능 에너지에 대한 투자가 날로 확대되고 있다. 그렇지 않아도 전력 부족으로 곤란을 겪고 있는 상황에서 인구증가에 의한 수요량이 하루가 다르게 늘고 있기 때문이다. 일례로 태양광발전 등의 중요성도 나날이 커지고 있다.

현재 블록체인 기술도 화제를 모으고 있는데, 이것은 가상화폐 거래 시 해킹을 막기 위한 기술로 이른바 비트코인에서도 활용되고 있다. 간단히 설명하자면 중앙에 집중되어 있는 서버에서 정보를 관리하는 것이 아니라, 암호화된 데이터를 여러 대의 컴퓨터에 분산시켜 저장함으로써 아무나 접속하여 정보를 수정하기 어렵게 만드는 것이다. 이 기술은 아프리카의 토지 등기 시스템에 널리 활용되고 있다. 그도 그럴 것이 아프리카에서는 정부의 신뢰성이 낮아서 국가에만 토지 관리 데이터를 맡길 경우 자기도 모르게 정보 수정을 당할지도 모른다. 그러나 블록체인에 의해 제어가 된다면 안전성이 담보되기 때문에 해외로부터 투자를 유치하는 데 유리하게 작용할 것이다.

아프리카에 대한 전략의 필요성

아프리카 경제가 안전하냐고 물어오면 나는 당연히 그렇지 않다고 대답한다. 아프리카 경제는 원유에 의존하기 때문에 원유가격 하락은 국가재정에 직접적으로 영향을 미친다. 그런 점에서 오히려 아프리카의 곤경을 '활용'하려는 움직임도 엿보인다.

특히 중국은 제품 생산의 원재료를 아프리카에서 수입하고, 아시아의 저렴한 노동력을 활용하여 만든 상품을 다시 아프리카에 판매하는 공급사슬을 구축하고 있다. 그것은 분명 식민지 시대의 착취 시스템과 별반 다르지 않을지도 모른다. 그러나 나이지리아 등 아프리카의 여러 나라들을 유망한 시장으로 개척한 선례를 결코 무시해서는 안 된다.

일본도 전략을 갖고 아프리카와 접촉해야만 한다. 우선 나이지리아 등 몇몇 나라를 방문하는 데서부터 출발하는 것을 권하고 싶다.

2024년에 일어날 변화

- 아프리카의 존재감 부각
- 아프리카의 인구증가를 배경으로 한 비즈니스의 발흥

염두에 두어야 할 사항

- 자사상품을 이용한 아프리카 시장에서의 사업 전개

이런 물건이 팔린다

- 식품
- 일용품, 잡화
- 인프라스트럭처 관련 비즈니스

돈 버는 법

아프리카의 인구증가라는 기회를 잡아라.

아프리카의 특징 중 하나는 노동자들이 국경을 넘나들며 돈벌이를 하고 있다는 점이다. 이는 곧 조국으로 송금하는 경우가 많다는 것을 의미한다. 아프리카에서는 해마다 250만 명이 일자리를 찾아 조국을 떠나고 있다. 현재 비트코인 등을 이용한 송금 수단이 없는 것은 아니지만, 앞으로 타국에 거주하는 그들과 조국을 이어주는 서비스의 수요는 점점 더 늘어날 것이다. 여기서 잠깐 일본의 고도성장기를 떠올려보자. 한때 일본에서는 인구증가로 인해 외식업계에서 조리시간이 부족해지자 업계의 절실한 필요에 따라 센트럴키친(central kitchen: 집중조리시설)이 생겨났다. 또한 올림픽의 경비인원 부족이 민간 경비회사를 일약 주목받는 기업으로 부상시켰다(세콤 등이 그 예이다).

아프리카의 인구증가가 곧바로 주택 수요증가로 이어진다면 무슨 일이 일어날까. 당연히 건축가 부족 현상이 초래되고 건자재의 생산 노하우 등에 관심이 집중될 터인데, 이런 부분에서 일본은 우위성을 점하고 있다. 아울러 인구증가가 도시 밀도를 높이고 자동차가 거리를 가득 메우게 되면 또 어떤 일이 벌어질까. 아시아에서 흔히 찾아볼 수 있는 교통정체보다 더 심한 상황이 연출될 것임에 틀림없다. 그럴 때 간편하게 차 안에서 시간을 보낼 수 있는 게임이 인기를 끌게 될 거이다.

인구증가는 그에 대비한 아이디어를 짜기 나름으로, 일본 기업에도 크나큰 혜택을 안겨줄 것이다.

2025년

일본 베이비붐 세대가 75세를 맞는다

지금까지의 시니어 비즈니스는 소멸하고
새로운 관련 비즈니스가 주목받는다.

P

Politics(정치)
의료비 증가를 억제하기 위해 국가 차원에서 건강증진에 힘 쏟는다.

E

Economy(경제)
시니어 마케팅은 다음 단계로 돌입하여, 시니어인 점을 의식하지 않게 만드는 상품이나 서비스가 유행한다.

S

Society(사회)
20세 이하가 인구의 일부에 불과하여 일본은 어른들의 국가가 된다.

T

Technology(기술)
일본의 선행 사례가 앞으로 고령화를 겪을 국가들에 대한 컨설팅 비즈니스로 활용된다.

변화의 특징

고령화가 큰 이슈를 불러일으키고 나서 몇 년이 더 지난다. 젊은이가 없는 나라가 실현된다. 시니어는 특별한 존재라기보다 뉴 노멀(new normal)로서 자리를 잡아가고 있다. 그즈음에 상품 개발자와 수요자 사이에 갭이 생긴다.

누구도 시니어가 되고 싶어서 되지는 않는다. 그러므로 한 사람의 생활인으로서 시니어를 파악하는 것이 중요하다. 그들도 하나의 인간으로서 누군가와 관계를 이어가고 싶은 욕망이 여전히 꿈틀대고 있다. 따라서 시니어와 손자 혹은 이성과의 관계에 초점을 맞추는 비즈니스가 주목을 받을 것이다.

안녕, 청춘의 나날

치과를 찾아가 충치 예방 관련 질문을 했다. 그러자 동년배로 보이는 치과의사가 말했다.

"아저씨는 충치의 진행이 더딘 타입이니 치조농루 등에 조심하셔야 합니다."

"몇 살 정도부터 아저씨라고 부릅니까?"

"34세 정도 되면 그럴걸요. 지금은 옛날하고는 많이 다릅니다."

도대체 웬일이란 말인가. 나도 모르는 사이에 몇 년 전부터 나는 치과의사가 정의하는 '아저씨'가 되어 있었다. 돌이켜보니 스물두 살에 들어간 회사에서 만났던 삼십 대 중반의 선배 직원을 분명 '아저씨' 또는 '거의' 아저씨로 여겼던 기억이 난다.

'신임 교사는 자신도 모르는 사이에 언제부터인가 교단에 서서 학생이란 존재를 가르치는 그 잘난 "꼰대"가 되어 있었다'라고 누군가가 쓴 경험담을 읽은 적이 있다. 나도 그런 의미에서 부지불식간에 아저씨가 되어버렸지만, 남에게서 느닷없이 그렇게 지적된 사실이 마음 편히 받아들여지지 않았다.

요즘은 '시니어'라는 용어가 일반적으로 사용되고 있다. 55세 이후인지 65세 이후인지 정의하기는 모호하지만, 본인들이 그 범주에 들어간다면 필시 좋은 기분은 들지 않을 것이다. 하지만 요즘에는 나이에 비해 젊어 보이는 사람들이 많다. 연예인이 아니라도 주변에 건강한 육십 대, 칠십 대는 얼마든지 있다. 실제로 최근에 이루어진 체력이나 운동능력 조사결과를 보면 고령자의 체력이 전반적으로 향상되고 있다.

그렇기 때문에 '시니어'라는 단어가 전면에 내세워져 있는 상품은 사기가 영 어색해진다. 아니, 심한 경우 사고 싶은 마음이 싹 달아난다. 건강이라든가 영양보충이라는 말만 들려도 왠지는 모르겠으나 괜스레 반발하고 싶어진다.

나도 다른 사람들처럼 나 자신의 일이기에 이미 인식하고 있으면서도, 세상에 넘쳐나는 시니어 마케팅은 나와 무관하다는 인식의 오류에 빠져 있음에 틀림없다.

인구의 변화

'2014년도 고령사회백서'에 따르면, 2025년에는 1948년 전후에 태어난 일본의 베이비붐 세대가 75세를 넘어서며 고령자 인구가 3657만 명에 달한다. 일본은 고령화 비율이 30.5퍼센트가 되어 말 그대로 고령사회의 성숙기에 들어선다. 당연히 간병인의 수요가 증가하지만 공급이 뒷받침되지 못한다. 게다가 베이비붐 세대의 자녀들은 아직 육아도 끝나지 않았을 테니 간병과 육아를 병행하며 살아야만 한다.

우선 일본인의 인구 구성을 살펴보자. 의외로 잘 알려지지 않은 사실이 있는데, 일본인 가운데 20세 이상의 이른바 '성인'이 얼마나 되는가 하는 부분이다. 그 비율은 놀랍게도 자그마치 80퍼센트를 넘어선다.

성인식이라 하면, 이제 비로소 '어른'으로서 사회의 인정을 받는다는 뿌듯함의 이미지가 있다. 그러나 일본 인구는 대부분이 성인이라서 아이와 어른의 구분에 별다른 의미를 두기가 어렵다.

이 시점에서 몇 년 더 지나면 실로 성인이 90퍼센트를 넘어서는 극적인 변혁기를 맞게 된다. 과거 평균수명이 40세일 때 20세에 성인이 되었으니 이제는 성인식에 참가시키는 연령을 40세로 늦춰야

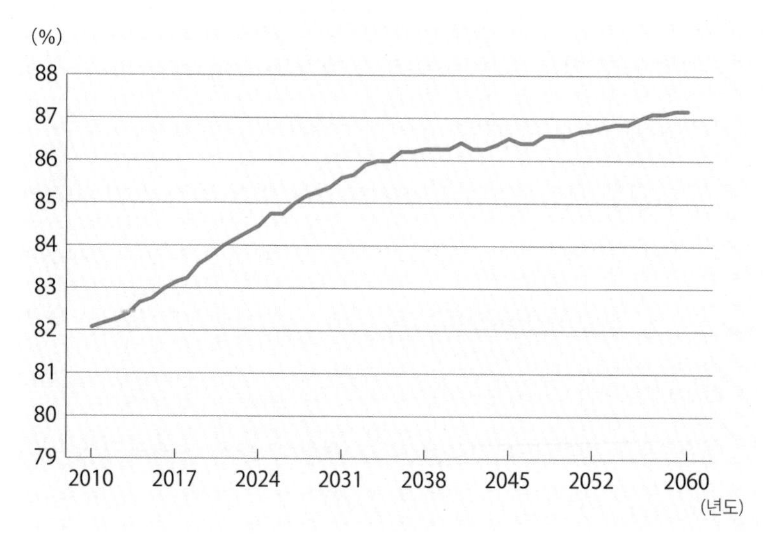

한다고 주장하는 사람들도 있다. 어쩌면 일리 있는 지적일 수도 있지만 지금은 그런 구분 자체가 무의미해졌다. 일본인 전체가 성인이 되는 상황이 도래하고 있기 때문이다(연령구조계수: 중간 추계치를 인용하였다).

이런 지경에 이르면, 의료보험제도와 연금제도의 근간이 흔들리지는 않을지 불안해지는 것도 당연하다.

소비자로서의 시니어

소비자로서의 시니어를 살펴보자. 이 시기에 고령자의 경제 형편은 어떤 상황일까. '2017년도 고령사회백서'를 보면 '가계에 여유가 있어 전혀 걱정 없이 살고 있다'와 '가계에 그다지 여유는 없지만 큰 걱정 없이 살고 있다' 등 두 항목의 합계가 75세 이상이 되면서 상승하지만, 전체적으로 볼 때 큰 폭으로 높아지지는 않는다.

이미 은퇴한 사람이라면 일정한 수입이 없어 걱정이 없을 리가 없다. 실제 저축액을 보면 비교적 높은데, 세대주가 60~69세라면 2402만 엔, 70세 이상이라면 2389만 엔으로 그다지 큰 차이를 보이지 않는다(120페이지 그래프 참조). 물론 하류노인이라는 말이 통용되고 있을 만큼 생활에 어려움을 겪는 계층이 분명 존재하고 있지만 크게 우려할 정도는 아닌 것으로 보인다.

고령자의 경제 상황

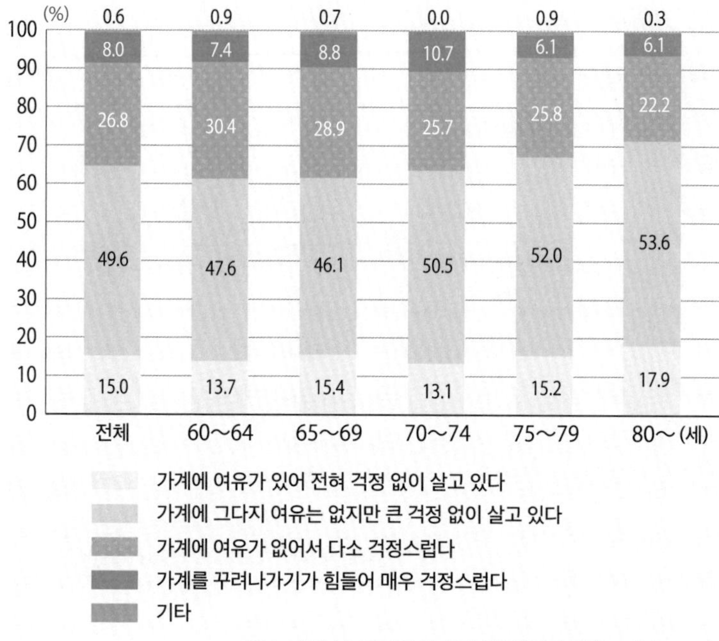

자료: 내각부 '고령자의 경제 및 생활환경에 관한 조사' (2016년)
(주) 조사대상은 60세 이상의 남녀

현대 시니어의 젊음

현대 시니어들은 돈이 많기만 한 것이 아니라 젊기까지 하다. 일본의 만화 《사자에상》이 인기를 누리던 시대에는 정년이 55세였고, 이 정년 나이는 1980년대까지 계속 이어졌다. 그 후 60~65세를 넘기도록 일하는 사람이 늘어났다. 《사자에상》의 등장인물인 나미히라의 설정 나이는 54세다. 만화는 사회의 잠재적 무의식을 내포하

연령계층별 세대주의
가구당 저축, 부채 잔액, 연간수입, 주택소유율

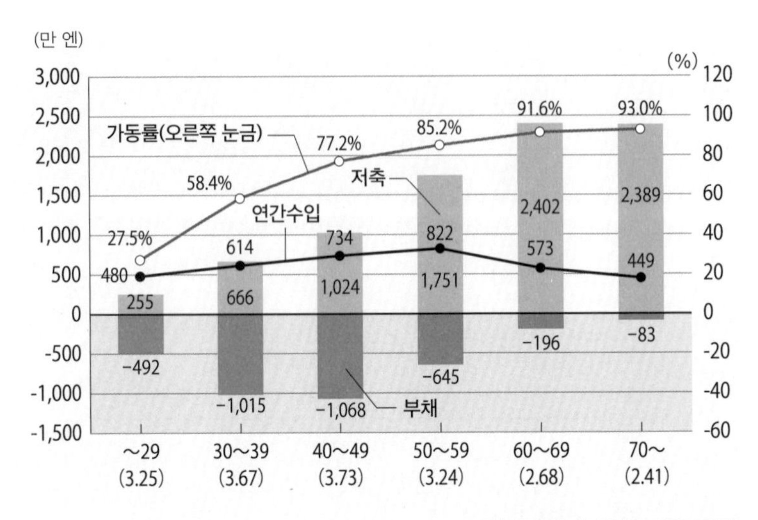

(상단/연령, 하단/평균 가구인원수)
자료: 총무성 '가계조사(2인 이상의 세대)' (2015년)

기 때문에, 당시 그런 설정에 독자들이 위화감을 갖지 않았음에 틀림없다. 그런데 지금은 그 나이가 15살가량 더 젊게 느껴진다고 생각해도 좋을 것이다.

실제로 2015년에 일본노인학회는 현대의 65~79세는 '생물학적 연령을 5~10세 아래로 낮춰 봐도 된다'는 분석결과를 내놓아 세간의 주목을 받았다. 다소 이론의 여지는 있을지라도 정작 시니어 본인들이 느끼는 회춘의 감각을 부정할 수는 없다.

가령 상징적인 것으로서 육십 대의 청바지 소유율을 들 수 있다. 젊음의 상징을 청바지로 보는 것을 비약이라 느낄지는 모르겠으나,

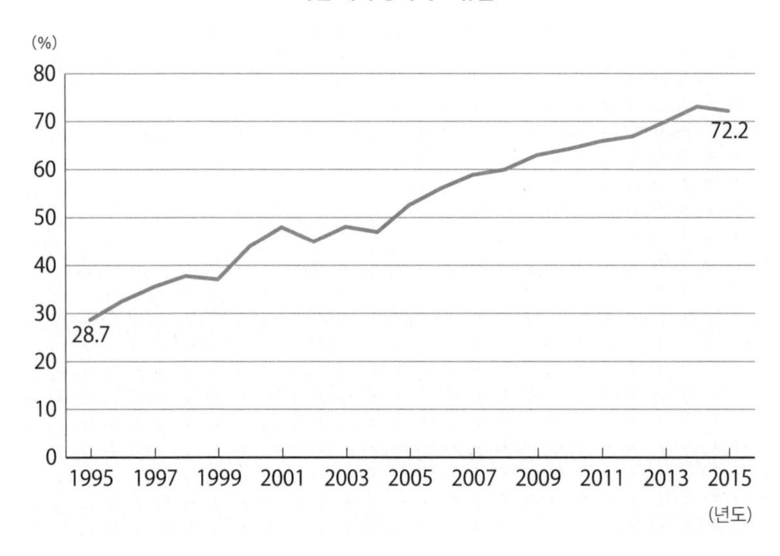

아무튼 비디오리서치의 조사결과를 보면 현재 육십 대의 70퍼센트 이상이 청바지를 소유하고 있다.

끊임없이 이어지는 시니어 마케팅

앞서 살펴보았듯 구체적인 마케팅 대상은 필연적으로 시니어로 옮아간다. 과거에 매월 25일은 소비가 한껏 치솟아 대목이나 다름없다고 했는데, 대체로 25일이 월급날이기 때문이다. 그러나 지금은 이런 날이 연금수급일인 15일로 바뀌어가는 추세다. 연금은 격월로 지급되지만, 시니어들은 소비 습관으로 인해 매월 15일에 소비를 왕성하게 한다.

다음 그래프는 남녀의 차이를 알아보기 위해 1인가구의 연령계층별 소고기 소비금액을 연평균으로 나타낸 것이다. 그래프에서 보듯이 소고기를 많이 구매하는 것은 여성 시니어들이다. 그러니까 '육식여성'보다는 '육식고령여성'이라는 표현이 더 올바를지도 모른다. 그러나 사실을 알고 보면 육식고령여성들 뒤에는 손주들이 숨어 있다. 그렇기 때문에 관련업체들이 하나같이 시니어를 향해 '손주에게 사주고 싶은 식품'을 어필하게 된다.

오가키쿄리쓰 은행그룹의 싱크탱크인 주식회사 쿄리쓰 종합연구소는 '손주에 대한 지출실태조사(2011년)'라는 아무도 상상하지 못

소고기 연평균 소비금액

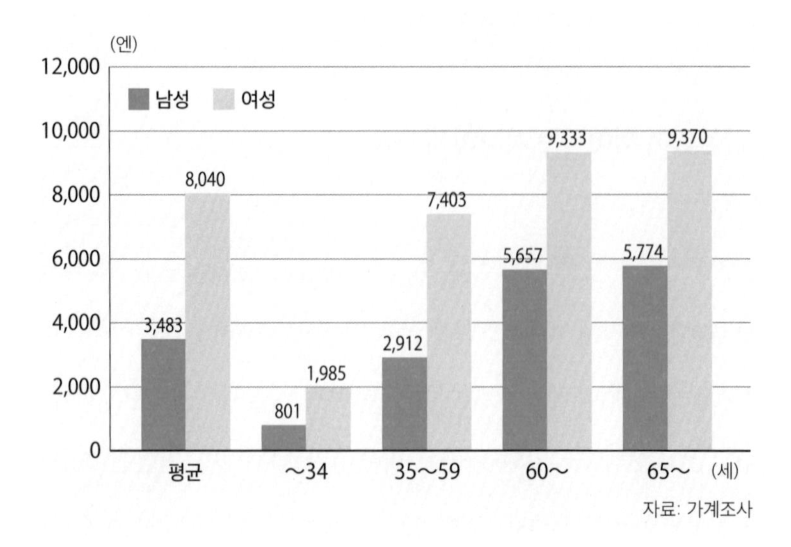

자료: 가계조사

할 조사를 실시한 적이 있다. 그 결과에 따르면 손주에 대한 지출은 연평균 26.7만 엔에 이르는데, 동거하는 손주와 따로 사는 손주에게 1인당 각각 8.3만 엔, 7.2만 엔을 지출한다. 손주가 한 사람뿐이라고 단정할 수 없으므로 주의할 필요는 있지만, 생일에는 연평균 약 4만 엔을 지출하는 것으로 조사되었다.

고령화하는 일본 사회에서 이런 흐름은 거부할 수 없는 필연의 결과다. 그리고 마케팅을 위해서는 늘 소비자의 고민이나 불만에 집중해야 한다. 지금까지는 젊은층이 소비와 마케팅의 중심이었지만, 이제 그 중심이 중장년 이상, 아니 최소한 취직하여 사회에 나온 사람 이상의 연령대로 옮아가고 있다.

다양한 도전 1: 매장 인테리어의 변화

고령화는 매장 인테리어에도 영향을 줄 것 같다. 자동 로봇청소기는 코드를 꽂지 않고 청소를 하기 때문에 잘 팔리고 있지만, 취향에 따라서는 청소의 실감이 없다며 사용하기를 주저하는 사람도 있다. 슈퍼마켓에서 특히 판매에 공을 들이는 상품은 시야에 쉽게 들어오는 곳에 진열하게 마련이다. 그런 경우 이제는 여성 시니어의 키를 고려하여 높낮이를 정해야 할 것이다. 또한 쇼핑을 하는 동안 계속 서 있는 것을 불편해하는 시니어도 적지 않다. 그 점에 착안하여 판매장 곳곳에 의자를 배치하자 매출이 껑충 뛰어오른 경우도 있다. 쇼핑을 위해 함께 나온 남편이 '이제 그만하고 돌아가자'고 말하는 횟수가 줄어들었기 때문이다.

현재 대형 슈퍼마켓 중에는 계단에 단수를 적어놓은 곳도 있다. 슈퍼마켓 내부를 즐기며 돌아다닐 수 있는 운동장처럼 여겨주기를 바라기 때문이다. 계단 몇 개를 올랐는지 기록하며 건강도 챙기면서 돌아다니다 보면 쇼핑의 즐거움이 배가될 것임에 틀림없다.

대형슈퍼에 있는 게임센터는 손주와 할아버지가 함께 어울리는 놀이터로 이용되고 있다. 할아버지는 스페이스 인베이더 게임을 즐겼던 경험이 있으므로 게임센터에서 손주와 별 무리 없이 함께 시간을 보낼 수 있기 때문이다.

다양한 도전 2: 취미, 연애, 여행

맞벌이 가구가 많은 요즈음, 손주들 근방에 살고 있는 시니어는 본인이 원하지 않더라도 필연적으로 육아에 관련을 맺게 되는 경우가 있을 것이다. 성격에 따라서는 학습욕구를 버리지 못하는 시니어도 많아서 동네의 음악교실이나 대학의 문화센터에서 개설하는 교양강좌가 크나큰 인기를 끌고 있다.

나도 그런 부류 중 하나이지만, 사회인이 됨과 동시에 그때까지 즐기던 악기를 더 이상 거들떠보지 않고 창고에 그냥 방치해두는 사람이 적지 않다. 그러나 시간만 허락한다면 언젠가 다시 한번 도전하고 싶은 마음은 간절하다. 그래서인지 악기교실, 작곡교실 등도 많은 사람들로 북적거린다. 다룰 줄 아는 악기가 있다면 손주와의 교류에도 톡톡히 한몫을 한다.

1964년 하면 어떤 기억이 떠오르는지 한번 생각해보았으면 한다. 만약 부모님이 이 시기에 태어났다면 이해가 빠를지도 모르겠다. 1964년은 해외여행이 자유화되던 해로, 지금의 시니어에게는 해외를 오가는 데 대한 심리적인 저항이 없다. 그러므로 여행 대리점과 같이 여행 제안을 하는 서비스는 시니어들에게 아무런 부담 없이 받아들여질 것이다.

또 정해진 틀에서 벗어나 시니어 바둑대회를 개최하거나 친선 골프모임을 기획하는 슈퍼마켓도 등장하고 있다. 커뮤니케이션 그 자체가 상품이 될 수도 있기 때문이다.

시니어가 되어도 나이가 그 사람을 체념하게 만들지는 않는다. 양로원에서 들은 이야기인데, 그곳에서 가장 화제가 되는 뉴스거리는 그들 사이의 연애담이라고 한다. 사랑의 열정이 젊은 시절과 동일할 리는 없겠지만, 타오르는 감정을 억누른 채 감춰두고 싶지만은 않은 것이다. 이렇게 시니어도 문화센터 등에서 무엇인가를 배우는 과정을 통해 새로운 이성과의 만남을 상상하고 있다는 사실을 결코 소홀히 여겨서는 안 된다.

다양한 도전 3: 방문주문접수 비즈니스

여러 전문가들이 예상하듯이 시니어를 대상으로 하는 방문주문접수 비즈니스가 주목을 받을 것이 분명하다. 실제로 쇼핑하러 나왔으나 짐이 너무 무거워서 직접 들고 귀가하지 못하는 시니어가 많다. 그러므로 슈퍼마켓 매장은 손님이 휴식의 장소로 이용할 수 있도록 하고, 빈손으로 와서 빈손으로 돌아가도록 해야 한다. 주문은 인터넷을 통해 받아도 되고 계열 편의점에서 받아도 상관없다.

또 모든 시니어가 스마트폰이나 태블릿을 사용하지 못한다고 단정해서도 안 된다. 그것이야말로 앞부분에서 언급한 종류의 함정에 빠지는 경우다. 그들은 사용법을 배울 기회가 적은 것뿐이므로, 직원이 직접 대면하고 첫 주문 이후 몇 번 정도까지 정중히 사용법을 알려주는 시스템을 만들 필요가 있다. 실제로 그와 유사한 시스템이 이미 존재하며 호응도 좋다고 한다.

항상 가격이 저렴한 매장을 찾거나 딱히 정해놓은 브랜드 없이 자유자재로 구매활동을 하는 것을 브랜드 스위칭(brand switching)이라고 한다. 시니어에게는 이런 경향이 거의 없기 때문에 비용과 수고를 아껴서는 안 된다(물론 브랜드 스위칭 경향이 거의 없다는 것이 현시점에 국한된 분석이 될 수도 있다).

시니어는 새로운 소비자 계층

이따금 조부모님 댁에 갔을 때, 벽장 안에 모셔져 있는 선조의 생전 초상화를 보고 당시 그들의 실제 연령이 낮다는 사실에 매우 놀란 적이 있다. 그들은 오십 대라면 원숙한 노인의 풍모가 느껴졌으며 삼십 대라고 해도 정년을 앞두고 있는 사람에게서 풍기는 노련한 분위기가 감돌았기 때문이다.

거듭 강조했듯이 시니어를 고령자라거나 노인이라는 식으로 접근하지 말고 새로운 소비자 계층이라고 생각하는 편이 훨씬 낫다. 사실 그들은 좀 더 일할 수 있고 몸과 마음이 여전히 건강하지만, 정년을 맞이한 탓에 시간적 여유를 갖게 된 사람들일 뿐이다.

2025년에 일어날 변화

- 고령자가 인구 대부분을 차지하는 나라로 변화

염두에 두어야 할 사항

- 시니어를 시니어로 의식하지 않게 하는 비즈니스

이런 물건이 팔린다

- 손주 지향 상품
- 커뮤니케이션 서비스
- 시니어의 취미 · 연애 · 여행과 관련된 비즈니스

돈 버는 법

고령화하는 연애시장에 주목하라.

시니어판 〈배철러 재팬(The Bachelor Japan)〉이 만들어지면 어떨까. 〈배철러 재팬〉은 아마존 프라임 비디오에서 공개하고 있는데, 한 사람의 독신 남성을 스무 명 정도의 독신 여성이 서로 차지하기 위해 경쟁하는 서바이벌 프로그램이다. 아주 매력적인 여성들이 한 사람의 고령 독신남성을 서로 차지하기 위해 안간힘을 쓰는 모습이, 그저 우스꽝스럽기만 한 게 아니라 리얼하게 느껴지는 시대에 우리는 살고 있다.

히로카네 겐시의 걸작 《황혼 유성군》에 나오는 사십 대는 십 대가 보기에는 분명 '아줌마'일지도 모르지만, 대다수 일본인이 보기에는 '연하'임에 틀림없다. 히로카네 자신도 만화를 통해 사십 대 여성의 매력을 전달하고 싶었다고 말한 바 있다(《어떻게 하나, 어떻게 되나, 일본의 대문제》).

인생 100세 시대다. 일흔 살이 되고 나서 마지막 사랑을 찾아냈다고 해도 아직 살 날이 30년이나 남아 있다. 리얼리티 쇼 〈테라스 하우스〉의 시니어판과 같은 연애알선 비즈니스는 필연적으로 생겨날 것이다. 그리고 고령자판 셰어 하우스도 간병인이 부족한 상황에서 고령자끼리 서로 도울 수 있다는 이점이 있어 매우 유망한 아이템이 되리라고 본다.

일본이 선행국가로 인식됨으로써 일본에서 어떤 비즈니스가 탄생하면 그대로 해외에서도 동종 사업이 생겨날 것이 틀림없다. 노령국가인 일본의 비즈니스는 가까운 시일 내에 초고령화가 진행될 가능성이 있는 중국에서 컨설팅 부문의 꽃을 활짝 피울지도 모른다.

2026년

젊은층 공략을 위한 마케팅 키워드가 SNS와 애국주의가 된다

국가는 침체되어가지만,
젊은이들은 현재의 삶에 만족한다.

P

Politics(정치)
젊은 저소득층의 세금 부담 경감을 위해 기초공제 범위가 확대된다.

E

Economy(경제)
학생에 대한 부모의 학비지원 금액이 최저수준이 되고 젊은 사회인도 소비지출을 줄인다.

S

Society(사회)
역설적으로 젊은층의 생활만족도는 오히려 높아지고 애국적인 경향을 띠게 된다.

T

Technology(기술)
SNS가 한층 더 발전하고, 라이프로그(life log)를 간단히 공개할 수 있게 된다.

변화의 특징

유감스럽지만 젊은이들은 경제적으로 풍족하다고 할 수 없다. 그런데도 그들은 지혜롭게 생활의 만족도를 높여나간다. 소비지출이 분명 줄어들고는 있지만 합리적인 소비를 하기 때문이다. SNS를 통하여 일상을 제어하고 애국적인 경향을 짙게 드러내는 젊은이들. 그들에게 필요한 것은 항상 이어져 있는 인간관계 속에서 '좋아요!'라는 평가를 얻게 만드는 상품군이다.

2026년에 젊은층에 속하는 사람들

2026년은《치비마루코짱》연재 개시 40주년,《울트라맨》탄생 60주년,《가면 라이더》탄생 55주년, 그리고《사자에상》탄생 80주년이 되는 해다. 모두가 고전만화로 한때를 풍미했던 작품들인데 어느덧 기념할 만한 해를 맞게 되는 셈이다. 2025년은 시니어 비즈니스와 관련하여 살펴보았는데, 여기서 다뤄보고 싶은 것은 젊은층을 겨냥한 비즈니스 동향이다.

나는 1995년이야말로 고도성장기 이후 매너리즘에 빠졌던 기존의 일본 시스템이 붕괴된 해라고 생각한다. 하야미즈 겐로가《1995년》이라는 제목의 책을 냈을 만큼 다사다난했기 때문이다. 그해에 한신대지진, 지하철 사린 테러사건, 마이크로소프트의 윈도우95 출시,〈신세기 에반게리온〉TV 시리즈 첫 방영이 있었다. 그리고 일본의 버블붕괴가 정점에 이르렀다. 그 당시 나는 고작 열일곱 살에 불과했으나 일본이 크게 요동치고 있었다는 기억은 여전히 뇌리에 선명하다.

1996년이 좋았든 나빴든 일본을 개조시킨 원년이라 한다면, 그해에 태어난 사람들이 2026년에는 서른 살이 된다. 현재 불철주야 취직활동에 전념하고 있는 세대들이다.

참고로 대부분의 독자들은 '공습(共習)'이라는 단어를 잘 모를 것이다. 이것은 남녀가 같은 학교에 다니는 공학(共學)이라는 말과는 좀 다른데, 기술이나 가정 같은 과목을 같은 교실에서 남녀가 함께 학습하는 것을 가리킨다. 일본에서 가정 과목의 공습은 1993년도에 중학교에서, 그리고 1994년도에는 고등학교에서 실시되었다. 따라서 이 시대 중고등학교 학생들은 동일한 공간 안에서 남녀 혼성교육을 받은 제1세대라고 할 수 있다.

젊은층은 물건을 사지 않는가

'요즘 젊은이들은 물건을 사지 않는다'라는 말을 종종 듣곤 하는데, 잘 따지고 보면 너무 극단적인 표현인 것 같다. 더욱이 항간에 떠도는 언론기사를 보더라도 젊은층은 거의 물품구매를 하지 않는다는 내용이 많은 지면을 차지하는데, 사실은 전혀 그렇지 않다. 굳이 데이터를 뒤적거릴 필요도 없이, 거리를 걷고 있노라면 차분하게 비교 분석하면서 의류 원단을 사는 젊은이들을 찾아볼 수 있다. 과거처럼 완제품 모자를 사는 비교적 손쉽고 간편한 소비에서, 자신들만의 의미를 부여할 수 있는 DIY 구매로 소비 패턴이 바뀐 것은 아닌지 따져볼 필요가 있는 것이다.

정말로 젊은층이 물건을 사지 않는다면 과거와 비교하여 저축률이 몇십 배 뛰어야 마땅할 텐데(생활비 이외의 돈은 모두 저축하는 것으로 간주할 때) 실제로는 그렇지 않았다. 결국 그들도 무언가에는 지출

가구의 월 소비지출

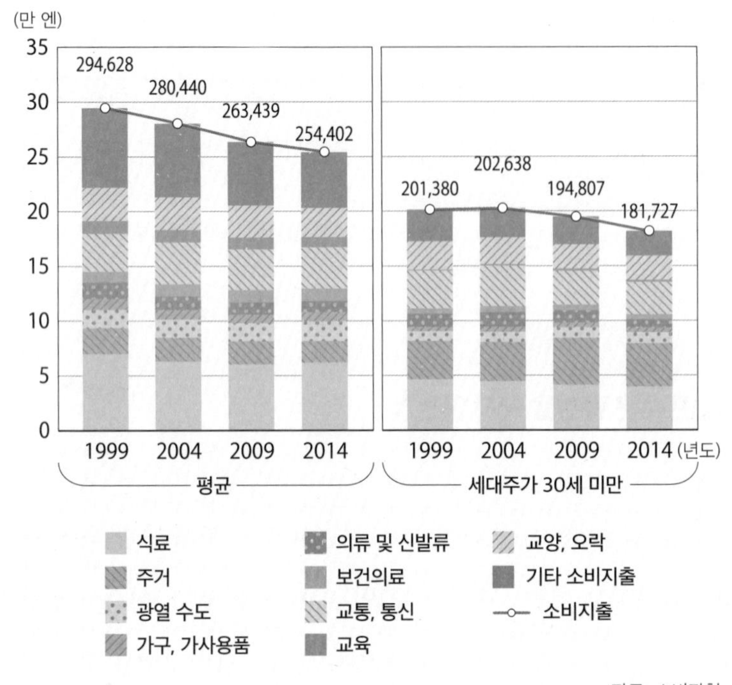

자료: 소비자청

을 하고 있다는 뜻이다. 물론 월 소비지출의 추이를 보면 분명 내리막길을 걷고 있는 것은 맞다.

이유야 어쨌든 간에 사실관계를 확인도 하지 않고 '요즘 젊은이들, 특히 대학생은 물건에 아예 흥미가 없는 것 같다'고 툴툴거리는 사람들도 있다. 정말 젊은층이 물건을 사는 데 돈을 쓰지 않는다면, 그리고 굳이 그 원인을 따져본다면 젊은이들이 돈이 없기 때문이 아닌가 싶다.

6월 이후의 학자금 송금액 월평균 추이

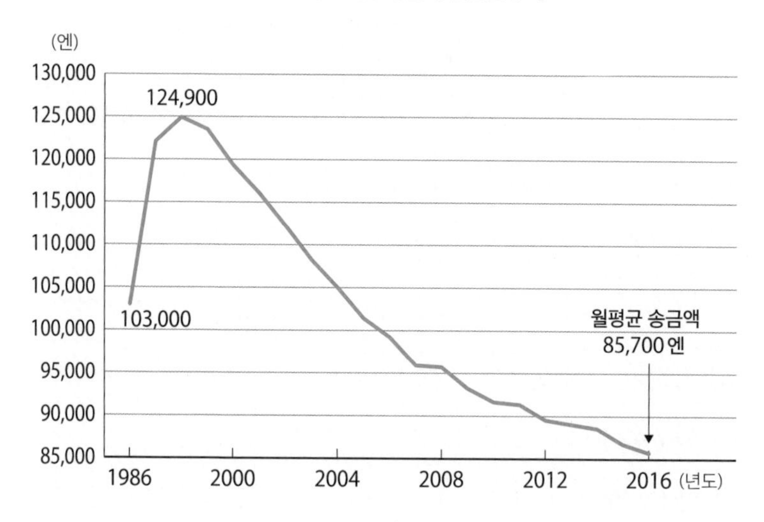

도쿄지구 사립대학 교직원조합연맹의 '2016년도 사립대학 신입생의 가계부담조사'에 따르면 학자금 송금액이 우하향 곡선을 그리고 있다. 학자금 송금액은 1994년도에 12만 4900엔으로 정점을 찍은 뒤 내리막길을 걷더니 2016년도에는 8만 5700엔으로까지 급락했다.

일본에서는 절반 정도의 대학생이 장학금 또는 빚에 의존하며 학교생활을 유지하고 있다. 따라서 어쩔 수 없이 가성비(비용 대비 효과)를 중시하는 소비를 해야 하는 처지일 수 있다.

젊은층에서 나타나는 소비 특징

나는 직업 관계상 다양한 부류의 회사 직원들과 이야기를 나눌 기회가 많은데 그중에는 신입사원도 포함된다. 그래서 젊은 신입사원과 만나면 내 생각을 속 시원히 털어놓고 의견을 구하고 싶지만 이내 마음을 돌리곤 한다. 젊은이들이 모두 평론가가 지적하는 것처럼 일정한 경향을 보이는 게 아니라 참으로 다양한 양상을 띠고 있기 때문이다.

여기서는 현대의 경향에서 비즈니스의 실마리를 찾아내기 위하여 젊은이들의 특징을 다음 세 가지로 나누어 살펴보고자 한다.

① 돈이 없어도 만족한다

2017년도 '국민생활에 관한 여론조사'를 보자. 이 조사에서 만족('만족한다'와 '그럭저럭 만족한다')의 비율이 18~29세의 젊은층에서 가장 높게 나타난 것은 매우 주목할 만하다. 조사결과에 따르면 80퍼센트가 현 상황에 만족하고 있기 때문이다.

그러니까 물질적 상황에 따라 자신의 처지를 비관하지는 않는다는 뜻이다. 차는 이동을 위해 필요한 것이라면 카풀이든 카셰어링이든 상관없다. 젊은이들이 쪼잔하거나 궁색하다기보다는 합리적

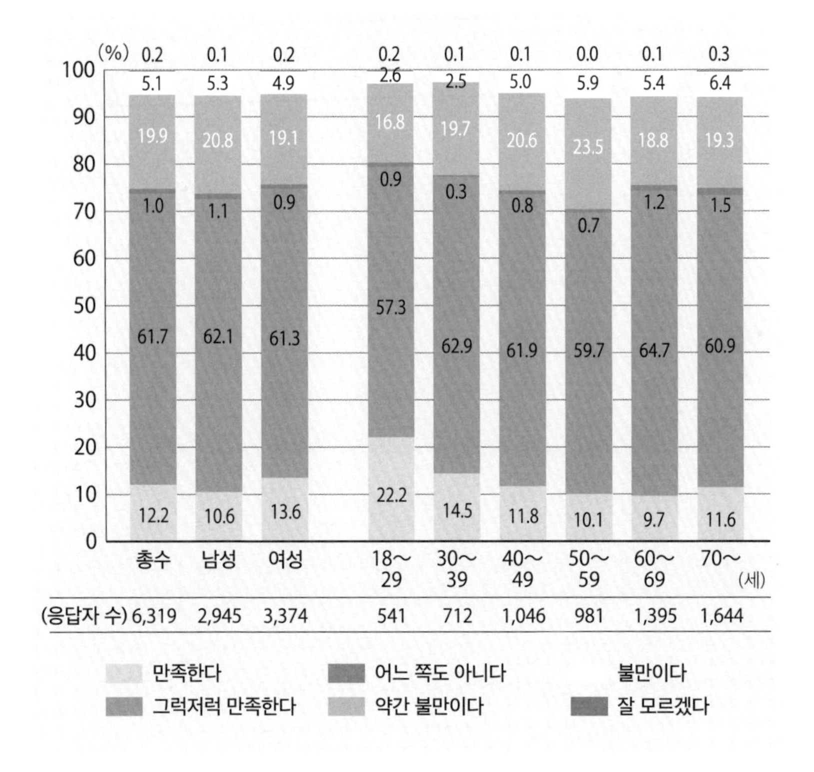

으로 바뀐 것이다.

젊은이들이 유독 소비에 관심이 없는 제품으로 지적되는 것이 자동차인데, 주로 데이트용으로 사용되던 2도어 차량의 보유비율은 점차 줄고 있다.

오토바이도 판매 대수가 줄고 있지만, 소비자로서는 안전성에 불만이 있기 때문이라고 하니 충분히 수긍이 간다. 재미있는 변화는 전동 자전거를 대체상품으로 꼽는 경우가 많아지고 있다는 점이다.

승용차의 도어 수

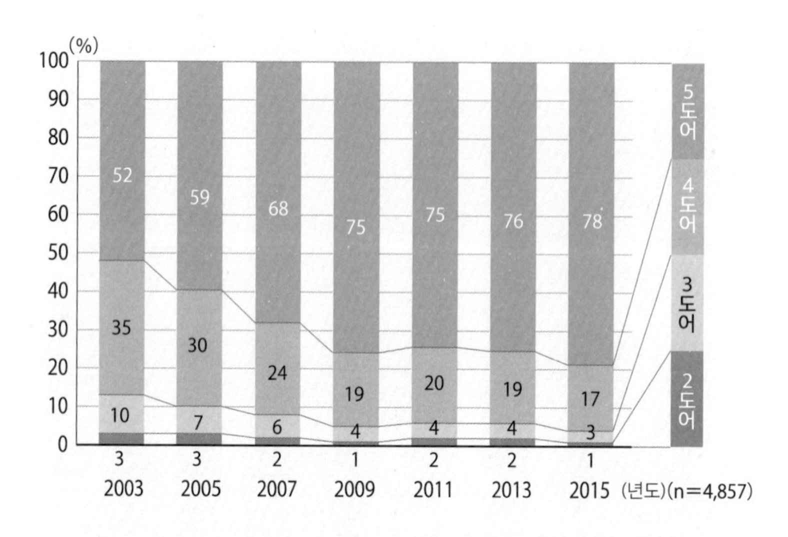

(가장 최근에 산 차와 그 전에 소유했던 차를 포함한다) 자료: 사단법인 일본자동차공업회

이 부분에서도 합리적인 소비패턴을 적나라하게 읽을 수 있다.

② 과장 없는 모습의 소시민적 카리스마를 선호한다

젊은이들의 또 다른 특징은 인스타그램 같은 SNS를 경유하여 소비를 하는 점이다. 상품을 찾아서 산다기보다는 우연히 눈에 들면 산다는 표현이 적절한지도 모른다. 옛날 세대들은 물건을 사기 위해 발품을 팔며 돌아다녔지만 지금 세대는 인스타그램에서 우연히 눈에 쏙 들어오는 상품을 꼼꼼히 확인한 후 구매한다.

흔히 무연(無緣) 사회라는 말을 하지만, 젊은이들이 직면하고 있는 세상은 다연(多緣) 사회라고 해야 적절할 것이다. 트위터나 인스타그램, 밴드 등에 늘 접속되어 있는 사회이기 때문이다. 어떤 시대에서든, 기성세대는 젊은 사람들이 자기 주관이 없다며 혀를 끌끌 차면서 머리를 가로젓곤 한다. 그러나 요즘 시대에는 '좋아요!'를 얻기 위해서라도 자기주장은 되도록 드러내지 않고, 남으로부터 '유익한 것 같다', '재밌는 것 같다'라고 평가받을 만한 내용을 최우선시하게 되었다.

그러고 보면 현대의 젊은이들은 이른바 옛날 방식의 기업 중심적인 상품에서만 멀어지고 있을 뿐인지도 모른다. 그런 경향을 뒷받침하는 대표적인 예가 인스타그램이라 생각한다. 인스타그램은 사진 게재 중심의 SNS로, 소비에도 큰 영향을 미치고 있다. 기업이 만들어놓은 광고보다 인스타그래머라는 인플루언서(influencer)를 통해 소개하는 물건이 더 잘 팔린다.

마케팅의 세계에는 ROI(Return on Investment: 투자자본수익률)라는 것이 있다. 투자한 자본에 대해 어느 정도의 수익이 얻어졌는지를 나타내는 지표다. 일례로 TV 광고에서는 1000만 엔을 투자할 때 1300만 엔 정도의 매출을 예상하는 것으로 알려져 있다. 이 계산은 사실 정확하지 않으며, 일단 상품을 사준 소비자는 재구매를 할 가능성이 높기 때문에 실제의 매출액은 더 높아질 수 있다. 하지만 일단 이 수치를 받아들인다면 투자 자본에 대해 1.3배의 매출을 예상한다는 뜻이 된다.

반면에 인플루언서 마케팅은 TV 광고만큼 자금을 지출하지 않더라도 수익률은 2~3배나 된다. 다시 말해 TV 광고보다도 훨씬 더 효율성이 높다.

일본에는 몇 개의 상품 관련 잡지가 있는데, 나도 그중 하나에 연재를 하고 있다. 먼저 상품의 사양을 검증하고 유사상품과 비교 검토한 다음 어떤 것이 우수한지 분석한 내용을 싣는 것이다. 하지만 젊은층에서 보기에 이처럼 비효율적인 일은 없다. 그 방면의 인플루언서가 추천하는 제품을 사는 것이 가장 효율적이라 생각하기 때문이다.

물론 해당 인플루언서가 스텔스 마케팅(Stealth Marketing: 일반 광고 매체가 아닌 입소문 등을 통해 자연스럽게 제품을 알리는 마케팅 기법_옮긴이)을 할 수도 있다. 그렇기 때문에 스텔스 마케팅인지 아닌지를 분별하는 감각을 기를 필요가 있는데, 젊은층은 대체로 신기할 만큼 그런 감각이 발달되어 있다. 물론 이따금 인플루언서가 추천하는 상품이 기대치에 못 미칠 때도 있지만 큰 손해를 입는 경우는 거의 없다. 검증 기사를 읽거나 직접 비교 검토하는 것보다는 SNS를 경유하여 정보를 입수하는 편이 속도면에서도 훨씬 더 유리하기 때문이다.

③ 조국에 대한 자부심이 있다

노무라 종합연구소가 2015년에 발표한 '생활인 1만 명 설문조사로 보는 일본인의 가치관 및 소비행동의 변화'에 따르면, '일본이라는 국가나 국민을 자랑스럽게 생각한다'라고 대답한 젊은층의 숫자가 현저하게 증가했다. 특히 십 대와 이십 대의 증가세가 눈에 띄는데, 남성은 십 대와 이십 대가 각각 44.4퍼센트에서 75.8퍼센트, 49.9퍼센트에서 71.1퍼센트로 치솟았다. 그리고 여성은 십 대와 이십 대가 각각 41.8퍼센트에서 84.7퍼센트, 49.2퍼센트에서 78.3퍼센트로 증가했다.

처음에는 너무도 뜻밖이라 신뢰도를 의심했는데, 유사한 조사결과를 봐도 크게 다르지 않았다. NHK 방송문화연구소에서 발표한 '현대 일본인의 의식구조'에서는 '일본은 일류국가', '일본인은 자질이 뛰어난 국민'이라 나올 만큼 조국에 대한 자긍심이 팽배해 있음을 알 수 있다.

젊은층의 그런 의식구조와 관련하여 노구치 유키오의 다음 지적만큼 정곡을 찌르는 표현은 없을 것이다. 노구치는 1980년대까지 일본 경제의 근간을 이뤘던 종신고용의 구조를 설명한 뒤 이렇게 말했다.

일본은 일류국가라는 반응

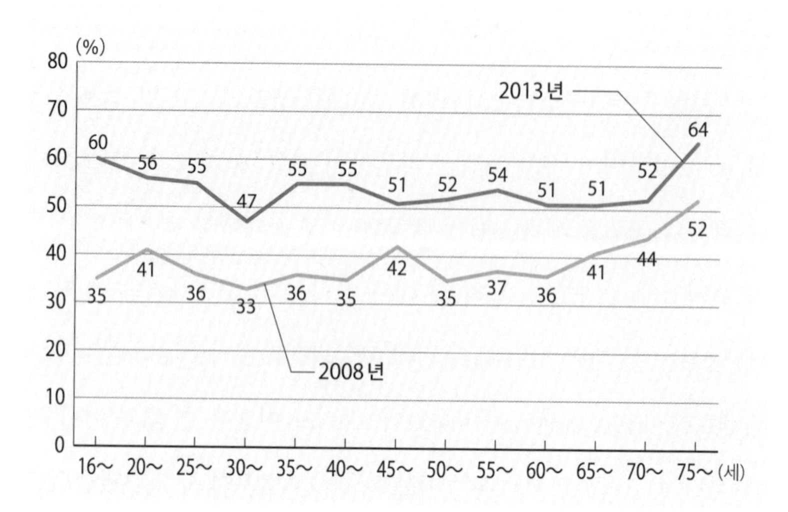

"그러나 1990년대 이후 일본 경제의 장기적인 쇠퇴 과정 속에서 종신고용제도는 변질되었다. 기업이 더 이상 종신고용을 약속해줄 수 없게 되면서 비정규직 노동자가 늘어났기 때문이다. 최근에는 비정규직 노동자의 수가 전체의 40퍼센트에 육박한다. 기업을 안정적인 직장이라 생각할 수 없는 젊은이들은 어디에서 안식처를 찾아야 할까. 종신고용제는 학교에서 배워온 개념으로 '일본' 그 자체였다. 나라가 그들을 지켜준다는 환상을 가져서는 안 되겠지만 그럴수록 나라에 더욱 의존하고 싶어진다. 역사상 처음으로 사람들이 나라에 의존하고자 하는 마음을 갖게 되었던 것이다. 그런 마음은 외국인에 대한 강한 혐오감과 밀접하게 결합되어 있다."

-노구치 유키오, 《세계사를 창조한 비즈니스 모델》

절약, SNS, 일본

절약을 생활화해야 하는 젊은층을 끌어들이기 위해 식당에서도 팔을 걷고 나서고 있다. 학생 할인을 비롯하여 저가격 메뉴 개발에 이르기까지 방법이 참으로 다양하다. 낮은 가격으로 일단 마시면 빨리 취기를 느끼게 해주는 센페로(センベロ) 술집도 등장했는데, 이는 센(セン: 1000) 엔만 있으면 페로(ベロ: 몹시 술취한 모양)하게 만들어주는 술집이란 의미를 담고 있다.

SNS 활용과 관련해서는, 새로 출시되는 거의 모든 제품을 인스타그램 게재를 원칙으로 선전하고 있다. 외식 레스토랑도 이제부터는 각 층마다 사진이 찍힐 것을 전제로 디자인하지 않으면 안 된다. 의류매장에서는 '입어보기 패션쇼'를 자주 열게 되는데, 새로 출시된 옷을 친구들끼리 입어보고 즐기면서 사진을 찍어 인스타그램에 올리거나 하는 것이다.

인스타그램을 통해 널리 알려지면 분명 더 많은 손님을 모을 수 있을 것이라 확신하고 받아들인 방식이다. 디즈니랜드에서 일정 기간 동안 코스튬플레이(Costume play: 의상연출, 분장놀이)를 즐길 수 있도록 한 것도 SNS와 무관하지 않다.

젊은 사람들 눈에는 광고가 리얼리티가 없는 세계로 비춰진다. 자동차 광고에 나오는 행복한 가족들의 모습에서 전혀 현실성을 느끼지 못하는 것이다. 우리는 인스타그램을 통해 보는 한 장의 사진에서 훨씬 더 현실감을 느끼고 있는 세계에 살고 있다.

개인적으로는 생활의 일면을 노출하여 장사를 하는 느낌이 들어 영 탐탁지 않게 여기고 있지만, 앞으로도 SNS를 의식한 상품 생산이나 마케팅은 더욱 활발해질 것이다.

마지막으로 애국 마케팅은 굳이 따지자면 우익성향의 발로로만 한정해서는 안 된다. 문화로서 일본적인 것에 접할 수 있도록 하는 경우도 애국 마케팅이라고 할 수 있다. 예를 들어, 교토나 가마쿠라 방문, 탑돌이나 사찰 순례 그리고 역사 공부 등이다. 상품 개발을 할 때도 일본인의 DNA로부터 아이디어를 찾는 것은 매우 유효한 방법이라 할 수 있다.

어쩐지 크리스탈

음악의 저작권처럼 저작물의 내용을 인용할 때 대가가 지불되었다면 아마도 다나카 야스오는 이미 엄청난 부자가 되었을 것이다. 소비문화를 말할 때면, 다나카가 히토쓰바시 대학 4학년 때 쓴《어쩐지 크리스탈》(1980년)이 곧잘 인용되곤 한다. 예를 들자면 이런 형태로 말이다.

'테니스 연습이 있는 날에는 아침부터 마지아나 필라의 테니스 복장을 하고 학교까지 간다. 그냥 보통 날이라면 기분에 따라 보트하우스나 브룩스 브라더스의 트레이닝복을 입는다. 스커트는 그에 맞춰 하라주쿠의 바클레이에서 산 것이 좋다.

그렇지만 입고 있을 때 가장 기분이 좋은 것은 아무래도 생로랑이나 알파큐빅일 때가 많다. 언제까지 입고 있더라도 싫증나지 않는, 전통적이고 품위 있는 느낌이 참으로 매력적이다.'

위와 같이 주인공은 자신의 취향을 다수의 고유명사와 더불어 마구 늘어놓고 있다. 그리고 때로는 이렇게도 표현한다.

'우리가 밖으로 나오려고 하자, 때마침 커플이 스치며 들어섰다. 여성의 모습이 걸작이었다. 크리스찬디올 셔츠에, 전면에 크게 마크가 달린 랑방 스커트, 그리고 웅가로 캔버스 구두. 가방은 발렌시노인데, 나름대로 격식을 따져서인지 이처럼 날씨가 푹푹 찌는데도 커다란 에르메스 스카프까지 걸치고 있었다.'

위 문장은 아주 의미가 깊다고 생각한다. 여기서는 A와 B가 대비되어 있는데, 마치 'A의 조합은 좋지만 B는 왠지 어색해. 그렇지 않아?'라고 묻는 듯하다. 어떤 수준의 센스를 당연하게 요구하듯이 말이다. 그 당시 대부분의 독자들에게는 A도 B도 의미가 불분명하고 단지 놀라움만 남았을지도 모른다. 하지만 거기에는 이 소설의 품격을 높여주는 무엇인가가 존재하고 있다.

이것은 과거 젊은이들의 소비행동을 보여주는 상징적인 광경이라 할 수 있다. 고등학생일 때 이 책을 처음 읽었던 나는 거의 의미를 파악할 수 없어서 엄청난 혼란에 빠지고 말았다. 그리고 대학생이 되고 나서 주변 어른들에게 물어보았지만 '나하고는 상관없는 세계다'라는 식의 답변만 들었을 따름이다. 도시인의 일부는 제대로 이해했을 테고, 그 나머지는 속물적인 해석 방법을 차용했을지도 모른다. 본래 이 책이 엄청난 호평을 받으며 대히트를 기록한 까닭은 그 내용이 실태와 괴리되어 있었기 때문이다.

《어쩐지 크리스탈》의 주인공이 지금 대학생이라면, 이른바 '파티 피플(party people)'이 되어 있지는 않을까. 하라다 요헤이는 저서 《파티 피플 경제》에서, 트렌드를 만들어내고 주변에 정보를 발신하는 매개자를 파티 피플이라 불렀다. 이벤트를 통해 사람을 모으는 데 앞장서고 DJ나 모델과 함께 어울리는 유복한 금수저들. 다시 말해 《어쩐지 크리스탈》에서 그려진 것은 젊은이들의 일반적인 모습이 아니고, 어느 세대에나 있을 법한 일부 계층일 아닐까 한다.

때때로 그들이 소비자의 대표격인 양 부각되는 경우가 있다. 하지만 그들은 어찌 보면 첨단의 소외자라 할 수 있다. 대부분의 젊은 사람들은 소박하게 적당히 만족하고 견실하게 생활하며 SNS상에서 지인들의 '좋아요!'를 갈구하면서, 그리고 일본을 사랑하면서 살아가고 있다.

2026년에 일어날 변화

- 신 일본인 세대가 30세로 진입

염두에 두어야 할 사항

- 절약, SNS, 일본 지향적 성향을 띤 젊은층의 눈길을 끄는 방법

이런 물건이 팔린다

- 합리적인 가격의 상품
- PR을 목적으로 SNS에 게재된 상품
- 애국주의에 입각한 상품

돈 버는 법

스마트폰을 내려놓고자 하는 니즈도 존재함에 주목하라.

이따금 SNS에서 자연스럽게 자기 자신을 자랑하는 현대 젊은이들을 보고 깜짝 놀라곤 한다. 나는 아직도 그런 일에 거부감이 있어서 나와 관련된 사진을 거의 올리지 않는다. '유명인과 함께'라는 핑곗거리마저 없으면 아무래도 주저하고 마는 것이다.

1997년쯤부터 인터넷을 사용해온 내가 보기에 일본인의 프라이버시에 관한 사고방식이 많이 변화한 것 같다. 젊은층의 SNS 등에 접속해보면 마치 당연하기라도 한 듯 태연하게 자신과 관련된 사진들을 게재하고 있

다. 핼러윈도 '나의 이런 모습 어때요?'라며, 아주 천연덕스럽게 자신의 모습을 보여주고 싶은 욕망을 건드려서 유명해진 이벤트일 것이다.

불꽃놀이의 유카타(목욕 후 입는 일본식 복장), 성인식의 기모노 그리고 핼러윈의 가면분장은 이미 어느 하나를 떼어놓고서는 생각할 수 없는 것들로 굳어졌다. 그러한 것들은 친구나 지인과 함께 어울리는 이벤트 문화라는 측면도 감안하지 않을 수 없다. 인스타그램은 개인이 자신을 드러내는 도구가 되고 있고, 또 그것을 매개로 하여 많은 사람들이 서로 이어져 있기 때문에 항상 수요가 많을 수밖에 없다.

하지만 이런 관점에서 그들에게 진정한 안식이란 스마트폰을 내려놓는 일이 될 수도 있다. 따라서 그러한 안식을 즐기는 공간과 방법에 대한 요구가 높아질 것임에 틀림없다.

2027년

후지 록 페스티벌이 개최 30주년을 맞는다

음악산업이 라이브라는 원점으로 회귀하고,
실제적 체험을 중시하게 된다.

P

Politics(정치)

음악 소프트웨어의 매출이 하락하는 가운데, 저작물재판매제도의 수정이 가능해질지가 초미의 관심사가 된다.

E

Economy(경제)

음악 소프트웨어의 대체품으로서 라이브 관련 매출이 지속적으로 증가한다. 관련 매출액은 음악 소프트웨어의 매출 규모를 상회한다.

S

Society(사회)

사람들은 리얼을 테마로 한 라이브를 즐긴다. 음악을 통하여 라이브로 남과 직접 이어지고 싶어 한다.

T

Technology(기술)

음악을 추천해주는 기능이 AI 등에 의해 한층 더 발전한다. 또한 히트곡 분석이나 작곡에도 AI가 활용된다.

변화의 특징

음악은 사람의 마음을 흔든다. AI 등을 통해 수많은 사람들의 심금을 울리는 히트곡을 사전 분석할 수 있게 된다. AI가 직접 작곡을 할지도 모른다.

한편 음악산업에서는 곡은 무료로 제공하는 대신 라이브나 관련 상품 판매로 돈을 버는 비즈니스 모델이 성장한다. 이런 점에서 라이브가 비일상 공간에서 이루어지는 역동성 있는 리얼한 이벤트라는 사실에 주목할 필요가 있다.

후지 록 페스티벌의 충격

후지 록 페스티벌은 내가 대학에 입학한 해인 1997년에 처음 선보였다. 지인의 권유는 받았으나 선약이 있는 관계로 가지는 못했고, 나중에 그 공연이 혹독한 추위 등 매우 열악한 환경 속에서 진행되었다는 말을 들었다. 실제로 태풍 9호가 내습하여 기온은 큰 폭으로 떨어지고 비가 내리는데도 속행되다가, 결국 이틀째 되는 날에야 중지 결정이 내려졌다.

그러나 공연에 갔던 지인은 "정말 굉장했지!"라고 말하며 역사적 이벤트의 자리에 있었던 흥분을 쉽게 억누르지 못하는 것 같았다.

> 후지 록 페스티벌은 유원지였다. 목숨을 잃는다 해도 아깝지 않을 정도로 스릴이 넘쳐흐르고, 참가하지 못하면 죽은 뒤에도 후회할 것 같은 유원지. 참가한 사람은 누구나 '마치 죽는 줄 알았다'고 말하는 최고의 유원지. 그렇기 때문에 그곳에서 살아 돌아올 수 있었던 것은 우리들에게 매우 일상적이고 즐거운 이벤트였는지도 모른다.
>
> -《퀵 재팬(Quick Japan)》, vol. 16, 무라타 도모키, 〈다큐멘터리: 후지 록 페스티벌로부터의 생환〉

최악도 이 지경까지 이르면 얘기가 달라진다. 어쨌든 나는 그 후 한 달 이상 지나도록 무언가에 홀리기라도 한 듯 후지 록 페스티벌이 얼마나 최악이었는가를 남들한테 마구 퍼부어댔고, 원고는 다 썼는데도 조사를 멈추지 못했던 것이다. (중략) 마치 '백치가 된 느낌이다'라는 말 말고는 달리 설명할 방법이 없는 것 같다. 그래, 굉장해, 굉장했어. 진저리 쳐질 만큼 굉장했다고. '세상에서 가장 폭발적인 록 페스티벌.' 이 표현이 가장 적절하다. 머리가 산산조각 나는 줄 알았으니까.

–쓰루미 와타루, 《철창 속의 댄스》

이런 표현들은 그 당시의 분위기를 가장 적나라하게 기술하고 있다. 그즈음부터 라이브라는, 단 한 순간에만 가능한 생생한 체험의 환희에 사람들이 비로소 눈을 떴다. 그리고 그 이후 사람들은 생생함과 리얼함을 느끼고 싶어 하며 30년을 살아온 것이다. 2027년에는 후지 록 페스티벌의 참극을 오히려 상징적인 사건으로 여기게 될지도 모른다.

생생한 체험으로서의 라이브의 부활

후지 록 페스티벌 첫 공연 때만 해도 라이브는 돈이 되지 않는다고 모든 사람이 말했다. 그래서 돈은 CD를 팔아 벌고 라이브는 단지 팬을 위한 서비스로 제공한다는 의식이 강했다. 물론 더 많은 CD를 팔기 위해 라이브 공연을 하는 측면도 없지는 않았다. 그러나 지금은 음원을 통해서는 수익이 생기지 않으므로 홍보를 위해 음원을 공짜로 배포한다. 그리고 라이브를 통해 돈을 버는, 완전히 전후가 역전된 구조로 음악산업이 뒤바뀌었다.

앞에서 1997년 후지 록 페스티벌에 대해 이야기했는데, 그해의 음악 관련 상품 생산량은 최고점을 찍었다. 액수로 말하자면 1998년에 정점에 도달했으니, 1990년대 후반에 음악업계가 엄청난 호황을 누렸다고 볼 수 있다.

1990년대 후반까지는 이른바 레코드회사의 전성시대라고 해도 무방할 것이다. 에이벡스(avex)사가 업계의 관행을 깨고 작사가이자 작곡가인 고무로 테츠야의 소니 전속계약을 풀어준 뒤 그는 1990년대 전반부터 연이은 히트를 기록해나간다. TRF(일본의 남녀혼성 댄스

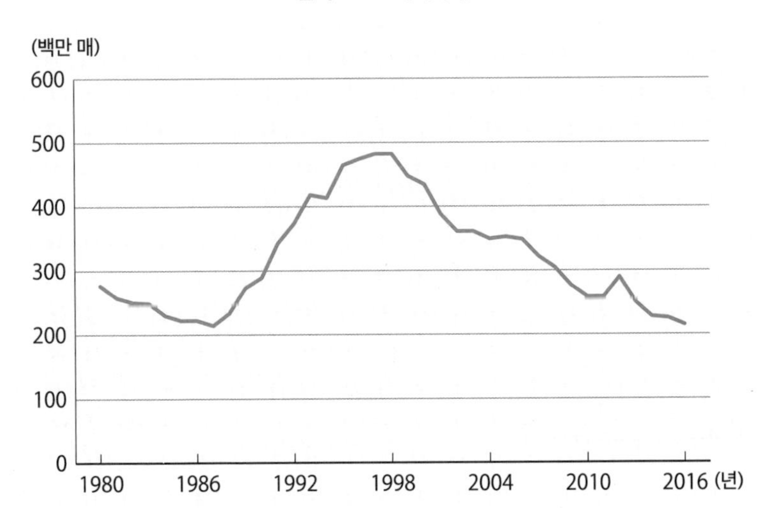

음악 소프트웨어 금액

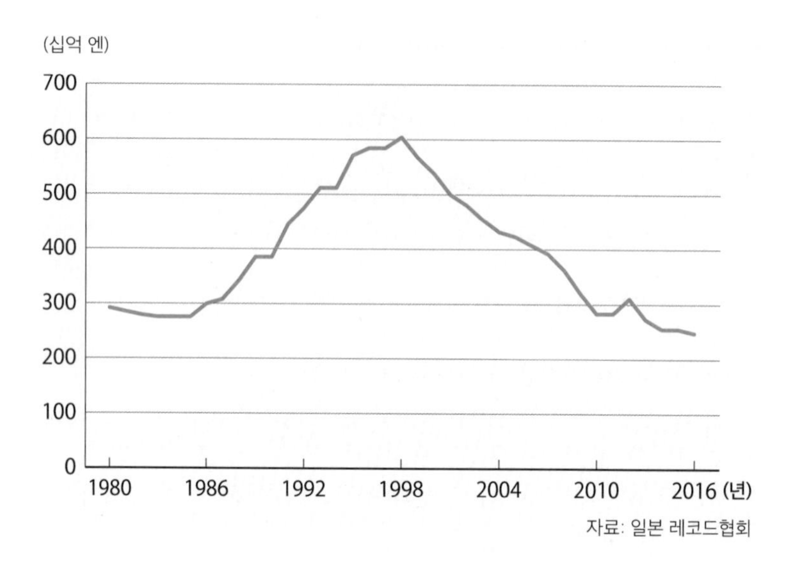

보컬그룹_옮긴이)가 결성되고 데뷔한 해가 1993년이며, 1998년에는 가수 하마사키 아유미가 데뷔한다.

한편 라이브 콘서트의 관객 동원 수와 매출액을 보면 상당히 흥미로운 사실을 알 수 있다. 소프트웨어에 사용하는 금액이 감소하는 것과 반비례하듯이 우상향 곡선을 그리고 있는 것이다. 후지 록 페스티벌이 개최된 1997년쯤 바닥을 보이다가 그 이후 계속 우상향하고 있다. 음악의 곡 자체는 복사가 비교적 용이하다. 물론 불법복사 단속 등의 중요성에 대해서는 두말할 필요가 없겠지만, 아티스트들은 오히려 곡은 무료로 배포하고 리얼한 라이브 공연의 체험 그 자체를 판매하는 방식으로 전환하는 추세다.

재미있는 것은 현재 음악 소프트웨어의 매출이 약 2450억 엔인데,

라이브 콘서트 동원과 매출

자료: 콘서트 프로모터스협회

콘서트 동원에 의한 매출은 약 3100억 엔으로 수익구조가 역전되고 있다는 사실이다. 2014년쯤부터 나타난 현상인데 앞으로도 똑같은 상황이 이어질 것으로 예상된다.

공정거래위원회는 현재 음악용 CD 등에 대해 저작물재판매제도를 인정하고 있다. 문화산업에 속하는 음악 CD의 가격이 하락하지 않도록 하기 위해서다. 현시점에서는 어쨌든 저작물재판매제도가 유효하지만, 앞으로 재검토가 이루어질지 주목해야 한다.

한편 노래방업계는 어떤 상황일까? 주로 취객들이 들러서 노래하며 노는 경우가 많아 진부한 문화로 치부되는 경향이 강해지고 있다. 게다가 접대문화에 대한 사회적 시선도 곱지 않아서 과거에 비해 기세가 한풀 꺾이고 있는 것이 사실이다. 그러나 생각하기 나름

노래방 매출 추이

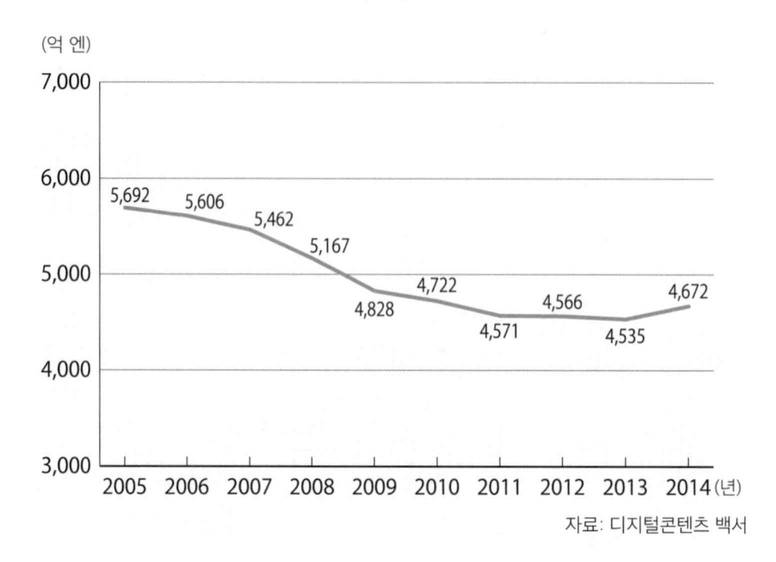

자료: 디지털콘텐츠 백서

으로, 젊은층이 리얼한 교류를 갈망한다는 측면에서 볼 때 노래방은 그들의 요구에 합치하고 있다. 아무튼 현재 노래방업계가 부진을 벗어나지 못한 채 분투하고 있는 상태인 것만은 틀림없다.

음악 관련 인터넷 이용도 착실하게 매출을 늘리고 있다. 본래 음악이 인터넷 이용에 적합한 이유는 데이터 크기가 작기 때문이다. 통신 속도의 향상과 더불어 이제 텍스트 문서뿐 아니라 음악 파일 역시 큰 부담 없이 웹을 통하여 다운받을 수 있게 되었다. 이뿐만 아니라 이제는 영화 등의 동영상 콘텐츠까지 간편하게 이용이 가능해졌다. 이런 점에 비춰볼 때 애플의 부활이 아이팟에서 비롯되었다는 사실은 시사하는 바가 매우 크다.

나는 인터넷이 음악 소프트웨어를 대체할 수 있다고는 생각하지

음악 관련 인터넷 이용

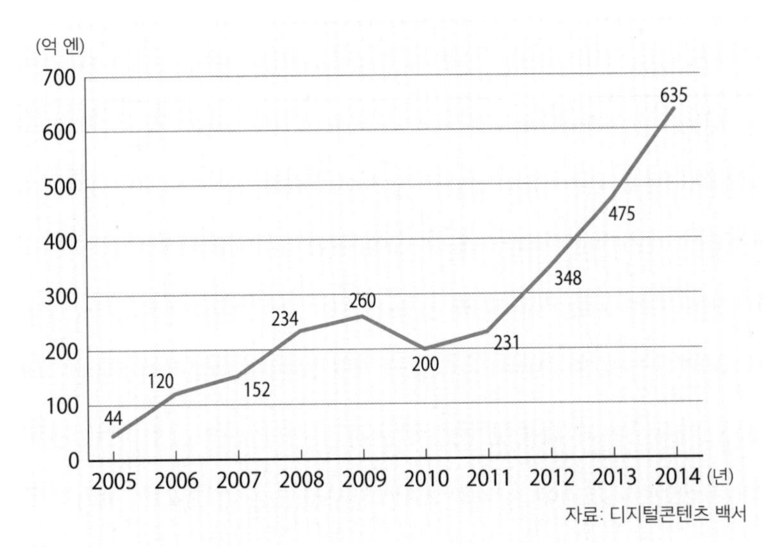

않는다. 음악업계가 스포티파이(Spotify)나 아마존뮤직(Amazon Music)처럼 음악을 정액제로 저렴한 가격에 제공한 다음, 커뮤니케이션에 의존하여 매출을 늘리는 구조로 전환하고 있기 때문이다. 그러한 커뮤니케이션의 대표적인 예가 라이브라 할 수 있는데, 라이브 공연에서는 티켓 판매수입 외에 음식, 캐릭터 같은 부수적인 상품 판매 등을 통해 수익을 창출하고 있다.

애플뮤직은 아이폰 등의 단말기로 곡을 다운로드 혹은 스트리밍할 수 있는 서비스다. 나의 경우, 신규 앨범과 흘러간 주억의 앨범을 날마다 하나씩 듣고 있다. 의외로 팝송뿐만 아니라 다양한 곡이 준비되어 있다. 그리고 이렇게 취향대로 선택하여 아무 때나 자유롭게 들을 수 있도록 한 것 자체가 인프라스트럭처가 되었다.

라이브의 우위성

라이브의 우위성은 사람들을 완전히 격리된 공간에 몰아넣는다는 점에서 찾을 수 있다. 이것이 가능한 이유는 라이브의 비일상성 때문이다. 가령 미디어는 일상 속에서 즐기기 위해 늘 시간과 치킨게임 하듯 싸움을 벌여야 한다.

약 10년 전부터 TV나 신문 등 주요 미디어와 접촉하는 시간은 줄고 스마트폰이나 태블릿 등을 이용하는 시간이 늘고 있다. 그에 비해 라이브는, 거기에 참가한 사람의 시간 모두를 완전히 빼앗아버린다. 다시 말해 TV는 시청 중에 항상 다른 미디어와 시간의 쟁탈전을 하게 되지만, 라이브는 기본적으로 함께하는 사람들의 시간과 공간을 완전히 지배한다. 물론 라이브 도중에 휴식을 취할 수는 있겠지만 그 역시 라이브를 위해 예비해놓은 시간이다.

동영상 발신 서비스 등도 크게 성장할 것이다. 그런 상황에서는 고객으로부터 얼마나 많은 시간을 확보할 수 있는지, 또 그렇게 확보한 시간에서 벗어나지 않도록 얼마나 오래 고객을 묶어둘 수 있는지가 중요해진다. 따라서 음악산업은 라이브나 이벤트처럼 정해진 공간에 사람들을 모아두는 일에 더욱 주력할 것임에 틀림없다.

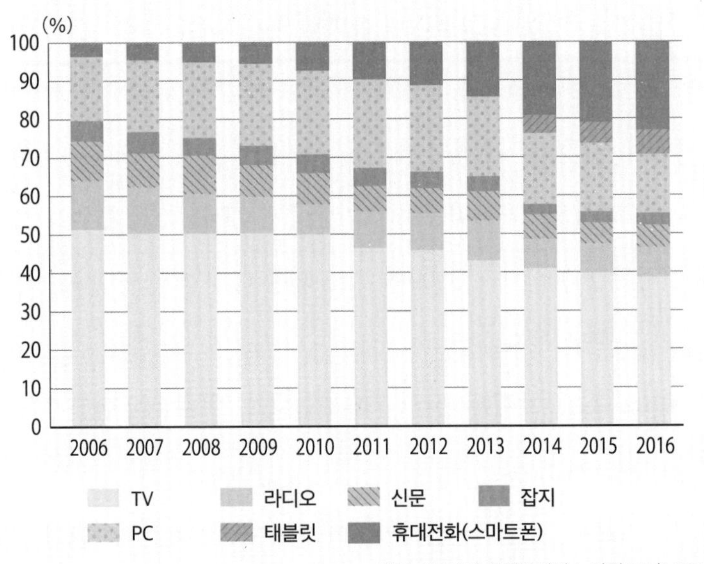

자료: 2016년 동영상서비스 사업 조사보고서

음악 무료화 전략

곡을 무료 혹은 정액제로 듣는 것이 가능해짐에 따라, 아이러니하게도 내가 음악에 들이는 지출은 오히려 늘고 있다. 고교시절에 즐겨 들었던 브루탈 트루스(Brutal Truth)의 옛날 앨범을 우연히 접하고는 너무나 반가운 나머지 해설 잡지를 사고 말았으며, 식스(SikTh)의 곡을 듣고 나서 라이브 공연 티켓을 구매했다. 그리고 엠퍼러(Emperor)의 앨범도 1분 미리듣기를 하고 나서 공연장에 찾아갔고 심지어 티셔츠까지 사고 말았다. 메가데스(MEGADETH)는 신곡을 다운받는 것만으로는 성이 차지 않아서 내친 김에 오다이바까지 직접 공연을 보러 갔다. 그랬더니 때마침 퇴근시간인지라 직장인들로 가득 차 발 디딜 틈조차 없었다. 참으로 시간적, 금전적 손실이 이만저만이 아니었다. 우연히 애플뮤직을 통해 들은 지오반니 알레비(Giovanni Allevi)의 곡에 감동하여 지인에게 CD를 선물한 적도 있었다. 이렇듯 2000엔에서 3000엔 정도 되는 CD 한 장을 팔기보다는 차라리 관련된 부수상품(라이브나 캐릭터 상품 등)을 파는 편이 훨씬 더 수익을 높일 수 있을 것이다. 특히 고객의 연령층이 높을수록 효과는 더욱 극대화된다.

이처럼 곡을 공짜로 제공하거나 혹은 수익을 최소화하면서 관련된 부수상품 등으로 유도하는 것을 무료화 전략이라고 한다. 다시 말해 우선 무료로 많은 사람들이 경험할 수 있도록 한 다음, 소비 상위층을 대상으로 고수익 비즈니스를 전개하는 방법이다.

음악업계는 콘텐츠산업의 첨단을 걷고 있는 업종인데, 예전에 나는 이런 경험을 한 적이 있다. 라디오 방송에 출연제의를 받고 방송국에 가자 그 자리에 유명 아티스트가 게스트로 와 있었다. 방송 관계자에게 "저 정도의 아티스트를 섭외하려면 출연료가 엄청나겠지요?"라고 묻자 무료출연이라고 대답했다. 그는 깜짝 놀라는 나에게 "광고가 되기 때문에 그런 경우가 왕왕 있습니다"라며 대수롭지 않다는 듯 말했다.

지금까지는 TV 등의 미디어가 공짜였고 나중에 곡을 팔아 돈을 버는 구조였는데, 이제는 곡 판매를 포기하고 라이브 등을 통해 돈을 버는 수익구조로 바뀌고 있는 것이다.

데이터 지향성의 음악

종교가 노래를 활용하여 신자 수를 늘려간 데서 알 수 있듯이 음악에는 사람의 관심을 끄는 무엇인가가 있는 것 같다. 아이돌이 노래를 통해 팬을 끌어들이는 것도 인간은 노래를 들으면 마음이 움직여지기 때문이다.

거리에서 들은 곡에 마음이 끌려 온종일 일이 손에 잡히지 않을 때가 있다. 그런 충동이 계속 이어지도록 곡을 특정해주는 어플이 인기를 끌 것이다. 내 스마트폰에도 그와 같은 기능의 어플이 설치되어 있지만 아직 정밀도가 그다지 높지는 않다. 하지만 정밀도를 높여 멜로디를 분석하여 곡명을 제공해주면 그 후의 곡 매출에 좋은 영향을 미칠 것이다.

그러나 어떤 노래에 마음이 움직이는지는 사람에 따라 다르다. 그런 부분 역시 음악만이 가지는 고유의 매력이라 할 수 있다. 이제 좋아하는 음악을 듣거나 좋아하는 가수를 보려면 유튜브로 검색하면 그만이고, 중고 음반도 아마존을 검색하면 언제든 입수가 가능하다. 전 세계로 무한히 확산되는 음악을 인터넷상에서 적극적으로 섭취하여 새로운 음악을 만들어내는 신세대 아티스트가 등장한다면, 그 것이야말로 진정한 의미로 국경을 뛰어넘는 일이 될 것이다.

수많은 음악 데이터를 전자상에서 사용할 수 있게 되었을 때 기대되는 사업 아이템 중 하나로 곡의 매출 분석 시스템을 들 수 있다. 이언 에어즈(Ian Ayres)의 《슈퍼크런처(Super Crucher, 2007)》에서 소개된 질 좋은 와인을 분류하는 방정식은 참으로 충격적이었다. 강우량이나 평균기온 등을 입력하면 와인의 가격을 예측할 수 있는 것이다. 요즘은 다양한 분야에서 빅데이터를 이용한 기계학습을 통해 상품의 매출 분석이 가능해지고 있다.

그러나 음악에 관해 여러 가지 연구가 진행되고 있더라도 사전에 매출 분석을 하기는 어렵다. 물론 신인 아티스트의 곡을 분석하여 히트 여부를 예상하는 연구가 진행되고는 있다. 하지만 음악이 과거에 들어본 적이 없었던 내용으로 사람의 마음을 움직이는 것이라고 한다면, 빅데이터는 본래 과거의 정보이므로 정확한 분석을 하기가 쉽지 않다.

마케팅의 관점에서 볼 때 이런 점을 어떻게 극복할지 참으로 흥미진진하다. 최근에는 AI 등을 활용하여 단지 히트곡만 예상하는 게 아니라 작곡까지 시도하고 있다. 어쩌면 AI는 최대한 많은 대중이 좋아할 만한 요소만 골라 넣은 낮은 수준의 곡을 만들어낼지도 모른다. 하지만 역설적이게도 인간이 만드는 음악의 신비성을 수많은 사람들에게 전달하게 될 것이다.

2027년에 일어날 변화

- 사람들을 별도의 공간에 두는 비즈니스의 계속적인 성장
- 생생한 체험을 선사하는 라이브의 관객이 계속 증가
- AI 등을 활용한 히트곡 분석과 작곡

염두에 두어야 할 사항

- 라이브와 리얼을 전면에 내세운 비즈니스

이런 물건이 팔린다

- 철저한 무료화 전략 후의 부수상품
- 비일상을 연출하는 이벤트 비즈니스

돈 버는 법

음악 추천 비즈니스에 가능성이 있다.

미국을 여행할 때면 슈퍼마켓 등에서 CD가 땡처리 물품처럼 팔리고 있는 광경을 보고 놀라게 된다. 가격정찰제에 얽매일 필요가 없기 때문에 인기를 모았던 작품만 늘어놓을 수 있고 저렴한 가격으로도 판매가 가능하다. 거기에는 레이디 가가와 테일러 스위프트의 것들밖에 없다. 미국에서는 히트상품만 취급하는 경향이 있다.

일본의 독점금지법에서는 가격의 경직성을 인정하지 않는다. 다만 앞에

서 언급한 대로 음악은 문화산업으로 여겨 예외적으로 인정하고 있다. 정확하게는 한시적 가격정찰제라 하여 출시 후 일정기간이 지나지 않으면 가격을 인하하여 판매할 수 없다. 2017년에 발매된 CD 2만 2845개 타이틀(누적 개수) 중 1958개 타이틀만 비정찰가격 CD로 출시되었다. 그러니까 대부분은 가격정찰제라는 제도 아래서 출시되고 있다는 뜻이다. 한시적 가격정찰제에 따른 기간이 정해져 있는 이상 소매점에서조차 CD 가격을 인하하여 판매하지 않는다. 그러므로 여전히 다양성이 존중받지 못하는 상태라 할 수 있다.

하지만 큰 흐름으로 볼 때 음악은 점차 무료화되고 있다. 그렇게 무료로 듣는 곡들이 대체로 한정된 몇몇 아티스트만의 곡이라는 점이 조금 아쉽기는 하다. 음악은 다양성의 상징이라고 하는데, 이런 점에서 고(故) 사쿠마 마사히데 음악감독은 "한 사람의 아티스트가 100만 장을 팔기보다는 100명의 아티스트가 1만 장씩 파는 것이 문화적으로 바람직하다"라는 의미심장한 말을 남겼다.

그래서 현재의 추천 기능을 한층 더 발전시킨 큐레이션이 요구된다. 현재는 선호 아티스트나 다운로드 이력을 감안하여 추천이 이루어지고 있다. 그런 방식에서 무슨 신선함이나 놀라움 따위가 느껴질 리가 없다. 음악 전달 서비스는 이용자의 상황에 맞는 섬세한 곡 제안을 해야 한다. 그러므로 단지 장르나 아티스트만 제안할 것이 아니라, 이용자가 좋아하는 코드 진행이나 가사 또는 가수의 음성까지 분석하여 곡을 추천하는 것이 좋다.

예를 들어, 아티스트에게 있어 그 곡이 갖는 의미, 역사적인 의의, 다른 곡과의 음색 차이 그리고 곡의 탄생 경위 등 기존의 음악잡지라면 벌써 게재했음직한 부수적인 정보를 제공해야 한다.

현재 아티스트의 수익구조는 CD 판매에만 중점을 두는 모델에서 라이브도 병행하는 모델로 이행되었다. 하지만 동시에 라이브까지 중요시하는 모델에 대해서도 궁리해야만 한다. 판매하는 것은 부수상품뿐만 아니라 음악 이외의 서비스라도 상관없다. 아티스트가 보다 창조적인 시간을 보낼 수 있도록 더욱 세심한 배려가 필요한 것이다.

2028년

세계 인구가 80억을 돌파한다

물이 새로운 자원이 되고
새로운 비즈니스가 된다.

P

Politics(정치)
국가는 식수문제 해결을 위해 물에 관심을 갖게 된다.

E

Economy(경제)
전 세계적으로 물을 취급하는 비즈니스가 발흥한다.

S

Society(사회)
세계 인구가 80억 명을 돌파함과 동시에 수자원의 가치가 높아진다.

T

Technology(기술)
물 정제기구가 소형화된다.

변화의 특징

출생률 저하의 추세를 감안하더라도 2028년에 세계 인구는 80억 명을 돌파할 것으로 예상된다. 그때가 되면 식량보다 더 심각한 상황에 놓이는 것은 물이다. 현재도 세계 인구의 대부분이 안전한 물 확보에 어려움을 겪고 있다.

물의 정제, 여과 기술, 누수방지 그리고 절수 상품 등에 비즈니스를 접목한 다양한 산업군이 등장할 전망이다.

투자 대상으로서의 물

영화 《빅쇼트(The Big Short, 2015)》는 서브프라임 금융위기를 예측한 남자들이 대담한 공매도를 통해 큰돈을 버는 과정을 그린 걸작이다.

미국의 주택시장은 서브프라임 모기지 사태가 일어나기 전까지만 해도 호황을 누리고 있었다. 미국에서는 낮은 연봉의 소득자들도 용이하게 주택융자를 받을 수 있기 때문에 모기지론을 통해 주택을 구매하는 사람들이 적지 않았다. 그래서 그 당시만 해도 주택시장이 호조를 보여 주택가격이 상승했으므로 주택 매각을 통해 적잖은 차액을 챙길 수 있었다. 금융 브로커들은 각양각색의 채권을 복합적으로 조합함으로써 리스크를 회피하여 주택 버블을 더욱 확대해나갔다.

이 영화에 나오는 주인공들은 주택융자금 상환불능 건수가 증가세를 보이는 점과 평범한 사람들조차 다섯 채의 집을 가질 수 있는 상황인 점 등에서 안 좋은 낌새를 채고 거액의 공매도라는 대담한 승부수를 띄운다.

등장인물 중 항상 헤비메탈과 하드록을 들으며 두문불출 방 안에 틀어박혀 투자를 계속하는 마이클 버리는 매우 인상적이었다. 그는 사람과의 만남을 꺼려하고 유포된 정보가 아닌, 직접 수집한 정보로 시장을 분석한 뒤 허점을 찾아낸다.

영화의 종료 직전 깜짝 놀란 것은 그의 다음 투자 대상 때문이다. 영화는 주인공들의 그 이후의 거취를 자막으로 전달하는데, 투자의 귀재 마이클 버리는 '물'을 다음 투자 대상으로 삼았다.

바로 그 물 말이다.

최근 300년간의 현저한 인구증가

일본은 여러 차례 지적했던 대로 인구감소 상황에 처해 있다. 2025년 무렵부터는 도쿄에서도 인구가 감소할 것으로 예상된다.

세계적으로 볼 때 늦어도 2028년에는 인구가 80억 명이 될 것이다. 물론 가정을 어떻게 하는가에 따라 차이가 있어서 향후 무슨 일이 일어날지는 장담할 수 없다. 하지만 전망이 실현된다면, 세계 인구가 70억 명을 넘은 게 2011년 10월의 일이니, 20년도 채 안 되어 80억 명에 도달하는 셈이다.

인구는 꾸준히 직선적으로 증가한 것이 아니다. 지구의 역사로 볼 때 지극히 최근에 급증세를 보이고 있다. 현생인류인 호모사피엔스의 역사는 20만 년이지만, 인구의 급증은 최근 300년 안에 벌어진 일이다. 300년 동안의 증가세는 가히 폭발적이다. 맬서스(Malthus)가 《인구론(An Essay on the Principle of Population)》에서 식량은 산술급수적으로 증가하는 데 반해 인구는 기하급수적으로 증가하여 식량부족 문제가 발생할 수 있으니 인구를 억제해야 한다고 주장했을 정도다.

수백 년 후를 예상하기는 쉽지 않지만, 2100년에는 전 세계 인구가 100억 명을 돌파한 뒤 차츰 증가세가 완만해지면서 보합세를 나타낼 것으로 보인다.

즉 지금이 한창 인구가 급격하게 증가하는 시기로, 이 시기를 벗어나면 출생률은 안정화되어 답보상태에 머물 것이다. 앞에서 언급한 대로 아프리카는 인구가 계속 증가하겠지만 유럽이나 일본, 중국 같은 나라들은 출생률 저하로 부담을 받게 된다. 그러나 어디까지나 그것은 '선진국'이라는 이유 때문일 뿐, 긴 역사의 흐름에서 보면 단지 다른 나라들보다 그 일을 먼저 겪고 있을 따름이다.

하나의 예를 들어 생각해보자. 가령 일본의 인구가 현재의 절반인 6000만 명이 되었다고 가정할 때 기업의 대상 고객도 반으로 줄어버린다. 이래서는 정상적인 경영이 성립되지 않는다. 그러나 인구 6000만 명도 안 되는 나라도 경제가 운영되고 있는 것처럼, 매장 크기나 종업원 수가 절반이 된다고 갑자기 무슨 큰일이 나지는 않는다. 인구감소가 꼭 나쁘지만은 않다고 말하는 사람도 있다. 그도 그럴 것이 극단적인 경우지만 인구 약 60만 명의 룩셈부르크는 노동생산성이 세계에서 최고 수준인 것으로 알려져 있다.

다만 문제는 인구가 절반으로 줄어들기까지의 과정이다. 그 과정에 규모축소, 폐점, 정리해고 등 너무나 많은 고통이 뒤따를 것이다.

일본의 장래 인구 추이

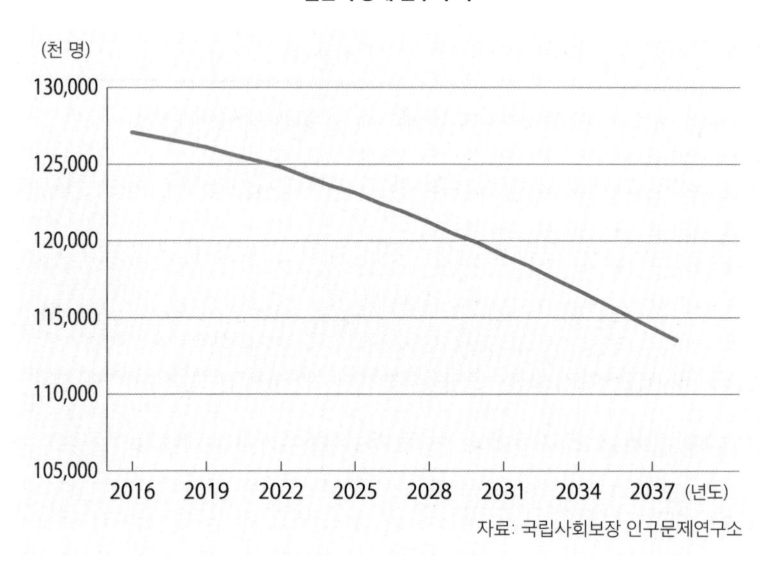

자료: 국립사회보장 인구문제연구소

세계 인구의 추이

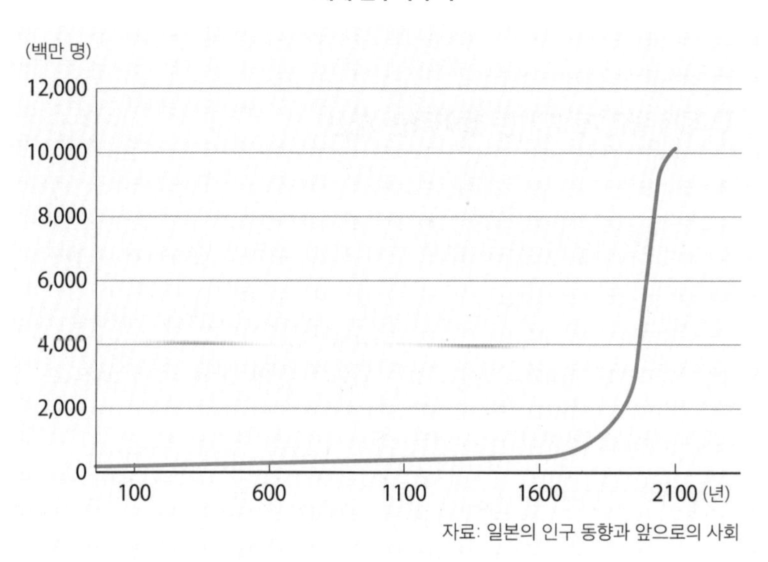

자료: 일본의 인구 동향과 앞으로의 사회

인구감소 국가에서는 그 과정에서 부를 얻지 못하는 사람들이 격차를 호소한다. 반대로 인구급증 국가에서는 이산화탄소 배출 등에 얽매일 여유가 없이 어쨌든 경제규모를 확대해야만 한다.

그러한 몇 가지 불협화음을 겪는 와중에서도, 80억 명의 인구를 어떻게 먹여살릴 것인가 하는 식량문제나 고령화 문제 그리고 아프리카나 중국의 인구증감 문제가 시급히 해결해야 할 과제가 되고 있다. 하지만 여기서는 수자원 문제에 관해서만 살펴보기로 한다. 수자원 문제는 인구증가로 인해 최근에는 식량문제보다 더 주목을 받고 있다. 식량 위기는 생산성 향상을 통하여 어떻게든 극복이 가능할지도 모르지만 물 문제는 상당히 복잡하다. 이제 세계 인구의 증가로 문제가 되고 있는 물에 대해 좀 더 알아보자.

우리가 하찮게 여기는 물이라는 자원

2008년에 개봉된 영화 《007 퀀텀 오브 솔러스(Quantum of Solace)》는 제임스 본드가 석유가 아닌 물과 관련된 이권으로 세계를 제패하려는 조직과 싸우는 내용이다. 그러나 물에 대한 이권 때문에 싸운다는 내용이 일본에서는 선뜻 와닿지 않을지도 모른다.

수자원이 풍부한 일본에서 살다 보니 물 비즈니스라는 것에 대해 그다지 실감이 들지 않기 때문이다. 매우 안전하게, 그리고 아무런 걱정 없이 손쉽게 물을 얻을 수 있는 일본인이 물의 귀중함을 인식하기는 어렵다.

그러나 현재 세계 인구 중에서 8억 4400만 명이 안전한 물의 혜택을 못 받고 있으며, 23억 명이 하수설비를 이용하지 못하는 상황에 처해 있다. 또한 세계 각지에서 아이를 포함한 여성들이 2억 6600만 시간을 물을 옮기는 데 허비하고 있으며, 아이들은 90초에 한 사람 꼴로 오염수에 의해 죽어가고 있다. 그리고 다행히 목숨을 건지더라도 후유증으로 인한 경제적 손실이 발생하는데, 그 액수가 무려 2600억 달러에 이른다. 이런 점에서 물을 확보하는 데 들이는 시간을 최소한으로 줄이면 교육 측면이나 생산성 향상에도 기여할 수 있을 것이다.

지구에 분포되어 있는 물의 97퍼센트는 염분 농도가 너무 높고 2퍼센트는 극지방에 있다. 그리고 물 때문에 곤란을 겪고 있는 곳은 어느 나라든 농촌지역이다. 어떻게 하면 그들에게 안전한 물을 제공할 수 있을까.

가장 손쉬운 방법은, 비록 비용은 많이 들지만 안전한 물을 생성하는 플랜트를 제조하는 것이다. 카타르에서는 미쓰비시 상사가 해수를 담수화하는 대형설비를 도입함으로써 전력과 물을 동시에 만들어내는 플랜트 사업을 개시했다.

아울러 물 관련 프로젝트를 펼쳐 전 세계에 기부를 요청하는 방법도 있다. 스타벅스가 매수한 에토스 워터는 원래 물 부족으로 곤란을 겪는 나라에 착안하여 설립된 생수 제조업체다. 스타벅스 매장에서 그 제품을 구입하면 비용의 일부가 안전한 물을 제공하기 위한 사업에 자동으로 기부된다.

규모가 큰 플랜트 외에 가정에서 손쉽게 물을 정제하는 장치도 있다. 이와 관련해서는 슬링샷(Slingshot)이라는 업체가 비디오를 공개하고 있는데, 세탁기와 유사한 기계로 음료수를 만들어낸다.

현재 아마존에서도 구입이 가능한 것으로는 정수 필터인 라이프세이버(LIFESAVER)가 있다. 이 제품은 흙탕물까지도 마실 수 있는 물로 바꿔주기 때문에 슬링샷을 이용하기 어려운 지역 등에서 편리하게 사용할 수 있다.

공급사슬 체계에서도 관심이 필요한 물 사용량

물 비즈니스에 주목해야 하는 이유는 물과 관련된 산업군이 부지기수로 많기 때문이다.

기업활동을 하는 과정에서 한정된 자원인 물의 사용량을 얼마나 억제할지가 주목을 받는 시대가 되었다. 자국 내에서의 실적만을 따지는 것이 아니다. 일본의 공장에서 사용량을 줄였다 하더라도, 해외의 거래처에서 많은 양을 사용했다면 의미가 없기 때문이다.

특히 수자원이 부족한 나라에서 대량의 물을 사용하면 다른 부문에 나쁜 영향을 미칠 수밖에 없다. 생산 과정에 큰 차이만 없다면 어떤 거래처에서 필요한 물품을 조달한들 마찬가지라고 생각할지도 모른다. 하지만 거래처가 같은 양의 물을 사용하고 있더라도, 수자원이 부족한 나라보다는 풍부한 나라에서 조달하는 편이 아무래도 더 바람직하다. 조달처 선정도 중요하지만 동시에 절수를 위해 최대한 노력해야 한다. 공급사슬 체계 안에서 절수에 적극적으로 참여하면 기업 이미지가 향상된다.

몇 년 전에 〈피크 워터 : 일본 기업의 공급사슬에 숨어 있는 리스크〉(2012년, KPMG출판)라는 아주 흥미로운 보고서가 발표된 적이 있다. 보고서에는 닛케이225 기업이 물을 얼마나 사용하는지 조사한 결과가 실려 있는데, 자사 사용량뿐만 아니라 거래처의 사용량까지도 계산해놓았다.

조사결과에 따르면, 닛케이225 기업의 사용량은 약 190억 세제곱미터인데 거래처는 600억 세제곱미터로 나타났다. 다시 말해 물 사용량의 76퍼센트는 거래처에서 쓴 셈이다. 그러므로 자사만 관리해서는 그다지 효과가 없고 거래처에 대한 절수 교육도 꼭 필요한 것이다.

공업제품의 경우에는 거래처의 사용량이 92퍼센트를 차지하므로 거래처의 사용량을 줄이지 않고서는 효과를 기대하기 어렵다.

예를 들어, 코카콜라는 신흥공업국에서 적극적으로서 사업을 전개하는 것으로 알려져 있다. 이 회사는 물에 대해서도 기민하게 대처하여 재빨리 NGO와 제휴함과 동시에 공급사슬 전체의 물 사용량 삭감에도 노력하고 있다. 네슬러나 펩시콜라 등 다른 음료 관련 업체들도 유사한 방식으로 대처하고 있다.

일본업체 중에서는 소니사가 주요 거래처와 절수 목표를 책정하고 필요에 따라 절수 관련 지원을 한다는 보도가 나온 바 있다(《닛케이신문》, 조간 2016년 1월 13일). 보도 내용에 따르면 배수나 빗물의 이용을 추진함으로써 자사 공장의 사용량을 60퍼센트나 감축할 수 있었다고 한다.

그 밖에 기린사는 찻잎 생산 거래처로 하여금 수질관리 인증자격을 취득하게 하는 등 효율적인 사용을 유도하고 있으며, 요코하마고무사도 해외거래처에 절수지침을 전달하고 그 결과를 거래처 선정에 활용한다.

본래 일본은 절수를 운운할 필요조차 없이 누수율이 극히 낮다. 도쿄의 경우 3.1퍼센트 수준을 보일 만큼 선진국 중에서도 최상위 수준을 자랑한다. 요금 징수율도 99.9퍼센트에 달하여 일본의 산업과 생활환경 향상에 제 역할을 톡톡히 다하고 있다. 이러한 기술은 수출도 가능할 것이며, 일본이 세계에 공헌하는 도구로 활용할 수도 있을 것이다.

중요성이 커지는 수자원 비즈니스

《지구를 '상품화'하는 사람들》(다이아몬드사)이라는 책은 지구 온난화를 비즈니스에 이용하는 예를 소개했다는 점에서 매우 흥미롭다. 먼저, 온난화로 인해 얼음이 녹는 것은 그 아래 있는 원유 이권을 노리는 사람들에게는 호재로 작용할 수 있다. 또 보험회사는 그와 관련된 보험상품을 개발할 수 있으며, 눈 제조기를 판매하는 업체는 막대한 이익을 올리며 판매처를 확장할 수도 있다.

이 책에서는 물 비즈니스의 실태와 관련된 내용을 가장 비중 있게 다루고 있다. 이산화탄소 배출과 지구 온난화 사이에 어느 정도의 인과관계가 있는지는 전문가가 아닌 내가 단언할 수 있는 내용이 아니다. 다만 기온과 수온의 상승이 해수의 증발을 촉진한다는 것은 누구나 다 아는 자연의 이치다. 기온의 상승 때문에 습기는 응결되지 못하고 물 수요는 증가한다.

> '기후 변동 관련 투자가에게 물이란 명백한 투자 대상이다. 이산화탄소의 배출은 눈에 보이지 않으며 기온은 추상적인 개념에 불과하다. 그러나 얼음이 녹고 저수지가 바닥을 보이고 파도가 몰아치고 호우가 쏟아지는 것은 구체적으로 그 내용을 파악할 수 있다.
>
> -《지구를 '상품화'하는 사람들》, 157쪽

세계의 인구는 나날이 증가하는데, 물 공급이 줄어든다면 수급의 불균형이 초래된다. 앞으로 40년쯤 지나면 세계 인구의 50퍼센트가 물 사용에 곤란을 겪을 것으로 예상된다. 물론 정색을 하고 반겨야 할 일은 아니겠지만 이것이 '비즈니스 기회'인 것만큼은 분명하다.

> '세계의 하루 물 소비량은 1인당 50리터에서 100리터입니다. 그러니까 부족 인구를 감안하여 거기에 25억 배를 해보세요! 그 정도의 양이 필요한 겁니다.'
>
> -《지구를 '상품화'하는 사람들》, 119쪽

특히나 이런 내용은 참으로 인상적이다. 과연 헤지펀드 매니저인 마이클 버리가 주목할 만한 내용임에 틀림없으리라.

2028년에 일어날 변화

- 세계 인구 80억 돌파와 더불어 귀중한 자원으로서 더욱 주목받는 물

염두에 두어야 할 사항

- 물 비즈니스의 전개
- 공급사슬 전체의 절수

이런 물건이 팔린다

- 물 정제 제품
- 절수 비즈니스
- 누수 방지 비즈니스

돈 버는 법

일본의 수도 기술을 활용하라.

'일본인은 물과 안전을 공짜로 여기는 것 같다'는 말을 자주 듣는다. 그러나 의외로 일본인은 공짜로 여기는 것처럼 보이는 그 물을 소중히 사용해왔다. 누전과 마찬가지로 누수는 언제 어니서든 분세가 되는네, 배관의 이음새나 아파트의 급수관 등 도처에서 물이 샐 수 있다.

전기는 그러한 문제를 스마트 그리드(smart grid)를 통해 해결할 수 있다. 스마트 그리드란 송전망을 디지털로 제어하여 누전 여부를 탐지하는

서비스다. 그와 마찬가지로 물도 모든 관에 기기를 부착하여 수량을 측정할 계획을 세워놓고 있다.

하지만 그보다 먼저 새지 않는 인프라스트럭처를 구축하고 보수관리 체제를 정비할 필요가 있다. 일본의 경우 인프라스트럭처가 잘 갖춰져 있으며 한정된 자원을 효율적으로 사용하고 있다는 점에서 그 노하우나 방법 자체를 수출할 수 있다. 실제로 도쿄수도국은 미얀마에 수도 설비의 노하우를 전수하고 있다.

지구 온난화를 이용하는 비즈니스는 앞으로 끊임없이 확대될지도 모른다. 일본은 세계가 수자원 부족으로 곤란을 겪고 있는 상황을 활용하여 활로를 찾을 필요가 있을 것이다.

2029년

중국의 인구수가 정점을 찍는다

노인국가가 된 중국은
성장의 한계에 부딪힌다.

P

Politics(정치)
중국 공산당 정부는 정권의 정통성 유지를 위해 경제성장을 앞세웠지만 이즈음에 와서 불협화음이 나기 시작한다.

E

Economy(경제)
경제성장은 둔화하고 인프라스트럭처나 설비 투자 등에서 버블 조짐이 보이기 시작한다.

S

Society(사회)
인구의 정점에 도달한다. 동시에 1자녀 정책의 폐해가 표출되고 미혼 남성이 3000만 명에 이른다.

T

Technology(기술)
간병, 출산율 저하, 고령화 관련 상품과 서비스를 중국에 수출할 수 있게 된다.

변화의 특징

중국의 정부 주도 경제정책에 의한 인프라스트럭처 투자나 소재 생산이 막다른 길에 들어서고 경제성장을 전제로 국가를 운영하던 중국이 전환점을 맞게 된다. 동시에 1자녀 정책의 악영향도 이즈음에 드러나기 시작한다. 인구는 감소세로 돌아서고 아울러 결혼하지 못하는 성인이 늘어간다.

중국은 완만하게 노인국가로 변모해간다. 일본은 이런 상황을 충분히 활용하여 선배 노인국가로서 비즈니스 기회를 창출해야 한다.

중국의 구조적 한계

2016년 다보스포럼에서 투자가로 유명한 조지 소로스는 "중국은 경착륙할 것이다"라고 말했다. 중국에 대한 투자를 접고 위안화를 팔겠다는 선언을 한 것이나 다름없었다. 나는 중국이 정점에 도달하는 시기를 2029년으로 생각하고 있다. 중국의 인구가 최고점을 찍는 해로, 그때부터 중국은 세계에서 전례 없는 거대한 노인국가의 길을 걷게 된다.

1956년 일본의 〈경제백서〉는 "이제 더 이상 '전후'가 아니다"라고 선언했다. 전후의 산업재건 수요에 의지하는 시대는 이미 끝났다는 뜻이다. 2013년에 발족한 시진핑 정권은 그 당시 중국의 경제상황을 '신상태(新常態)'라고 명명하고 지금까지의 고도성장이 끝나고 새로운 국면에 접어들었다고 천명했다. 경제성장의 둔화가 이미 일상적인 상태(常態)로 굳어졌다는 뜻이다.

전조증상은 그 이전부터 나타났다. 재미있는 것은 중국 스스로도 경제성장에 약간 부정적인 태도를 취하고 있다는 점이다. IMF는 중국이 미국을 제치게 되면서 미국 시대가 종언을 고했다고 했지만, 중국 미디어에서는 아직 그 정도는 아니라는 식의 보도가 많았다. 중국 미디어가 대체로 당국의 의향을 반영하는 점에서 볼 때 상당히 흥미로운 대목이다(이와 관련해서는 재미중국인 경제학자 하청련(何清漣)의 저서 《중국, 이미 위기인데도 여전히 붕괴하지 않는 '붉은 제국'의 흑막》

을 보면 상세히 알 수 있다).

많은 논객들이 중국 경제의 현황에 대해 지적하고 있는데, 특히 GDP에 관해 의문시하는 목소리가 적지 않다. 일본의 GDP를 확인해본 사람은 알겠지만, 먼저 발표하는 것은 속보치이기 때문에 최종적으로 확정치를 알기 위해서는 일 년이나 기다려야 한다. 그런데 중국은 그토록 경제 규모가 큰 나라인데도 단 몇 주 만에 GDP 관련 수치가 말끔히 정리된다.

어떤 나라든 수출과 수입 관련내역을 속일 수는 없다. 무역이라는 것은 반드시 상대방이 존재함으로써 성립하기 때문이다. 2015년 중국은 대폭적으로 수입이 감소했지만(13.2퍼센트 감소) 경제성장률은 약 7퍼센트 증가를 기록했다. 직관적으로 보더라도 이치에 맞지 않는다.

각국의 GDP 추이

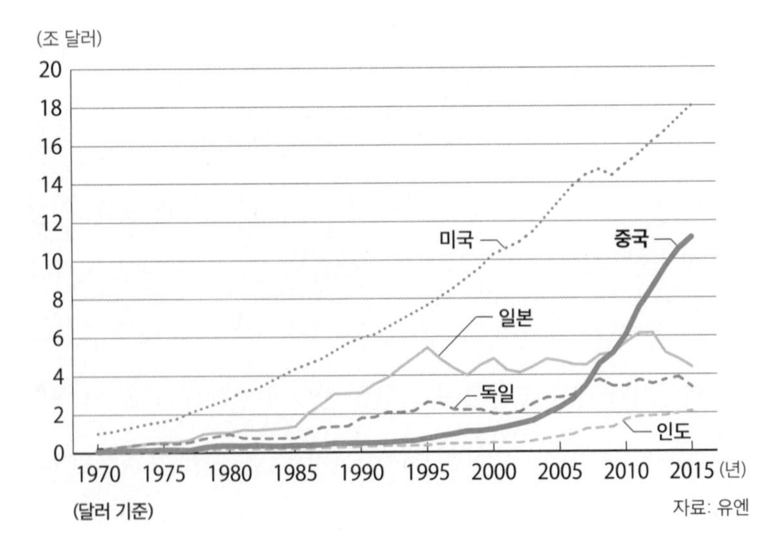

문제 1: 관제 수요의 종언

중국에는 현재 두 가지 문제가 있다. 한계에 도달한 관제 수요, 그리고 1자녀 정책의 폐해이다.

2008년 리먼 서브프라임 모기지 사태 때 수요가 급감하여 중국 정부는 내수 창출을 위해 4조 위안의 공공투자를 단행했다. 이로 인해 공공 인프라스트럭처 대부분이 정비되었지만, 한편으로 불필요한 투자도 이루어짐으로써 소재산업 부문에서 거품현상이 초래되기도 했다. 아울러 기업 또는 공공기관 등의 조직에서 모럴 해저드도 만연하여 이미 오래전에 정리되었어야 마땅한 좀비기업(zombie company: 경영부실로 회생할 가능성이 없는데도 정부기관이나 채권단의 지원으로 연명하고 있는 기업_옮긴이)도 양산되었다.

앞에서 살펴본 대로 GDP 실적이 좋았을지 몰라도 중국은 각종 지표를 다소 과장되게 발표하는 경향이 있다. 한때 중국은 '철은 나라의 근간'이라며 철강 생산을 장려했는데, 여기서 잠깐 철강산업의 동향을 살펴보기로 하자.

중국의 철강 생산량은 이상할 만큼 계속적인 증가세를 기록하고 있다. 그 결과 공급과잉이 초래되어 철강시장의 침체가 이어졌고 철강회사들의 수익성은 악화되기 시작했다. 4조 위안의 투자에 힘입어 어떻게든 힘겹게 꾸려오기는 했지만 더 이상 버티기 힘든 상황이다. 자동차산업은 여전히 성장세를 보이고 있지만, 무엇보다도 인구증가의 한계에 직면한 데다 인프라스트럭처가 뒷받침을 못해 주고 있다.

철강재 가격이 반등하기도 하고 건재 수요가 살아나기도 하는 등 철강산업이 그럭저럭 유지되는 것처럼 보이기는 하지만, 그것은 단지 공산당 정부의 강한 의지가 반영된 결과에 불과하다. 따라서 속도는 더디게 진행될지언정 점차 가동을 정지하는 용광로의 수는 늘어날 것이다.

한편 지금 중국에서는 지방도시의 90퍼센트가 새로운 시가지 조성계획을 세워놓고 있다. 그 결과 중국은 유령도시화 또는 유령맨션화 문제로 골머리를 앓고 있다. 다치바나 아키라의《다치바나 아키

중국의 철강 생산량

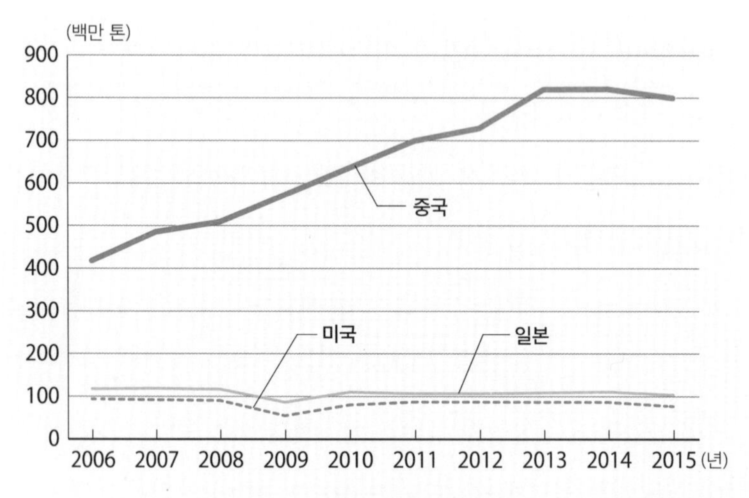

자료: 세계철강협회(WORLD STEEL ASSOCIATION)의 〈2016 철강통계연감(STEEL STATISTICAL YEARBOOK 2016)〉

라의 중국 사론(私論)》을 보면 저자가 목격한 유령맨션의 실태가 사진까지 곁들여 생생하게 묘사되어 있다. 책에서는 유령맨션을 '귀성(鬼城)'이라 표현하고 있는데, 한 장 한 장 시간 가는 줄 모르고 읽게 된다. 일례로 중국 네이멍구 자치구의 남쪽 끝에 있는 도시 오르도스(Ordos)에서는 계획 개발된 지구에 100만 명이 거주할 것으로 예정되어 있었지만, 실제 거주자는 약 8만 명에 그쳤다고 한다.

오르도스시에 대한 인프라스트럭처 투자는 케인즈형의 성공 사례가 아닌 실패 사례로 중국을 무겁게 짓누르게 될 것이다. 과잉 설비, 과잉 인프라스트럭처가 이도 저도 아닌 어중간한 상태로 중국 곳곳에서 문제를 야기하고 있는 것이다.

문제 2: 1자녀 정책의 폐해

중국의 퇴직연령은 남성 60세, 여성 55세로 2018년쯤부터 대량의 정년퇴직자가 생겨나고 있다. 그로부터 수년 후인 2029년은 중국의 인구가 얼추 정점에 도달하는 해이다. 약간의 차이는 있겠지만 인구가 무려 14억 4100만 명이 된다. 오랫동안 1자녀 정책을 유지해온 이 인구대국은 그 이후 인구감소세로 돌아설 것이다. 중국의 1자녀 정책은 1979년 시작되어 2015년까지 지속되었다. 지금은 37세 정도가 중국의 중위 연령이지만 이 즈음이 되면 43세가 중위 연령

중국의 인구 예측

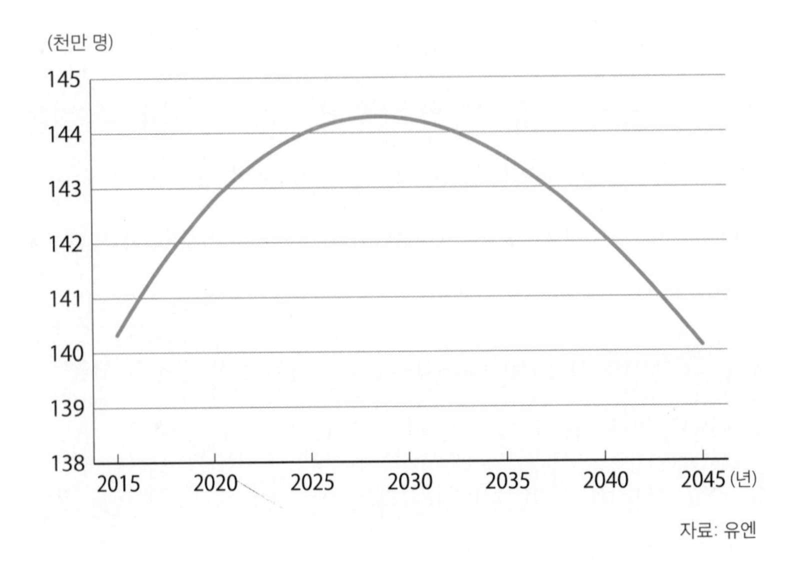

자료: 유엔

이 된다. 아시아의 거인 중국도 완만한 길을 걸을지언정 노인화로부터 벗어날 수 없다.

중국은 421형이라는 세대 구조를 이루고 있다. 부모님 4명, 부부 2명, 아이 1명을 가리킨다. 이러한 구조는 중국의 장래에 어두운 그림자를 드리우고 있다. 심각한 고령화와 간병문제에 직면할 것이기 때문이다.

게다가 한 가지 더 신경이 쓰이는 부분은 출생성비 문제다.

다음은 몇몇 나라의 출생 시 남녀비율을 나타내는데, 수치가 클수록 남자의 비율이 높다는 뜻이다. 중국에서는 1자녀 정책과 남아선호 경향 때문인지 남자의 비율이 다른 나라에 비해 높은 편이다.

· 중국: 1.16

· 아제르바이잔: 1.14

· 아르메니아: 1.13

· 베트남: 1.11

· 인도: 1.11

· 일본: 1.06

야마다 다이지의 저서《3억 명의 중국 농민공 밥줄 연명 블루스》를 보면 중국의 1자녀 정책과 관련된 불편한 진실 또는 무리한 상황에 대해 상세하게 알 수 있다.

1자녀 정책 아래서 태어난 사람 중 결혼 적령기가 될 즈음에 결혼하지 못하게 되는 남성 인구는 3000만 명에 달한다. 일본의 만혼화라든가 비혼화와는 완전히 다른 문제다. 일본은 결혼을 하지 않는 것이 문제지만 중국은 남녀 모두 결혼을 원한다고 해도 여성의 숫자가 원천적으로 모자란다. 이런 문제와 관련하여 일 관계로 만난 미얀마의 한 남성이 이렇게 말했다.

> "미얀마 여성은 중국으로 가서 결혼할 수 있습니다. 과거에 필리핀 여성이 일본의 농촌으로 시집간 것처럼 말이지요. 혹은 아프리카 여성을 중국으로 데려와서 결혼할 수도 있겠지요."

1자녀 정책은 사회구조를 왜곡시키는 데도 한몫하고 있다. 중국에서는 유괴문제가 다발하고 있는데 주로 사내아이가 그 대상이다. 예전에 유괴된 남아의 부친이 인터넷을 통해 집념을 불태운 끝에 결국 아이를 되찾는 다큐멘터리를 본 일이 있다. 이러한 유괴는 주로 여자아이밖에 없는 농가에서 일꾼으로 남자아이를 '활용'하려 할 때 발생한다.

2015년 1자녀 정책이 폐지되었으니 이러한 사회문제가 사라진다면 좋겠지만, 이 정책이 사회에 미친 영향은 너무도 크다.

중국 리스크의 재점화

지금까지 중국의 정치인들은 국민에게 '밥을 굶기지 않겠다'는 약속을 내걸고 어떻게든 정권의 정통성을 유지해왔다.

마오쩌둥은 장제스를 대만으로 몰아내고 1949년에 중화인민공화국을 수립했다. 그 후 중국은 한국전쟁을 거쳐 오늘날 세계의 거대 양국으로서 미국과 대립하고 있다. 마오쩌둥은 폭력혁명을 통해 사유제를 공유제로 바꾸고 계급제도를 붕괴시킨 뒤 프롤레타리아혁명을 완수했다. 그리고 공산당 정권만이 자산을 보유할 수 있게 하는 사회주의 체제를 출범시켰다.

1958년부터 그 유명한 대약진정책으로 농민을 철강산업에 종사시켜 식량부족을 초래하였고, 그 결과 3000만 명이 아사했다. 결국 국민의 배를 불려주지 못했던 마우쩌둥은 국가 주석에서 물러나야 했다. 정권을 계승한 덩샤오핑은 농업을 중시하는 방향으로 전환함과 동시에 다양한 경제정책을 펼치면서 공산당 지도부가 실질적인 기업 통치를 할 수 있도록 했다.

그리고 1980년대부터 중국은 시장 경제화를 도모하며 공산주의와 자본주의가 함께 공존하는 기묘한 제도를 탄생시켰다.

관 주도로 경제가 성장하기는 했지만 급격한 물가상승은 인민에게 불만을 갖게 만들었다. 1988년에는 인플레이션율이 20퍼센트를 넘었으며 수많은 사람들의 생활은 곤궁하기 그지없었다. 급기야 이듬해인 1989년에는 톈안먼 사건이 일어나 학생들이 정권에 대한 불만을 터트리기 시작했다. 때마침 그 시기에 소련의 고르바초프 서기장이 방중하고 있었는데, 행인지 불행인지 고르바초프 취재차 중국에 체류하고 있던 세계 각국의 미디어가 그 사태를 온 세상에 알리는 데 큰 역할을 했다.

톈안먼 사건은 인민에 대한 탄압을 국제사회에 부각시키게 되었고, 그 후 G7은 중국을 제재하기에 이른다.

중국은 국제사회의 일원으로 동참하게 되었고 무역 활성화를 위해 노력해야만 했다. 그래서 마침내 1997년에 기업의 사유화 정책을 받아들이게 되었다. 국영기업이 비효율성의 문제를 겪고 전혀 수익을 내지 못하는 상태가 지속되었기 때문이다. 국영기업의 주식

일부가 외국자본과 민간에 매각되면서 국내산업 구조는 재편되었다. 그리고 몇 차례의 개혁을 거쳐 마침내 2001년에는 WTO에 가입하게 되었다.

이런 흐름 속에서 중국은 공산당 정부의 정통성을 국민에게 인정받기 위해서라도 어떤 식으로든 경제라는 과실을 제시해야 하는 괴로운 처지에 놓여 있다.

중국이 안고 있는 문제

현재 중국이 안고 있는 문제가 점차 표면화하고 있다.

앞서 기업 개혁에 대해 살펴보았는데, 그 과정에서 많은 공산당원이 국유기업을 양도하는 형태로 엄청난 부를 손에 쥐게 되었다. 마르크스의 《공산당 선언》에 담긴 사상으로 완전무장되어 있어야 할 당원의 처신이라 하기에는 괴리가 너무도 크다. 20~30년 전만 해도 프롤레타리아였던 그들은 부유층으로 바뀌어갔고, 사회주의 국가임에도 불구하고 거대한 빈부의 격차를 양산하기에 이르렀다.

일반적으로 중국은 현재 '궁핍한 농업국에서 벗어난 나라'라는 식으로 여겨지고 있다. GDP는 세계 제2위이며 세계적으로 여행객이 대량구매를 하는 데다가 IT기기 부문에서도 세계를 석권하고 있다. 1980년대에 선전 등의 연해지역에 경제특구가 조성되었는데, 지금은 드론 같은 무인항공기 등 첨단기기의 생산지로서 발전을 거듭하고 있다.

그러나 항간에 널리 알려져 있는 풍요로운 모습은 중국의 일부에만 한정되어 있다. 중국에서는 호적상으로도 농촌지역(농촌 호적)과 도시지역(도시 호적)이 구분되어 있는데, 농촌지역의 상당수는 아직 궁핍한 상태 그대로다.

방대한 규모의 인구를 먹여 살리기 위해 농민은 농지에 얽매여 살고 있다. 그리고 비국영기업은 농촌으로부터 노동력을 불러들여 그들을 활용하여 도시의 공업화를 촉진시켜왔다. 그러나 일본의 공업화 과정과는 달리 중국에서는 도시의 낮은 지위에 있는 사람들을 착취의 대상으로 삼았다.

중국이 도시지역과 농촌지역으로 구분되어 있다는 것은 도시와 농촌에 '계급제도'가 존재한다는 것을 의미한다. 식량이 배급제였으므로, 아무래도 농촌에서는 벼농사에 종사하는 국민이 필요했다. 도시지역과 농촌지역의 소득격차는 매우 크다. 시진핑이 굳이 농촌과 도시의 격차 해소를 강하게 주장했던 것도 현재의 괴리가 심각함을 역설적으로 보여주는 대목이다.

마오쩌둥은 인민의 평등을 꿈꾸었겠지만, 지금 중국 사회는 고급관료를 계급사회의 정점에 두고 개인기업 경영자 그리고 도시 거주자 등으로 계층화되어 있다. 게다가 농민이 도시로 유입되면서 한층 더 하위 계층을 구축하고 있다. 도시지역의 인민은 톈안먼 사건을 통해 공산당 정권에 대한 불만을 표출했다고 생각하겠지만, 결국 그들이 경험한 것은 미증유의 경제성장이었다. 그러한 성장은 농촌으로부터 유입된 노동자들이 흘린 땀의 결실이었지만 그 혜택은 오히려 도시지역의 인민이 누리고 있다. 그런데도 혜택을 향유하는 도시지역 인민은 농촌에서 유입된 타지 노동자들을 멸시의 대상으로 생각하기까지 한다.

공산당이 민주적인 선거를 실시하면 농촌의 지지를 받는 정당이 대약진할 것임에 틀림없다. 그러한 결과는 도시지역의 인민과 공산당으로서는 받아들이기 힘든 현실이기 때문에, 농촌지역에서 대규모의 반란이 일어난다면 모를까 현 체제가 그리 쉽게 무너지는 일은 없을 것이다.

하지만 중국 인민의 잠재적인 불만은 언제 표출될지 모르는 시한폭탄 같은 것일 수도 있다.

일례로 2016년에 파나마 문서 폭로를 통해 오프쇼어 컴퍼니(offshore company: 조세 회피를 위해 조세피난처에 세운 페이퍼컴퍼니_옮긴이)를 설립하여 재산을 축적한 자들이 밝혀진 일이 있었다. 그들 중에는 권력자 몇 사람과 시진핑의 친척 등이 포함되어 있었다. 정작 본인들은 인정하지 않지만, 관련자는 3만 명 이상인 것으로 추정된다.

일본의 입장에서 중국은 유력한 무역 상대국임에 틀림없다. 다만 중국은 노인화 문제 등 다양한 모순을 떠안고 있는 것도 사실이므로 거대한 황혼국가에 접근할 때는 세심한 주의가 필요할 것이다.

2029년에 일어날 변화

- 중국의 경제 정체
- 중국 인구가 정점에 도달

염두에 두어야 할 사항

- 중국 버블 붕괴 시의 대응
- 농민공을 중심으로 한 폭동의 발발

이런 물건이 팔린다

- 성숙 국면에 들어선 일본의 시니어 비즈니스

돈 버는 법

일본의 저출산 고령화 경험을 중국에서 활용하라.

톈안먼 사건이 진압된 뒤 가장 먼저 중국으로 향한 것이 비즈니스 관련자들이었다는 사실은 참으로 시사하는 바가 크다. 다시 말해 아무리 이데올로기를 운운하더라도 중국과 일본 간에는 끊임없이 무역이 모색되어왔다. 실제로 몇 차례의 시련기는 있었지만, 1978년에 화궈펑 주석이 발표한 '국민경제 발전 10개년 계획' 이후 일본의 대 중국 무역은 우상향으로 성장해왔다.

게다가 중국 여행객의 수도 순조롭게 증가하고 있다. 중국 여행객은 일본에서 대량구매를 유행시켰다. 중국인 가운데 하루에 2억 명 정도가 해외로 여행하고 있다. 2017년은 사상 최고인 2869만 명의 외국인이 일본을 방문했다. 그중 중국인이 736만 명을 차지하여, 한국 관광객을 앞서며 최고의 자리에 올라섰다. 게다가 잠재력도 한국에 비해 훨씬 더 크다.

중국이 많은 문제를 안고 있어 주의가 필요하다고는 했어도 무시하지 못할 존재인 것만큼은 틀림없다. 중국을 노인국가라고 지적해왔지만, 그보다 더 고령화가 진행되고 있는 나라가 일본이다. 그러므로 이미 일본에서 개발된 서비스를 중국에서 전개하는 일이 가능할 것이다. 중국의 소비자도, 일본인과 동일한 길을 걸을 것이 분명하다. 일본이 출산율 저하와 고령화의 진행으로 인해 건강지향 사회로 분위기가 바뀌어 조깅, 저칼로리, 저당분 등에 관심이 높아진 것처럼 중국도 그러한 변화를 겪을 것이다. 또한 일본이 제공할 수 있는 소프트웨어 측면도 다양해질 것임에 틀림없다.

일본의 출산율 저하 및 고령화가 결코 바람직한 일은 아니지만, 그 불행을 해외에서 컨설팅으로 활용할 수 있다는 것을 잊지 말아야 한다.

2030년

각계 리더의 절반이 여성이 된다

일하는 여성의 비율이 높아지고,
자녀양육 서비스가 공고해진다.

P

Politics(정치)
유엔 등에서의 선언을 계기로 여성활약촉진법이 더욱 강력하게 추진된다.

E

Economy(경제)
여성 관리직 비율이 높아지고 우머노믹스라 불리는 여성 활용의 경제활성화 대책이 채택된다.

S

Society(사회)
여성이 결혼을 계기로 퇴직한 뒤 자녀양육 후에 다시 사회에 복귀하는 이른바 M자 곡선이 완만해지고, 자녀양육과 병행할 수 있는 취업 기회가 더욱 확대된다.

Technology(기술)
크라우드 소싱 등에 의한 재택근무의 확충이나 매칭 서비스 등에 의한 육아 분담이 가능해진다.

변화의 특징

전 세계적으로 남녀 차별이 사라지고 있지만, 일본에서는 여전히 관리직 비율에 차이가 존재한다. 그러나 곳곳에서 개선의 조짐이 나타나고 있으며, 보육시설의 내실화가 끊임없이 진행되고 있다. 보육시설은 단지 아이를 맡아주는 데 그치는 것이 아니라, 부모의 부담을 획기적으로 경감시켜주는 서비스를 제공해야 한다.

여성이 직장인으로 생활하고자 하는 욕구뿐 아니라 남성과 마찬가지로 창업하고자 하는 욕구가 두드러지게 나타난다. 아울러 여성의 창업을 일괄적으로 지원하는 움직임이 가속화한다.

근무방식과 여성의 사회 진출

직업상 컨설팅에 응하기 위해 다양한 회사를 돌아다니는데, 그 과정에서 요즘 들어 근무방법 개선에 대해 어떻게 생각하느냐는 질문을 참으로 많이 받는다. 장시간 근무를 조금이라도 줄여 효율화를 꾀하기 위해서다.

그럴 때마다 언제나 내 대답은 다음 두 가지로 정해져 있다.

> "믿기 어려울 정도의 성과를 올리는 것은, 일부의 사람들이 강렬한 정열에 이끌려 일하기 때문이다. 그러나 아무리 열심히 일해도 성과가 오르지 않는 경우도 있다. 마음을 굳게 먹고 어떤 일에 도전하고자 하는 불굴의 자세는 이제 벤처기업 아닌 곳에서는 찾아보기 힘들다. 그러니까 물불 안 가리고 무조건 일하고 싶은 사람이라면 대기업을 그만둘 수밖에 없는 시대에 우리는 살고 있다."

> "대기업은 근무방법 개선회의라든지, 워킹그룹 같은 활동을 그만두는 것이 좋다. 그런 것들을 하느라 더 바빠지게 되기 때문이다."

비꼬기 위해 에둘러치는 말이 아니다. 지금까지 근무방법 개선을 선전하는 기업의 회의에 불려가 결론도 나지 않는 논의에 수도 없이 참석했다. 게다가 평일은 바쁘다는 이유로 토요일에 참석해달라는 부탁을 자주 받았다.

여성을 위한 창업세미나에 참석했을 때 참으로 묘한 느낌이 들었던 적이 있다. 나는 내 식의 강연을 했지만, 다른 세미나에서는 인스타그램 게재를 위한 사진 촬영법이라든가 일감을 끌어다주는 명함 제작법 등을 다루고 있었다. 저것은 도대체 무엇이란 말인가. 효과가 아예 없다고 말하지는 않겠지만 그렇게 무미건조한 강연 내용이 다가오는 여성 시대에 무슨 도움이 되겠는가.

소비의 중심은 언제든 여성이었다. 그리고 소비의 거품이 꺼지고 있던 1980년대에 여성 정치의 붐이 일어났다. 그 후 1986년에 남녀고용기회균등법이 시행되면서 여성들의 사회 진출이 본격적으로 시작되었다.

기업의 상품 기획은 주로 남성들이 떠맡고 있지만 소비의 중심은 역시 여성이다. 그러므로 두말할 필요도 없이 여성의 발상이 중요한 의미를 갖는다. 아울러 정책 등의 의사결정에도 앞으로는 지금보다 더 여성의 관점이 반영될 것이다.

2030년, 여성이 지도자적 위치의 반수를 차지

유엔은 과거나 지금이나 남녀의 고용격차 해소에 노력하고 있다. 본래 국제인권규약으로서 여성차별 철폐조약은 오래전부터 존재했다. 2015년에는 각국 정부가 2030년까지 남녀의 격차를 없애는 데 합의하고 그 내용을 바탕으로 정치선언을 했다. 그리고 2030년까지 지도자적 위치의 반수를 여성이 차지할 수 있도록 하는 데 힘쓰기로 했다. 실제로 프랑스는 행정부의 남녀 비율을 일대일로 할 만큼 평등화 약속을 철저하게 준수하고 있다.

우머노믹스라는, 여성을 적극적으로 활용하려는 움직임은 유엔에서 선언을 하는 형식으로 지금까지 꾸준히 발전해왔다. 1985년 유엔에서는 여성의 정책 결정 참가율을 높이겠다는 선언을 하였으며, 이듬해인 1986년 일본에서는 남녀고용기회균등법이 시행되었다. 이번에도 2015년 정치선언의 영향을 받아 '여성 직업생활의 활약 추진에 관한 법률'이 10년간의 한시법으로 공표되었다. 이것은 중견 이상의 기업이 여성의 채용 비율 등과 관련한 정보를 의무적으로 공개하도록 한 법이다. 따라서 앞으로는 여성 관리직의 비율 달성이나 설정된 수치목표 실현을 위한 행동계획을 성실하게 수립해야만 한다.

한편 여성 채용에 적극적인 기업은 앞서 언급한 여성활약추진법에 의거하여 별모양 마크를 받아 후생노동성으로부터 인증을 받게 된다. 이 제도는 기준이 충족되는 기업을 3단계로 인증하는 시스템이다. 마크에는 별모양 밑의 원형 문양 주변에 '여성이 활약하고 있습니다!'라고 쓰여 있는데, 명함이나 구인 포스터에 활용할 수 있다.

미국 연방준비제도이사회 전 의장인 앨런 그린스펀(Alan Greenspan)은 여성 노동자가 저평가되고 있다고 하면서 컨설팅 회사를 경영하던 시절에 여성을 적극적으로 활용했다. 남성을 고용하는 것보다 비용 대비 효과가 더 높기 때문이다. 그리고 그는 사업을 궤도에 올려놓았다.

비록 오래된 자료이기는 하지만 OECD 리포트는 여성 고용 평등화는 고용 부족을 해소하는 수단이 될 뿐만 아니라 GDP를 늘리기 위해서도 필요하다는 결론을 내린 바 있다.

하지만 유감스럽게도 일본 여성의 사회 진출은 여전히 만족스럽다고 말할 수준이 아니다.

난제에 부딪친 일본 사회

미국에서는 관리직의 약 40퍼센트를 여성이 차지하고 있다. 제조업이 많은 독일도 30퍼센트 정도로 알려져 있지만 일본과 한국은 10퍼센트에 불과하다.

일본 여성의 학력은 관련 데이터를 보면 세계에서 상위그룹에 속하는데도, 관리직이 되고 싶어 하는 여성의 비율은 매우 낮다. 아니, 관리직이 되려는 마음을 갖지 않게끔 사회구조가 왜곡되어 있다는 것이 올바른 표현일지도 모른다.

관리직 승진을 바라지 않는 이유

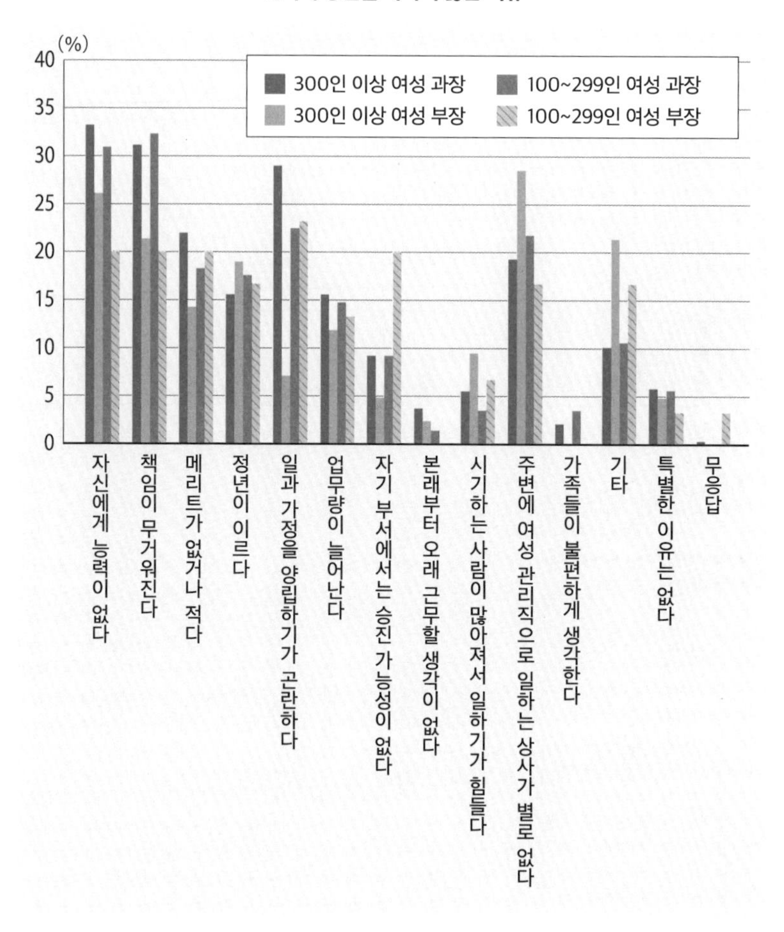

내각부에서 발표한 '남녀공동 참여사회에 관한 여론조사'를 보면 여성이 계속 직장을 다니는 것이 좋다고 응답한 사람의 비율은 80퍼센트를 웃돌고 있다. 그런데도 여성이 입사 후 승진을 바라지 않게 되는 이유는, 뜻밖에도 '일과 가정을 양립하기가 곤란하다' 또는 '주변에 여성 관리직으로 일하는 상사가 별로 없다' 등이 많은 비중

여성 관리직이 소수인 사유에 따른 기업 비율

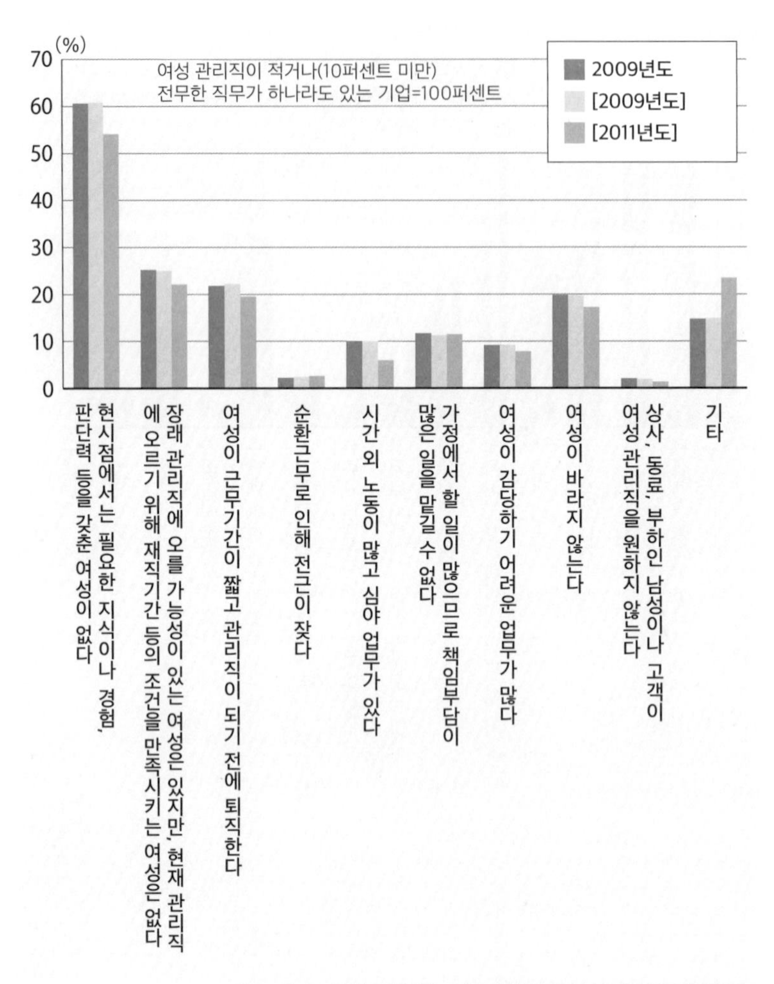

자료 : 후생노동성 고용균등 · 아동가정국 '2011년 고용균등 기본조사'

을 차지했다.

여성은 근무기간이 짧으면 남성과 능력이 동등해도 사회 경험이 짧다는 이유로 능력이 낮게 평가되는 경향이 있다. 그러다 보니 직장 내에서 교육 혜택을 받을 기회도 불공평하게 주어지게 된다.

2030년까지 남녀 사이의 격차를 없앤다고 하면서도 여성 관리직이 단 한 명도 없는 기업 또한 적지 않다. 그 이유로서 1위를 차지하는 것은 '현시점에서는 필요한 지식이나 경험, 판단력 등을 갖춘 여성이 없다'다. 이런 대답을 여성 직원이 하지는 않았을 테니 결국 대다수 남성 직원들이 그렇게 판단하고 있는 셈이다.

나는 능력만 있다면 경험이나 재직기간 등은 문제가 안 된다고 생각하지만, '관리직에 오르기 위해 재직기간 등의 조건을 만족시키는 여성이 없다'가 두 번째 이유로 꼽히고 있다.

여성들이 이런 분위기 속에서 일하다 보니 승진에 대한 동기부여가 부족해졌음이 틀림없다. 흔히 여성들은 결혼이나 출산을 계기로 직장에서 떠나 있다가 육아 등의 가사가 일단락된 뒤에 재취업하는 경우가 많다. 특히 일본의 경우는 다음 그래프에서 보듯이 이십 대에서 삼십 대에 경제활동 참가율이 현저히 떨어지는 'M자' 모양을 나타내고 있다. 반면에 여성인력의 사회 진출 측면에서 선진국으로 평가받고 있는 스웨덴 등의 경우는 'U자'를 뒤집어놓은 모양을 보이고 있다.

M자 모양의 곡선은 일본 기업의 보수성을 드러내는 증거라고 비판을 받는데, 최근 들어 그 모양은 점차 완만해지고 있다. 1970년대, 1980년대에는 심하다 싶을 만큼 깊은 M자 모양이었으나 2010년대 이후부터는 상당히 개선되는 모습으로 변화하고 있다.

2014년 연령대별 여성노동력 비율

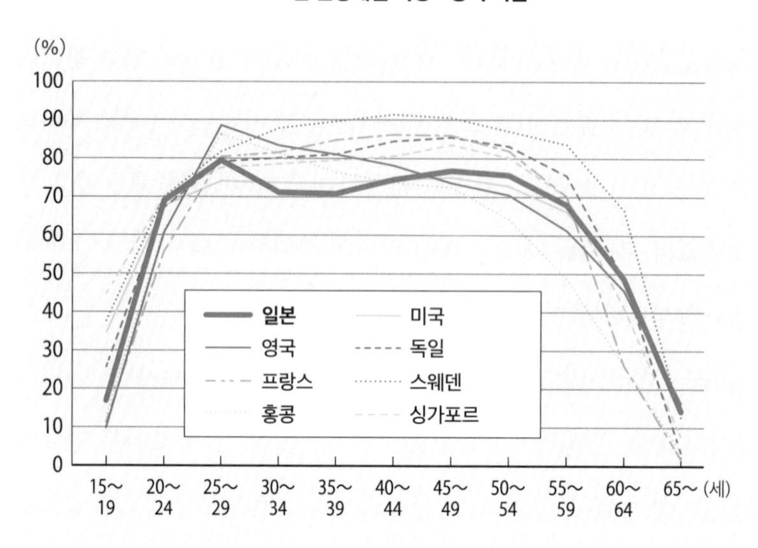

2009년 각국의 합계특수출생율과 여성취업률

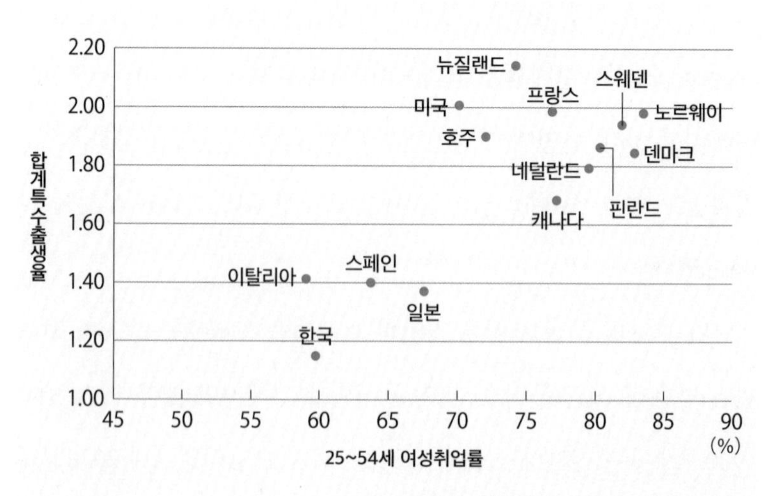

자료: OECD의 가족 데이터베이스(Family database)

여성의 적극적인 사회 진출로 인해 출생률이 저하되는 문제가 지적되고 있다. 실제로 제2차 세계대전 후 여성이 직장을 갖기 시작한 다음부터 각국의 출생률은 대체로 저하되었다. 그렇지만 많은 나라가 일과 가정생활을 양립할 수 있는 구조를 지향해옴으로써 현대사회에서는 여성의 사회 진출과는 별개로 출생률이 오르는 경향을 보인다. 공공 보육시설의 확충과 더불어, 아이를 키우면서도 일하고 싶은 사람을 위한 텔레워크(Telework: 컴퓨터나 IT기술 등을 활용하는 근무스타일로 재택근무 등을 일컬음_옮긴이) 등의 환경조성이 중요성을 더할 것이다.

육아와 창업 문제 해결의 시급성

개인적인 경험을 바탕으로 여성이 일하기 쉽고 아이를 키우기 쉬운 환경을 개별 비즈니스에 적용시켜 설명하고자 한다.

현재 일본은 보육원 등의 시설확충에 힘 쏟고 있지만 보육원에 아이를 맡긴다고 해도 부모의 손이 전혀 가지 않는 것은 아니다. 예를 들어, 한두 살 아이를 키운다면 아침마다 기저귀, 앞 가운, 물티슈, 비닐봉투, 갈아입을 예비 옷 등을 가방에 넣어두어야 한다. 게다가 보육원과의 소통도구인 알림장을 보고 준비물을 챙기거나 필요에 따라서는 체온이나 몸 상태 등을 기입해야 할 때도 있다. 만약 나이가 더 많은 아이라면 컵이나 칫솔도 필요할 것이다.

이뿐만 아니라 정기적으로 학부모 모임이 있어 준비를 하는 데만 며칠이 걸리기도 한다. 특별한 이벤트가 있을 때는 학부모에게도 역할이 주어지는데, 아이의 교육상 필요하다는 암묵적인 분위기가 형성되어 있어서 뭐라고 불평도 못한다. 상황이 여의치 않은 가족은 참가하지 않아도 되지 않느냐고 말하면 불평등하다고 눈총을 사게 된다. 이렇게 불평등 운운하는 말이 나오는 까닭은 어느 누구도 하고 싶지 않은 것을 마지못해 하고 있기 때문은 아닐까. 개인의 자유와 각자의 생각을 존중한다며 겉으로는 듣기 좋은 말을 하면서도, 아이를 위해 주변 분위기에 맞춰 어쩔 수 없이 따르는 부모의 마음을 생각하면 참으로 안쓰러울 뿐이다.

어떤 나라에서는 최소한의 준비만으로 마음 놓고 아이를 맡길 수 있으며, 알림장을 사용하는 대신 필요할 때마다 직접 말로 전달한다. 이벤트도 거의 없고 입학식은커녕 졸업식조차 없는 나라도 있다. 그 정도까지 단번에 없애기는 어려워도 이제부터 부모의 수고를 덜어주는 민간 보육시설을 확대해나가는 일은 반드시 필요하다. 준비하는 데 드는 수고와 비용을 생각하면 그런 보육시설을 선택하는 부모가 많을 것이다.

매칭 서비스와 관련해서는 규제완화도 물론 중요하지만 셰어링 육아도 생각해볼 필요가 있다. 부부가 모두 직장을 다니더라도 예기치 않게 쉬는 날은 있다. 그럴 때는 인터넷상에서 급히 아이를 맡기고자 하는 부모가 있는지 검색한다. 같은 연령대의 아이와 어울리게 하면 장난감 등도 효과적으로 이용할 수 있다. 물론 낯선 사람에게 아이를 맡기는 것은 다소 꺼려지는 일이기 때문에 등급평가 등 별도의 안전보장 시스템을 갖출 필요가 있다.

여성이 일하기 쉬워지는 환경을 만들기 위해서 사회 각계에서 다양한 시책이 강구되고 있다. 조금 각도를 달리 하여 말하자면, 여성 창업에 대한 지원 시스템이 지금보다 훨씬 더 중요해질 것이다. 현재 남성의 창업자 수는 삼십 대에서 큰 폭으로 늘고 있다.

하지만 여성의 경우는 거의 정체 수준에 머물러 있는데, 아마도 육아문제가 영향을 미쳤으리라 생각한다. 게다가 남성은 정년 후인 육십 대 전반에서도 창업자 수가 급증하는 경향을 보였지만 여성은 역시 별다른 변화가 없다.

그렇다고 막대한 빚을 짊어지면서까지 창업을 할 필요는 없다. 단지 규모는 작을지언정 자신의 강점을 살려 사회에 공헌할 수 있는 교육 분야나 인터넷 분야에서 일을 찾으면 된다. 프리랜서로 등록하고 크라우드 소싱(crowd sourcing: 크라우드와 아웃소싱의 합성어로 대중으로부터 해결책을 찾는 방법_옮긴이)과 관련된 일부터 시작해도 상관없다.

이때 염두에 둬야 할 것은, 비즈니스는 해박한 지식을 필요로 하는 고상한 서비스가 아니라 실생활에서 누구나 필요로 하는 생활형 서비스여야 한다는 점이다. 그리고 창업을 위해서는 복잡하게 얽혀 있는 법률 관련 문제를 시급히 해결해야 하고, 또 등록이나 신고를 해야 할 곳은 어디인지 미리 파악해둘 필요가 있다. 어떤 여성이 어린이 전용 헬멧이 너무나 형편없어서 직접 제작해서 판매할 생각을 했다고 가정하자. 여성이라면 충분히 가질 법한 동기임에 틀림없다. 제조공장은 곧바로 찾을 수 있고, 홈페이지도 신속히 제작할 수 있을 것이며, 인터넷 광고까지도 일사천리로 진행될 것이다.

그런데 PL법(product liability: 제조물책임법)과 관련된 각종 규제문제를 해결하기 위해 어느 부처 혹은 어느 관공서에 가야 하는지는 잘 알지 못할 것이다. 이런 경우에는 비즈니스 공모나 표창제도, 창업스쿨이 아닌, 하나에서 열까지 모두 일괄적으로 처리해주는 조언 서비스가 필요할 것이다.

2030년에 일어날 변화

- 여성의 사회 진출이 더욱 가속화되고 여성이 지도자적 위치의 50퍼센트를 차지

염두에 두어야 할 사항

- 사내에서의 여성 활용
- 사회 분위기에 발맞춘 여성 활용 홍보의 필요성

이런 물건이 팔린다

- 부모의 손이 덜 가는 보육 시스템
- 여성을 대상으로 한 토털 창업지원 시스템

돈 버는 법

비용과 이윤의 패러다임 변화가 필요하다.

주변에 알고 지내는 회사원 여성이 많은데, 비록 소수일지언정 창업가 여성도 있다. 표본의 크기가 작아서 무슨 법칙을 도출하기가 무리라는 것은 잘 알지만 그 둘 사이에는 엄연히 차이가 존재한다. 당연히 연수입에 차이가 있어서 그런지는 몰라도 후자의 경우는 가사대행 서비스를 자주 이용하고 있는 데 반해, 전자의 경우는 무엇이든 자신이 직접 처리하려고 한다.

전자는 타인의 힘을 빌리는 것에 거부감이 있으나 후자는 거부감을 갖지 않는다. 즉 전자는 시간이 무한하지 않은 것을 알면서도 가사대행 서비스에 돈을 지불하느니 직접 처리하는 편이 낫다고 생각한다. 그러나 후자는 가사대행 서비스를 받고 그로부터 얻어지는 시간에 자기 일을 하는 편이 낫다는 생각을 갖는다. 이 둘 사이에 존재하는 차이는 바로 비용과 수익의 관계에 대한 인식이다.

일본에서는 현모양처를 이상적인 여성상으로 인식하고 있으며 절약과 저축과 견실함을 미덕으로 삼는다. 하지만 사업을 하기 위해서는 보통 대출을 받아야 한다. 대출을 받지 않더라도 직장에 다니며 꼬박꼬박 챙겼던 월급을 포기하고 매출이 생기기만 바라며 짧게는 수개월에서 길게는 수년 동안 불확실한 나날을 보내야 한다.

이처럼 창업을 한다는 것은 하나의 패러다임 전환인데, 그런 변화를 두려워하기 때문에 창업률이 낮은 것이 아닌가 생각한다. 이 문제는 가정환경이나 교육문제하고도 연관이 있다.

그러나 억지로든 아니든 정말로 2030년에 지도자적 위치의 50퍼센트를 여성이 차지하게 된다면, 지금 이미 창업을 한 여성 중 누군가가 그 자리를 차지하게 될 것이다. 그리고 본보기가 되는 그런 사례의 영향을 받아서 창업 부문에서도 점차 남녀 간 불평등과 격차가 해소될 것이다.

2031년

일본의 우주산업시장 규모가 두 배로 증가한다

우주산업이 차기 성장산업으로 주목받게 되면서
전 세계적으로 다양한 우주 비즈니스가 정착한다.

P

Politics(정치)
우주기본계획에 의해 국가와 민간이 손을 맞잡게 되면서 산업 육성이 활성화된다.

E

Economy(경제)
위성 관련 비즈니스의 시장 규모가 점점 확대된다.

S

Society(사회)
위성항법 등 우주로부터 전송되는 통신 데이터나 위성화상 분석에 힘입어 우주가 일상적인 것으로 인식된다.

T

Technology(기술)
우주 공간으로의 운송 혹은 우주로부터의 송전 기술 등이 점점 발전한다.

변화의 특징

전 세계적으로 우주산업의 시장 규모가 확대되는 가운데 일본도 우주산업 육성에 발 벗고 나선다. 스마트폰에서 사용하는 GPS정보뿐만 아니라 위성으로부터 전송받는 데이터가 다양한 용도로 활용된다. 민간이 위성수신 정보를 자유롭게 가공하고 분석할 수 있게 됨으로써 과거에는 전혀 생각하지도 못했던 다양한 산업군이 생겨날 것이다.

다음 개척지는 우주

후지코 F. 후지오의 단편만화 중에 《3만 3000제곱미터》라는 것이 있다. 회사원인 주인공에게 한 남성이 끈질기게 말을 걸어온다. 주인공은 평범한 남자로 토지 등의 자산을 가지고 있지 않은데도 그 남성은 주인공에게 토지를 수억 엔에 매각하라고 재촉한다.

농담 아니면 착각이라고 생각한 주인공은 남성을 피해 계속 달아난다. 그러나 마지막에 그 남성은 무장한 모습으로 나타나 강제로 토지를 매입하겠다고 선언하고는 주인공 앞에 보석을 내놓으면서 토지 매각을 강요한다. 결국 주인공은 여우에게 홀린 듯이 대저택을 손에 넣는다. 아무리 생각해도 짚이는 거라고는 10년 전에 화성의 토지권리증을 1000엔에 산 일 말고는 없다. 물론 게임용 상품이었다. 그렇다면 어떤 외계 종족이 이런 것들을 열심히 사들이고 있는 것은 아닐까….

SF의 의미를 '살짝(S: Sukosi) 불가사의(F: Fusigi)'라고 해석하는 후지코다운 기발한 발상이 돋보이는 작품이었다.

1950년대까지 우주산업은 미국과 구소련의 우주개발에서 비롯되어 국가 산 지열한 경쟁을 통해 발전하였다. 그 후 냉전이 종식되자 우주개발은 침체기에 들어섰는데, 2000년대가 되면서 인도나 중국이 이 분야에 뛰어들기 시작했다. 그러다가 2010년대로 접어들면서 아마존의 제프 베조스나 테슬라와 스페이스엑스의 CEO 엘론 머스크 등이 잇달아 우주 분야에서 주목을 받게 되었다.

하지만 일본에서는 우주개발에 대한 열기가 그다지 느껴지지 않는다. 우주는 지상으로부터 100킬로미터를 초과한 지점부터 시작된다. 100킬로미터는 도쿄에서 아타미까지의 거리라 하지만 선뜻 떠오르는 이미지가 없다. 로켓 등이 실생활과는 아무런 연관성이 없어서인지 우주산업은 일반인에게 머나먼 미지의 분야처럼 느껴진다. 그러나 실제로는 스마트폰으로 지도 어플을 볼 때도 위성 측위가 사용되며 기상예보 부문에서도 필수불가결한 분야이다.

일본의 동향

2015년 일본은 GDP 600조 엔을 목표를 내걸면서 우주기본계획과 관련하여 우주산업 진흥에 힘쓰겠다는 원대한 계획을 발표했다. 구체적으로는 2030년대의 이른 시기에 우주산업 시장 규모를 배로 늘리겠다는 구상이다. 2016년에는 우주활동법과 위성원격탐사법 등이 제정되면서 국가의 독점 사업이었던 위성발사를 민간업자에게도 허용했다.

일본의 위성항법시스템인 '미치비키'는 2010년에 1호기가 발사되었다. 그러다가 2018년에 이르러 위성시스템이 4기 체제로 가동되면서 24시간 위성측위 서비스가 실현되었다. 이전에도 GPS 위치정보시스템은 존재했지만, 이때가 되어서야 비로소 센티미터 단위의 정밀도 높은 서비스가 가능해진 것이다.

현재 GPS 등의 기술을 유효하게 활용할 수 있는 기업이 여럿 있지만, 다른 위성 데이터를 분석하여 그 결과를 서비스해주는 기업은 아직 한정적이다. 일본인에게 우주는 머나먼 미지의 세계처럼 느껴진다고 말했지만, 앞으로 우주 비즈니스는 한 나라의 국력을 가늠하는 척도가 될 것이다.

우주 및 위성 관련 산업의 성장

세계의 위성 관련 산업 시장 규모는 2600억 달러로 우상향 곡선을 그리며 계속 성장하고 있다. 특히 전 세계적으로 벤처기업에 대한 투자가 급증하고 있다. 그에 비해 일본은 정부 수요가 90퍼센트를 차지하고 민간 수요는 아주 미미한 실정이다. 세계의 기업 순위를 보면, 미국의 록히드 마틴사가 부동의 매출 1위를 유지하고 있으며, 일본은 19위에 겨우 미쓰비시 전기가 들어가 있을 따름이다(총무성, 《우주분야의 ICT 활용 현황과 과제》).

우주 비즈니스로 인정되는 범위는 의외로 넓은데, 가령 우주기본계획공정표에서 분류된 내용을 보면 다음과 같다.

· 위성항법

· 우주운송 시스템

· 위성통신

· 우주 상황 파악

· 위성 리모트 센싱

· 해양 상황 파악

· 조기 경계 기능

· 우주 전체의 방어능력 강화

· 우주과학, 우주탐사, 유인우주 활동

우주산업을 적극적으로 추진하는 나라들의 입장에서는 위성이

세계 위성산업의 수익과 성장률

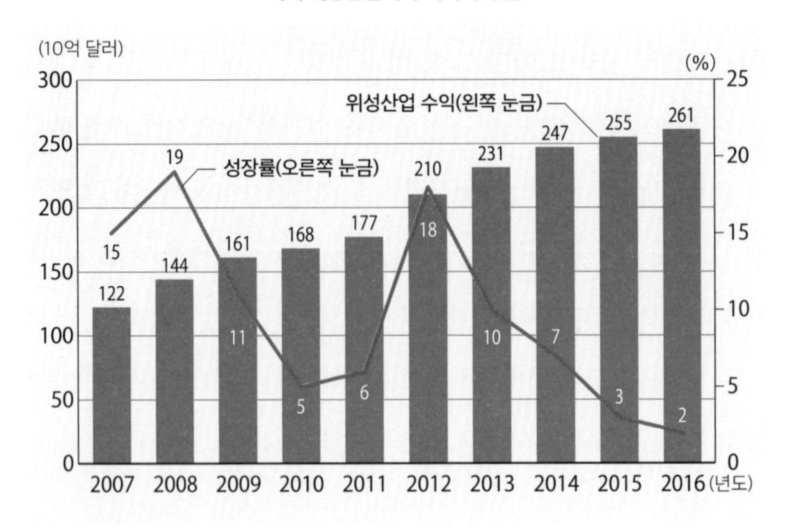

중요한 수출품이 될 가능성이 높다. 상업적, 군사적으로 독자적인 위성을 보유하고자 하는 신흥공업국이 많기 때문이다. 인공위성 자체를 팔 수 있을 뿐만 아니라 운용 시스템의 판매도 가능하다(실제로 일본도 아프리카나 남미에서 민간과 관청을 대상으로 지속적인 판매활동을 벌이고 있다).

주목을 받고 있는 우주 비즈니스 몇 가지를 좀 더 살펴보자.

· 위성통신: 비행기나 선박의 유무선 정보통신 시스템 등으로, 위성으로부터 발사되는 빔에 의해 통신을 가능하게 해준다. 또한 재해가 발생할 때도 위성에서 조사된 신호에 의해 대처할 수 있도록 도와준다. 이 밖에도 전 세계에 걸쳐 인터넷 환경이 열악한 지역에 위성을 통해 통신망을 구축해주는 구상이 폭넓게 확산되고 있다. 일례로 소프트뱅크는 자사가 투자한 프로젝트를 통해 세계의 40억 인구에게 인터넷 환경을 제공할 계획이다.

· 우주 상황 파악: 문자 그대로 우주의 상황을 감시하는 것인데, 그중에서도 특히 주목할 만한 것이 우주쓰레기(space debris) 관측 관련 기술이다. 우주쓰레기란 인간이 우주에 진출하면서 필연적으로 생기게 된 것으로, 이를테면 로켓의 잔해 등을 가리킨다. 우주쓰레기는 위치와 속도 등의 정보가 목록으로 관리되고 있지만, 실제로 통신위성끼리 충돌하는 사고가 일어나기도 한다. 우주쓰레기의 개수는 세는 방법에 따라 차이가 있으나 일반적으로는 작은 것을 포

함할 경우 100만 개가 넘는 것으로 알려져 있다.

우주쓰레기의 움직임을 분석하여 위성 운영본부에 알려주는 서비스 회사도 있다. 일본에서는 우주쓰레기 제거를 전문으로 하는 아스트로스케일(Astroscale)사가 주목을 받고 있다.

· 위성 리모트 센싱: 위성에서 지구의 사진을 찍어 데이터를 분석하는 것을 말한다. 위성으로부터 화상을 지속적으로 입수할 수 있으면 섬세한 분석이 가능해진다. 원양어업에도 무인항공기가 사용되고 있는데, 무인항공기로 우선 예비조사를 하는 것이 훨씬 효율적이기 때문이다. 어업에 종사하는 사람이 위성 데이터를 실시간으로 확인할 수는 없을지 몰라도 해류 등을 정밀하게 파악할 수는 있다.

· 농업 조언 서비스: 농지 화상을 분석하여 기상정보를 제공하거나 해충 등의 발생 상황을 통지하고 화학 비료의 양을 최적화한다. 또한 대기오염 예측 등의 서비스도 제공한다. 호우 정보나 태풍의 진로 및 태풍 통과 후의 피해 상황도 모니터링한다.

· 해양 조언 서비스: 해양 화상을 분석하여 최적의 해양 경로를 제시한다. 위성 화상 서비스로는 구글지도가 유명하지만, 그 밖의 다른 화상을 이용할 수 있게 되면 용도는 더욱 확대될 것이다.

· 우주과학: 우주 공간과 같은 무중력 상태는 단백질 등의 결정을 분산시키지 않기 때문에 치료약 개발 등에 아주 효과적이다. 그 점에 착안하여 제약회사는 효율적인 신약 개발 등의 비즈니스를 할 수 있을 것이다.

그 밖의 우주 비즈니스의 동향

스페이스셔틀은 몸체를 재이용할 수 없기 때문에 막대한 비용이 든다. 오히려 회수하는 것보다도 새롭게 다시 만드는 것이 더 싸게 들 정도라고 한다.

그래서 위성의 저비용화 연구가 한창 진행 중이다. 규모가 작은 위성의 개발도 소홀히 해서는 안 된다. 3D프린터를 이용하여 위성용 부품을 성형하는 시도도 활발하게 진행되고 있다. 지금까지는 수요가 많지 않아서 높은 비용을 지불할 수밖에 없었지만 민간 수요가 증가하면 위성을 양산함으로써 규모의 경제를 실현할 수 있다. 일본에서도 주식회사 액셀스페이스가 지금까지 수백억 엔의 비용이 들었던 대형 위성을 100분의 1에 불과한 비용으로 만들겠다고 선언했다.

우주 비즈니스는 어쩌면 꿈같은 사업 영역일 수도 있지만, 우주 호텔과 관련된 구상도 이미 발표된 바 있다. 시미즈 건설은 '시미즈 드림' 프로젝트를 통해 인공 중력 공간을 만들어 '64개의 객실 모듈을 포함한 104의 독실 모듈'에서 지구를 바라보는 신비로운 경험을 제공하겠다고 밝혔다.

그러나 가장 흥미로운 것은 역시 우주 엘리베이터의 구상이다. 우주 엘리베이터란 카본 나노 튜브 케이블을 사용하여 우주 공간과 지상을 승강기로 이으려는 시도로, 5만 킬로미터 이상을 연결하겠다는 장대한 계획이다. 그렇게 되면 적은 에너지로 우주 왕복이 가능해진다.

조기에 실현하겠다는 계획이 연기되기는 했지만, 미국에서는 리프트포트 그룹(LiftPort Group)이 설립되어 이러한 엘리베이터의 건설을 검토하고 있다. 일본에서도 오바야시구미사가 건설을 검토 중에 있는데, 계획에 따르면 2050년 실현을 목표로 추진 중이라고 한다.

한편 태양광발전 위성도 아직은 꿈일지언정 불가능한 것만은 아니다. 태양광발전은 위성에 쌓아올린 태양전지 패널에서 레이저를 통해 지상에 송전하는 방식이다. 태양전지 패널 등의 비용을 생각하면 당연히 현재의 발전 방식이 비용은 덜 드는 것은 틀림없다. 하지만 태양전지 패널 등의 기술이 앞으로 비용을 얼마만큼 줄일 수 있을지 기대되고 있다.

개방화 전략의 필요성

일본에서는 공적 데이터가 무료로 공개되고 있다. 그러나 관공서의 데이터는 미국과 달리 엑셀이 아닌 PDF 파일로 공개되기 때문에 가공성 측면에서 불편한 점이 있다. 그렇더라도 관료들이 온 힘을 기울여 작성한 자료이니 만큼 백서나 통계 정보 등은 활용도가 아주 높다.

그중에서도 가계조사 같은 것은 크게 도움이 되는 정보다. 가계조사에 대한 응답자 대부분이 전업주부라는 점에서 다소 신뢰도 문제가 있기는 하지만, 일본인이 도대체 어디에 돈을 사용하는지를 극명하게 보여주는 데이터임에는 틀림없다. 데이터는 마케팅의 보고(寶庫)라 일컬어지는 만큼 대충 훑어보는 것만으로도 참고가 될 것이다.

그런 점에서 이런 데이터를 우주 관련 부문에서도 활용 가능한지 검토할 여지는 충분히 있다. 위성 데이터의 활용이 기대되므로 데이터의 종류나 형식 등을 규정해놓고 위성 빅데이터를 가공하기 쉽도록 분류할 필요가 있다. 물론 정보를 개방할 경우 필연적으로 보안문제가 뒤따르겠지만 개방화가 사업 창출을 촉진한다는 사실을 간과해서는 안 된다.

참고로 아마존은 'AWS 공공 데이터 세트(AWS Public Dataset)' 서비스를 제공하고 있는데 일부러 시간을 내서라도 한번쯤 살펴볼 것을 권한다. 이 데이터를 통해 '랜드새트 8호 위성에 의해 촬영된 지구 전체의 위성사진 컬렉션' 등이 공개되었다고 한다. 게다가 지구 관측 데이터의 기업 사용 실제 사례가 무수히 실려 있다고 하니, 사업가나 신규 사업 담당자가 살펴보면 상당한 도움이 될 것이다.

우주 비즈니스와 각오

우주 비즈니스는 상품이든 서비스든 구상하고 나서 실용 단계에 들어서기까지 10년 이상은 족히 걸린다. 따라서 비즈니스맨으로서의 삶의 3분의 1을 소비하는 셈이므로 실패할 경우의 상실감은 무척 클 것이다.

그러므로 프로젝트의 구성원이나 관련자에게는 별종이라 불릴 정도의 광적 열정이 필요하다. 이런 종류의 열정을 가진 사람으로서 아마존의 제프 베조스와 스페이스엑스의 엘론 머스크를 예로 들 수 있는데, 그 밖에도 마이크로소프트의 폴 알렌, 버진 그룹의 리처드 브랜슨 등도 하나같이 카리스마 넘치는 인물들이다.

미지를 확신으로 전환하고 전심전력을 다해 성과를 이끌어내는 일은 비단 우주 비즈니스에만 필요한 것이 아니다. 다만 우주를 대상으로 삼는 원대한 사업의 경우 장대한 비전을 품어야만 하며 그런 의미에서도 관련 기업들의 동향을 주의 깊게 살펴봐야 한다.

2031년에 일어날 변화

- 우주 관련 산업의 시장 규모가 일본에서 두 배로 성장

염두에 두어야 할 사항

- 위성 또는 위성 관련 기기의 비즈니스 가능성
- 우주 데이터가 공개되었을 때의 활용성 분석

이런 물건이 팔린다

- 위성에서 받은 화상의 분석 결과를 제공하는 서비스

돈 버는 법

지구에서 사양화된 비즈니스를 우주에서!

앞에서 후지코의 단편만화를 예로 들어 간단하게나마 줄거리를 살펴보았다. 실제로도 우주의 자원은 누구의 것일까 하는 문제에 대한 논의가 진행되어왔으며, 2015년 미국에서는 우주에 분포된 비생물자원의 판매를 인정하는 법률도 만들어졌다. 별의 소유가 인정될 수 없을지는 몰라도 우주자원 개발에 대한 원칙이나 규칙 만들기에 세계 여러 나라가 발벗고 나서고 있다.

예전에 달에 헬륨3이라는 물질이 지구보다 훨씬 많이 분포하는 것으로 알려져 화제가 된 적이 있었다. 헬륨은 핵융합발전에 사용할 수 있기 때

문에 에너지원으로서의 활용 가능성 측면에서 세계 각국이 주목하고 있다. 이로써 우주자원을 둘러싼 국제분쟁이 발생할 소지도 있는 것이다. 따라서 실제로 법조계의 대응이 발 빠르게 진행되고 있으며 이런 움직임에 편승하는 비즈니스도 다양하게 생겨날 것으로 보인다.

한편 부담 없이 우주로 떠날 수 있는 시대가 되면 무슨 일이 벌어질까. 이 장에서는 별로 다루지 않았지만, 유인위성을 통해 우주여행을 하게 해주는 서비스는 가격이 매우 저렴해질 것이다. 또한 지구를 벗어난 뒤 곧바로 낙하하여 원하는 곳에 떨어지게 해주는 슈퍼 비행기도 구상되고 있다. 그때가 되면 보험업계는 어떤 대응을 할 것인가.

이런 식으로 발상을 확장시키다 보면 이 시기의 경쟁 분야가 무엇이 될지 좀 더 명확하게 윤곽이 잡히리라고 본다.

다시 말해 우주란 지구에서 사양화된 비즈니스를 다시 한번 전개할 수 있는 '장소'인 것이다.

2032년

인도가 일본의 GDP를 추월한다

모든 면에서 잠재력을 갖춘
인도가 크게 성장한다.

P

Politics(정치)
일본과 인도 사이에 경제협력이 지속된다.

E

Economy(경제)
인도는 일본의 GDP를 추월하며 IT 기술자 등의 주요 배출국으로 자리 잡는다. 또한 스마트폰 기기류가 침투한다.

S

Society(사회)
인구 면에서 중국을 제치고 거대시장으로 변모한다. 다만 인프라스트럭처는 취약하기 때문에 정비가 요구된다.

T

Technology(기술)
인도로 이어지는 크라우드 소싱이 발전하고 언어의 벽을 뛰어넘어 인도 출신의 인재를 활용할 수 있게 된다.

변화의 특징

인도가 GDP 면에서 일본을 제치게 되며 인구증가에 힘입어 세계 경제의 중심으로 부상한다. 인도는 스마트폰 등의 보급율이 낮고 다양한 상품이 침투할 수 있는 잠재력을 가지고 있다.

일본계 기업의 진출은 최근에 시작되어 이제 겨우 걸음마 단계에 불과하다. 다만 인도는 일본과 우호적 관계를 유지하고 있으므로 일본 기업은 유리한 위치에 있다고 말할 수 있다. 특히 인프라스트럭처는 신뢰성이 요구되기 때문에 일본 기업이 중요시해야 할 영역이다.

인도와 일본인

인도는 필리핀과 마찬가지로 무조건적인 친일국이다. 이러한 인도와의 밀월관계는 결코 훼손되어서는 안 된다. 특히 현재 동아시아에서 아프리카로 접어드는 항로가 주목을 받고 있는데, 지리적으로 인도(혹은 스리랑카)는 활용 측면에서 최적의 위치에 놓여 있다. 게다가 인도는 아프리카에 대한 인적 연결고리도 매우 풍부하다.

인도는 일본과 오래전부터 우호적 관계에 있다. 극동국제군사재판에서 인도인 판사인 라다비노드 팔(Radhabinod Pal)이 A급 전범이 무죄라고 주장한 것은 널리 알려진 사실이다. 또 스테디셀러 여행서로 꼽히는 와키 고타로의《심야 특급》을 언급할 필요도 없이 인도는 일본에서 여행자의 성지로도 알려진 나라다.

1998년에는 인도의 핵실험 때문에 일본과 인도의 관계가 그다지 좋지 않았다. 하지만 2000년에는 당시 수상이었던 모리 요시로가 인도를 방문했다. 그리고 그 당시에 체결한 '21세기 일인(日印) 글로벌파트너십'의 천명으로 인도의 인재들이 일본과 교류를 시작하게 되었다.

이런 관계는 2008년에 '전략적 글로벌파트너십'으로 발전하였으며 2014년에는 '특별 전략적 글로벌파트너십'으로 한 단계 더 격상되었다.

아베 수상은 2016년 11월에 모디 수상과 함께 가와사키중공업을 방문하여 신칸센 공장을 견학했다. 흔히 일본의 제조업은 '품질 수준이 높은 것은 좋지만 가격이 너무 비싸다'는 평가를 받아왔으나 신칸센과 같은 인프라스트럭처에 대한 신뢰도는 높은 편이다. 중공업 분야는 가전과 달리 일단 문제가 발생하면 큰 사고로 이어지기 때문에 일본의 고품질이 높은 평가를 받는다.

실제로 뭄바이와 아마다바드를 연결하는 500킬로미터 구간 고속철도는 일본의 신칸센 방식을 채택하여 건설하기로 협약이 맺어져 있다. 인도에서의 신칸센 사업이 원만하게 추진되면 다른 노선에서도 계약이 성사되고 일본의 신칸센이 고속철도 사업 부문에서 다른 나라를 압도할 것이다. 아베 수상의 아베노믹스처럼 모디 수상도 모디노믹스라고 명명된 경제정책을 자국 내에서 적극적으로 홍보하고 있다.

비즈니스 환경이 정비되는 인도

인도는 2014년 소치올림픽 당시에 부정부패가 극심하여 IOC로부터 회원국 자격정지를 받기도 했다. 중국과 마찬가지로 인도에서도 현재 부정부패를 척결하기 위해 국가의 수장이 발 벗고 나서고 있다.

부정부패에 사용되는 뒷돈은 대부분 계좌나 장부에 기록되어 있지 않기 때문에 인도에서는 현재 검은돈을 추적하는 데 온 힘을 기울이고 있다. 2016년 11월에 모디 수상은 고액지폐인 500루피와 1000루피의 사용금지를 발표했는데, 그 후 불과 4시간 만에 전면적으로 유통이 불가능해졌다. 은행계좌에도 없는 고액지폐가 지하금융에서 공공연히 유통되었기 때문에 취해진 조치였다. 이로써 장롱예금이나 자금세탁에 이용되는 지하경제의 돈이 상당량 제도권으로 흘러나오는 효과를 거둘 수 있었다. 탈세 목적으로 자택에 보유하던 돈은 은행에 예치하지 못하도록 하여 일시적으로 혼란을 초래하기도 했지만, 돈의 흐름을 가시화한 공적은 크게 인정받고 있다.

모디 수상은 2014년부터 앞장서서 '인도에서 제조하세요(Make in India)' 캠페인을 벌이고 있다. 제조거점으로서 가급적 많은 나라의 기업을 유치하기 위한 구상이다. 소프트뱅크의 손정의 사장이 거액의 인도 투자를 약속했으며, 아베 수상은 민간 부문과 합하여 총 3조 5000억 엔을 인도에 투자할 것이라고 발표하기도 했다.

인도에서는 해마다 IIT(인도공과대학)로부터는 엔지니어들이, 또 IIM(인도경영대학원)으로부터는 비즈니스 관련 인재들이 다수 배출되고 있다. 이곳 출신의 인재들은 수준 높기로 정평이 나 있다. 또한 마이크로소프트의 사티아 나델라(Satya Nadella)를 위시하여 인도에서 태어나 미국의 대학에서 졸업한 많은 인재들이 IT기업 등에서 활약하고 있다.

일본 기업이나 미국·유럽 기업 입장에서 볼 때 인도가 민주주의 국가라는 것은 엄청난 장점으로 작용하고 있다. 지금 정권은 민의를 최대한 반영하고 있어, 중국 공산당의 일당 지배와는 크게 다르다. 인도의 신분제도인 카스트제도가 사실상 잔존하고 있지만 헌법이나 법률에서 인정되고 있지는 않다.

그렇다고는 해도 카스트제도는 여전히 국민들에게 영향을 미치고 있어서 카스트 내부에서의 결혼이 여전히 당연시되고 있다. 게다가 인도에서는 성씨를 보면 그 사람이 카스트제도의 어느 계급에 속하는지를 알 수 있어서 국민통합 측면에서 걸림돌이 되고 있다.

카스트에서 벗어나는 방법은 아주 간단해서 힌두교를 버리고 개종하면 된다. 그래서 이슬람교로 개종하거나 불교를 선택하는 사람도 적지 않다. 개종한 사람들은 개종자라며 공격을 받기도 하는데, 그보다 더 큰 문제는 개종이 차별로부터 완전히 벗어나는 길이 되지는 못한다는 점이다.

일본과 중국을 제치고 앞서가는 인도

한때 골드만삭스는 2032년이면 인도의 GDP가 일본을 제칠 것으로 예상했다. 앞으로 일본과 인도가 각각 연평균 1퍼센트, 5퍼센트 정도의 경제성장률을 기록한다면, 2032년쯤에는 분명 인도 경제가 일본을 제치고 앞서가게 된다. 달러화 기준으로 볼 때 인도는 2011

일본과 인도의 GDP

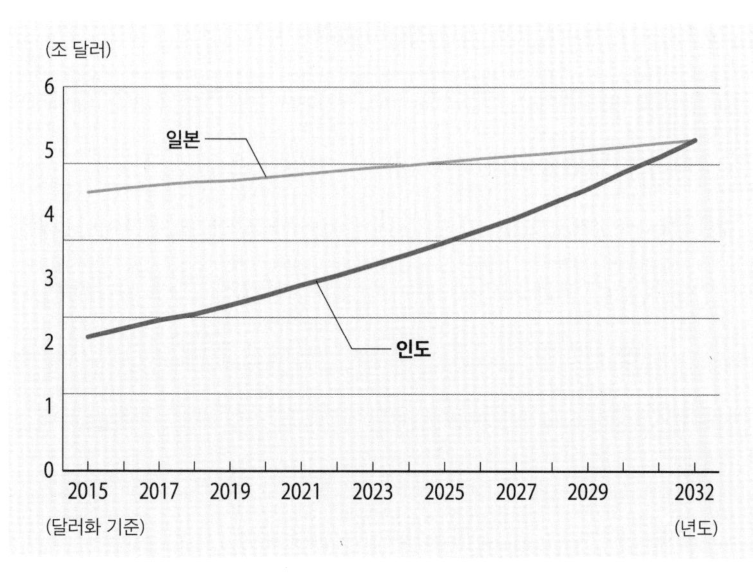

인도와 중국의 인구 예측

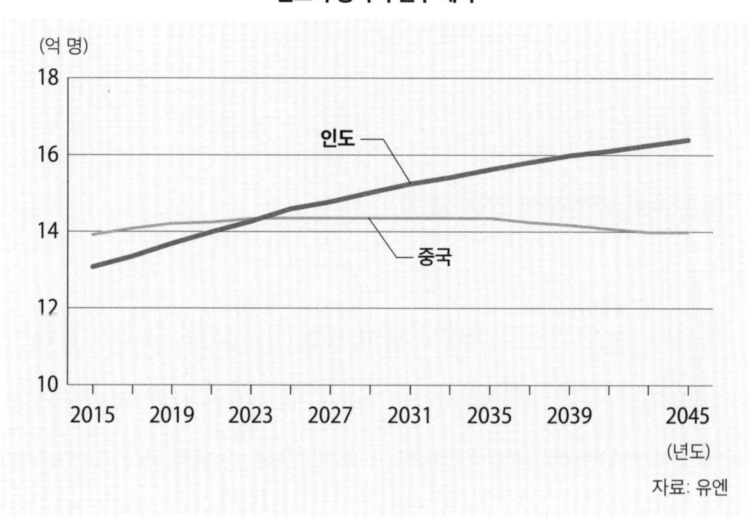

년에서 2015년의 기간 동안 연평균 5.2퍼센트의 경제성장 실적을 보였으므로 결코 불가능한 가정은 아니다.

2025~2030년쯤에 인도의 인구는 중국을 뛰어넘는 14억 명에 이를 것이며 2050년쯤이면 17억 명에 근접할 것으로 전망된다.

이러한 사실만으로도 인도의 어마어마한 시장 잠재력이 느껴진다. 인도의 휴대전화 가입자 수는 약 10억 명인데, 그중 스마트폰 사용자는 아직 1억 명 남짓에 불과하다. 게다가 스마트폰 기기도 일본에서는 이름조차 알려지지 않은 현지 제조업체인 마이크로맥스(Micromax), 라바(LAVA), 카본(Karbonn) 등에서 생산한 저렴한 제품이 주종을 이룬다. 인도에서는 선불제 휴대전화가 널리 사용되고 있는데, 은행 계좌조차 가질 수 없는 많은 사람에게 안성맞춤의 서비스이기 때문이다. 이런 점에 착안하여 스마트폰을 이용한 EC(Electronic Commerce: 전자상거래) 사업 등을 구상해볼 수 있을 것이다.

인도인의 민족성이 갖는 특징

예전에 자동차업체의 연구소에서 일한 적이 있다. 그때 경험한 인도 개발자의 우위성은 영문으로 작성된 첨단산업 관련 논문을 원서로 읽을 수 있다는 점에 있었다. 그 후 태국에서 인도인 기술자를 고용한 경영자와 이야기를 나눴을 때도 그들의 뛰어난 영어 실력을 화제로 삼을 만큼 인도인의 영어 우위성은 널리 알려져 있다.

인도에서 통용되는 언어는 엄청나게 많아서 공용어만도 스물한 개가 있다. 힌두어로 의사소통을 하는 인구는 전체의 40퍼센트밖에 되지 않으므로 공통어로서 대부분 영어를 사용하고 있다. 다만 개인적으로 인도인의 영어는 일본에서 과대평가되고 있다고 생각한다. 그들의 영어를 올바르게 알아듣는 사람이 많지 않기 때문이다. 인도인의 계산 능력도 다소 과장된 느낌이 드는 것이 사실이다. 인도인은 두 자릿수의 곱셈을 암산한다고 하지만 실제로 인도인과 접한 사람이라면 그것이 과장이라는 사실을 금방 알 수 있다. 물론 두 자릿수의 구구단을 외우는 사람이 없는 것은 아니지만 누구나 그렇지는 않다.

하지만 그들은 영어든 계산 능력이든 자신을 잘 포장하여 남에게 드러내는 데 익숙한 것 같다. 그래서 금방 드러나는 알기 쉬운 자랑을 잘하는데, 이를테면 호화로운 의상 혹은 자택을 내세우며 성공한 사람은 이렇다는 식으로 자신을 돋보이게 하고자 한다. 인도의 대부호 무케시 알바니가 27층 건물의 대저택을 지은 것만 보더라도 그런 경향이 있다는 사실을 부정할 수 없을 듯하다.

인도인과 비즈니스 관계로 접촉한 사람은 알겠지만, 인도인은 타협을 싫어한다기보다는 자신의 의견을 굽히면 패배로 인식하는 경향이 있는 듯하다. 비즈니스 상대로서가 아닌 자사의 인도 거점에 있는 사원들과 논의할 일이 있을 때 '이렇게 사소한 일도 양보하지 않는구먼' 하며 참으로 어처구니없다는 생각을 한 적이 있다. 물론 자신을 믿고 주장하는 점에서는 일본인이 본받아야 할 부분도 있다고 생각한다. 그러나 실제로 경험한 바로는 본질이 아닌 것에 시간을 너무 낭비하는 듯한 인상을 받을 때가 많았다.

인도인의 끈질긴 근성을 보여주는 표현으로 '일곱 번 고쳐죽어도 잊지 않겠습니다'라는 말이 있다. 일곱 번을 다시 태어나도 당신에게 받은 은혜를 잊지 않겠다는 뜻이다. 인도인이 얼마만큼 환생을 믿고 있는지는 모르겠으나 환생을 진지하게 받아들이는 것만큼은 분명한 듯하다.

멀고도 가깝고, 가깝고도 먼 나라

일본 기업의 인도 진출 역사는 그리 길지 않다. 인도에 진출한 일본 기업은 2008년에 단 438사에 불과했지만 2016년에는 1305사로 약 세 배나 증가하였다. 이것을 부정적으로 표현하자면 고작 1300사 정도에 불과하다고 말할 수도 있다. 하지만 인도가 IT 기술자의 대량 보유국으로서 전 세계의 주목을 받게 된 시기는 최근 20년에 지나지 않는다.

과거에 동아시아에서 일본의 가전이 잘 안 팔렸던 것은 현지의 니즈를 제대로 파악하지 못했기 때문이다. 예를 들어, 어떤 나라에서는 세탁기에 진흙투성이의 야채를 씻는 기능이 필수였지만 일본의 가전업체 기술자는 그런 발상조차 할 줄 몰랐다. 일본의 손목시계가 이슬람교도들의 눈길을 끌지 못했던 것은 메카의 방향을 찾을 수 있는 나침반 기능이 없었기 때문이었는지도 모른다. 마찬가지로 인도인 전용 냉장고에는 열쇠가 있어야 했는데 그런 점을 간과했다. 인도인은 아무 때나 냉장고를 열어 음식을 만드는 것을 금지하고 있다는 사실에 무관심했기 때문이다.

인도에 진출하는 기업은 인도 문화를 폭넓게 이해할 필요가 있는데도, 그것을 대수롭지 않게 여겨서 실패한 사례가 많다. 반대로 성공 사례를 보면 매우 진지하게 검토하고 나서 조심스럽게 진출하는 기업의 경우가 대부분이다.

일례로 스즈키자동차가 인도에 진출한 해는 1983년이었다. 이들은 인도인을 단지 노동력으로 여기지 않고 교육을 통해 서로 성장하는 파트너로 생각했다. 어느 나라에서든 외국자본이 진출하는 경우 출자비율을 제한하는 것이 보통이다. 그러나 스즈키는 1992년에 출자비율을 40퍼센트에서 50퍼센트로, 그리고 다시 54퍼센트로 늘리고 인도 정부로부터 주식매각을 허용받음으로써 전면적인 대주주로서 민영화를 이루게 되었다. 나아가 한층 더 고용을 확대하면서 인도에서 압도적인 시장점유율을 기록하게 되었다.

스즈키 외에 혼다, 파나소닉, 청년 인구가 많은 점에 주목한 문구업체 고쿠요와 생활용품업체 유니참 등도 진출해 있다. 또한 힌두교는 음식 관련 계율이 까다로운데도 불구하고 야쿠르트는 배달 사업을 전개하며 분투하고 있다.

인도의 인프라스트럭처 사업

가장 주목했으면 하는 것은 역시 인프라스트럭처 사업이다. 인도의 도로 총연장 거리는 일본의 네 배 정도로 미국에 이어 세계 2위다. 인도는 자동차 등록 대수가 늘고 있어 전년 대비 10퍼센트 정도로 증가한 반면, 도로는 3~4퍼센트 정도 성장하는 데 그쳤다.

인도는 국도와 고속도로의 비율이 전체의 1.9퍼센트에 불과한데도 교통량은 40퍼센트에 육박하고 있다. 동남아시아가 대부분 그러하듯이 교통정체도 매우 극심하여 현재 민관 제휴로 정비에 온 힘을 기울이고 있다. 일본 기업은 인프라스트럭처 위주의 비즈니스를 전개하는 것이 바람직하다. 실제로도 일인(日印) 경제협력의 근간 사업으로 철도, 운수, 도로 등 다양한 프로젝트가 진행되고 있다. 아울러 전략적으로 엔 차관도 꾸준히 늘리고 있다.

2012년 인도에서는 거의 전국적으로 전기가 끊기는 대형사고가 일어난 적이 있었다. 나날이 개선의 조짐을 보이고는 있지만 농촌 지역에서는 중국과 마찬가지로 여전히 정비가 필요한 상태다. 발전, 송전, 배전 분야뿐만 아니라 소형 발전의 영역에서도 일본이 활약할 여지가 충분히 있다.

인도 성장의 속사정

인도가 성장을 거듭하여 선진국 수준의 에너지 사용량을 보이면 어떻게 될까. 한번이라도 미국이나 캐나다에 가본 사람이라면 알겠지만, 그들 두 나라는 에너지 사용량이 많은 것으로 유명하다. 다른 나라라면 가솔린 등의 연료를 벌컥벌컥 들이마시듯 하며 자가용차로 왕복 두 시간을 들여 통근하거나 하지는 않을 것이다.

인도의 에너지 사용량은 현재 미국이나 캐나다의 경우에 비해 10분의 1에 지나지 않은데, 만약 그 격차가 인도의 경제성장과 더불어 조금이라도 줄어들게 되면 세계 환경 분야에 엄청난 파장을 몰고 올 것이다.

신흥공업국과 선진국의 격차를 메우는 것은 중요하지만, 그것이 말처럼 쉽지 않아 종종 엇박자를 내는 상황이 발생하곤 한다. 하지만 그런 상황일지라도 에너지 절약 기술 등의 수요는 분명히 존재한다. 일본은 이 시기를 호기로 판단하여 만반의 준비를 해야 할 것이다.

2032년에 일어날 변화

- 인도가 GDP로 일본을 제치고 인구로 중국을 추월

염두에 두어야 할 사항

- 스마트폰 등의 통신기기 비즈니스
- 자동차, 가전 등의 현지 제조, 현지 판매
- 인프라스트럭처 비즈니스

이런 물건이 팔린다

- 선진국 국민이 보유하는 기기류
- 한때 일본에 보급되었던 자동차 등의 이동 수단
- 생활용품

돈 버는 법

제조업 이외의 분야에서 인도를 활용하라.

요즘 기업의 공급사슬에 대한 컨설팅 요청을 자주 받는다. BPO(Business Process Outsourcing)란 기업의 업무프로세스를 외부에 발주하는 시스템으로, 이를테면 콜센터나 사무 처리 아웃소싱 등을 들 수 있다.

전 세계적으로 콜센터는 인도와 필리핀에 집중되어 있다. 이들 국가가 영어로 대응 가능한 인력을 다수 보유하고 있기 때문이다. 참으로 재미

있는 것은 폰섹스라는, 이른바 외설적인 대화를 즐기는 유료 서비스도 인도에서 외주로 운영된다는 사실이다.

그러나 인도 영어는 과대평가된 측면이 있다고 언급했듯이 '인도 외주 폰섹스(outsourcing phone sex India)' 등으로 검색해보면 액센트가 이상했다는 미국인, 유럽인의 불만스런 댓글을 확인할 수 있다(참고로 기업들의 이야기를 들어보면 R 발음 문제로 요즈음 콜센터 업무는 필리핀으로 이동되고 있는 것 같다).

그렇더라도 인도에 우수한 인재가 많은 것만큼은 틀림없다. 현재 일본에서는 기업의 외부 발주처 물색과 관련하여 크라우드 소싱이라 불리는 매칭 서비스가 유명한데, 어디까지나 그것은 일본어권으로만 국한되어 있다. 온라인 비서 서비스 같은 영역에서 일본인은 대체로 언어의 장벽으로 인해 활동하지 못하는 실정이다. 그러나 범위를 영어권으로 확장하면 단번에 인도 등의 인재뱅크에 접속할 수 있다.

예상컨대 2032년까지는 자동번역 서비스가 일반화될 것이다. 그렇게 되면 인도 인재의 활용 측면에서 이점이 생길 것이고, 또 인도를 거점으로 삼는 중동 판매 전략도 힘을 받을 것이다.

인도 경제는 미시적 관점에서 보면 높은 인플레이션과 소비침체로 성장세가 둔화되는 느낌이 드는 것이 사실이다. 또한 국내 투자 역시 활발하다고 볼 수 없는 데다가 연고에 따라 사업의 성패가 좌우되는 단점도 있다.

그러나 인도발 벤처기업 육성 구상인 '스타트업 인디아' 등에 의해 수많은 벤처기업이 탄생하고 있고 벤처기업에 대한 지원도 활발하여 전 세계로부터 많은 투자를 유치하고 있다.

실제로 인도에 가보면 알 수 있듯이, 여전히 혼돈과 혼란이 있는 가운데서도 성장의 숨결만큼은 분명히 느껴진다. 일본 친화적인 나라인 인도는 일본 기업들로 하여금 사업 확장을 도모하게 할 무한한 잠재력을 가진 나라임에 틀림없다.

2033년

[전체 주택 30퍼센트 이상이 빈집이 된다]

본격적인 빈집 시대를 맞아
빈집을 줄이거나 활용하는 비즈니스가 발흥한다.

P

Politics(정치)
빈집 대책 특별조치법 등 빈집 감소를 위한 국가 차원의 대책이 강구된다.

E

Economy(경제)
빈집이 늘어나는데도 임대물건의 건설은 멈추지 않아 '부(負)의 유산'이 될 가능성이 높다.

S

Society(사회)
베이비붐 세대는 저물고 부동산을 상속받지 않는 경우가 빈발한다.

T

Technology(기술)
인터넷의 매칭 서비스를 이용한 민박 사업 등으로 빈집 활용이 가능하다.

변화의 특징

2033년에는 빈집이 전체 주택의 30퍼센트를 넘는다. 그런데도 임대물건의 건설은 계속 이어진다. 일본에서는 투자금액 대비 주택 자산가치가 감소한다. 상속을 포기하는 사람들이 많아지면서 소유자를 모르는 빈집이 늘어나는 것도 그런 경향을 부채질한다.
빈집 정보를 공유하거나 상속을 간편화할 필요가 있다. 동시에 빈집을 활용하기 위해 민박이나 커뮤니티, 셰어하우스 등의 대책 마련이 시급하다.

내 집 마련인가 전셋집인가

예전에 TV프로그램 게스트로 초대받은 적이 있는데, 토론 주제는 '내 집 마련인가 전셋집인가'였다. 방송 관계자에게 "눈치 볼 것 없이 하고 싶은 말 다해도 상관없습니까?"라고 물었더니 그렇다고 했다. 그래서 나는 "내 집 마련인가 전셋집인가로 고민할 정도의 사람이라면 당연히 전셋집을 선택하는 게 나을 겁니다"라고 거침없이 말했다. 내 나름으로는 성실한 답변이라고 생각했지만 토론 분위기는 이내 싸늘해졌다.

내 집 마련에 100만 엔을 투자했는데, 그 가치가 100만 엔 이상으로 늘어난다면 아무 문제가 없을 것이다. 하지만 90만 엔이 될 것으로 예상되면 당연히 사지 않는 편이 낫다. 그러나 100만 엔 이상이 될지 90만 엔이 될지는 아무도 모른다. 모르는 것에 대한 투자는 리스크를 감당할 수 있는 사람만 가능하기 때문에 그렇게 말했던 것이다.

전셋집에 살면 남 좋은 일만 시켜주고 결국 아무것도 남는 게 없지 않냐고 하는 사람이 있다. 그러나 내 집 마련은 집이라는 금융자산을 사는 일이다. 전셋집에 살아도 REIT(부동산투자신탁) 등을 이용하여 다른 자산에 투자하면 되니 결과는 다를 바 없다. 즉 내 집을 사느냐 전셋집에 사느냐는 최종적으로 본인의 선택 문제일 따름이다.

나는 일 때문에 가끔 지방에 가는데, 우연히 그곳 주택의 2층 베란다 문이 닫혀 있는 광경을 본 적이 있다. 2층이 비어 있으니 문을 열어놓을 필요가 없었던 것이다. 어쩌면 집주인이 서른 살에 주택을 구입했는데 아이가 대학 입학과 동시에 집을 떠났는지도 모른다. 그렇다면 단지 십몇 년을 위해 집을 마련한 셈이 된다. 물론 그 역시 각자의 자유로운 선택이라고 할 수밖에 없겠지만 말이다.

급부상하는 빈집문제

2015년에 노무라 종합연구소가 깜짝 놀랄 만한 리포트를 발표했다. 이 상태라면 2033년에는 빈집이 2150만 호에 이르고 그 비율은 전체 주택의 30.2퍼센트나 된다는 것이다. 3분의 1 남짓 되는 집이 빈집이 되는 셈이다. 실제로 국토교통성이 2015년에 '사회자본정비심의회 주택택지분과회(제42회)'에서 발표한 자료를 보더라도, 이미 2013년 시점에 빈집이 820만 호로 그 비율은 13.5퍼센트였다. 국토교통성도 민간 싱크탱크(think tank)에 의한 전망치라고 출처를 밝히면서까지 30.2퍼센트라는 수치를 인용하고 있다.

이 수치의 대부분은 임대용 주택이 차지하고 있으며 해마다 임대용 빈집은 증가하고 있다. 그런데도 임대용 주택의 건설이 계속되고 있다. 예를 들어, 2016년 신규주택 착공 호수는 96만 7237호인데, 그중 임대용은 41만 8543호로 오히려 전년 대비 증가 경향을 보였

빈집의 종류별 추이

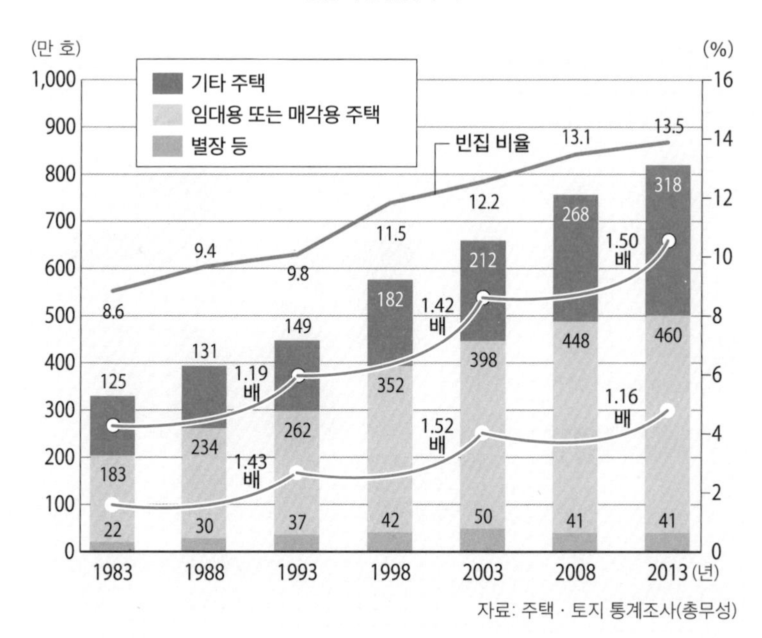

자료: 주택 · 토지 통계조사(총무성)

다. 버블기에 비해 안정되어 있다고는 해도 여전히 높은 수준이다.

본래 주택 투자는 나라 전체로 볼 때 배 이상의 파급효과가 있는 것으로 알려져 있다. 가령 2000만 엔을 투자하면 4000만 엔의 파급효과가 있으므로 불황 시에 주택정책은 '전가의 보도'처럼 활용되어 왔다.

아무튼 주택의 가치만 높으면 집주인이 죽더라도 빈집이 되지는 않고 상속인이 살거나 혹은 매각하거나 할 것이다.

국토교통성의 '중고주택 유통촉진 및 활용에 관한 연구회' 자료 중에서 흥미로운 것은 미국과 일본의 주택투자 관련 숫자다. 미국

빈집의 종류별 내역

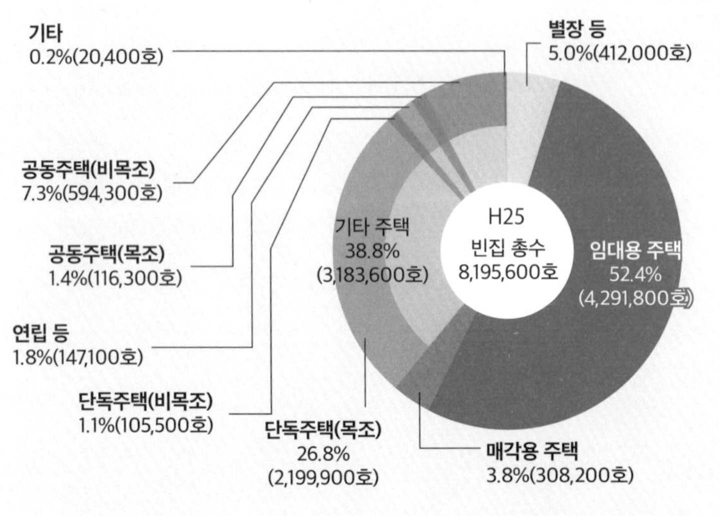

자료: 2013년도 주택 · 토지 통계조사(총무성)

과 일본에서 각각 주택에 투자된 금액 총합계와 주택의 자산액이 비교되고 있는데, 미국에서는 주택에 투자한 금액과 자산액이 거의 유사한 수치를 보인다. 따라서 주택을 구입해도 은퇴 후 매각하면 수중에 돈이 들어와 가격 상승분만큼의 차익을 향유할 수도 있다. 그러나 일본에서는 1969년부터 지금까지의 주택 투자액이 862.1조 엔인 데 비해 자산액은 343.8조 엔에 지나지 않는다. 중고주택 시장도 활발하게 움직이지 않은 데다가 500조 엔 상당의 괴리가 있다. 일본인은 나중에 팔 심산으로 집을 사는 경우가 별로 없어서 주택 구입을 할 때 빌린 대출금을 다 상환하고 나면 자산의 가치는 토지로만 남게 되기 때문이다.

토지를 상속받지 않는 이유

토지 소유자가 사망하여 상속인이 물려받는다면 소유자가 불분명해질 까닭이 없다. 그러나 의외로 잘 알려지지 않은 사실이 있는데, 상속 등기는 의무가 아니라는 것이다. 좀 더 설명하자면 등기부는 표제부와 권리부로 나뉘며, 전자가 부동산의 현황을 나타내고 후자가 소유권 등의 등기 사항을 나타낸다. 그런데 부동산을 상속받았을 경우 권리부에 등재하기 위해 반드시 등기를 해야 한다는 의무 규정이 없다.

나의 부친이 토지를 상속했을 때 알게 된 사실이지만, 관련 수속은 번잡하고 비용도 지불해야 한다. 이런 상황이라면 상속을 하지 않고 부동산을 그냥 내버려두는 사람이 많을 것이라 생각했는데, 실제로도 그런 일이 비일비재하게 벌어지고 있었다.

인구감소로 지가 상승을 예상하기 어려운 오늘날에는 토지 등을 자산으로 보유하지 않는 것이 유리할 수도 있다. 게다가 지방에서 도시로 인구가 유입되고 고향으로 돌아가지 않는 사람들이 증가할수록 지방의 주택은 아무도 사용하지 않은 채 방치되는 운명에 놓이고 만다.

더욱이 새로운 내진 기준을 시행하기 전에 지은 주택에서 살려면 새롭게 보강공사를 해야 한다. 그런데 공사비용은 누가 부담하겠는가. 부담할 능력이 없거나 혹은 상속인들 간에 의견이 달리 나타나는 등 여러 가지 사정이 얽혀 있으면 당연히 빈집으로 방치되게 마련이다.

나대지로 지목 변경을 하려고 해도 아예 변경 자체가 안 되거나, 된다고 해도 100만 엔 정도의 비용이 든다. 그래서 주택을 불법적으로 철거할 수도 없어 방치하게 된다. 빈집은 점점 흉물스럽게 변해 재이용할 수 없는 상태가 된다. 노후화하여 붕괴 위험성이 높더라도 함부로 부숴버릴 수도 없다.

행정대집행에 의해 철거가 이루어지면 그 비용에 대해 구상권 청구를 할 수는 있지만, 알다시피 비용 회수는커녕 재판 리스크만 떠안는 형국이 된다.

빈집문제를 가속화하는 여러 요인

문제는 일부 상술에 밝은 몰지각한 부동산 회사가 토지 소유자에게 맨션 등의 건설을 권유하는 것이다. 고정적으로 나가는 토지보유세의 경감과 집세 수입을 운운하며 끊임없이 귀를 간지럽게 한다. 게다가 그 집세 수입은 100퍼센트 보장되며 건물관리도 통째로 위탁할 수 있다고 말한다. 빈집이 있는 경우보다 건물을 새로 짓는 편이 보유세 부담을 경감시킬 수도 있다. 고도성장기에 주택 신축을 장려하기 위해 만든 제도 때문이다.

그러나 계약조건을 꼼꼼히 따져보면 보증기간이 단 몇 년이거나 정기적으로 보증금 액수가 다시 산정되기도 하며, 심한 경우 보수를 할 때마다 지정된 업자에게만 의뢰해야 하는 조항이 포함되어 있기도 하다. 그리고 시간이 가면 아무도 임차하지 않는 텅 빈 맨션만이 덩그러니 남게 된다.

이런 일을 방지하기 위해, 또 자녀 중 아무도 토지를 상속받지 않을 것이라 생각하여 기부라도 하려 들지만 그마저 쉬운 일이 아니다.

토지란 참으로 불편한 것이어서 팔려고 해도 구입하고자 하는 사람이 없으면 달리 처분할 방법이 없다. 완전히 포기하여 국가나 자치단체에 기부하려고 해도 이용할 용도나 목적이 없으면 받아들여지지 않는다. 실제로 재무성에서 기부의사를 밝힌 사람에게 정식으로 이런 회답을 보낸 적이 있다.

> '기부 신청이 있을 때 토지 등에 대해서는 국유재산법 제14조 및 동법 시행령 제9조 규정에 의거, 각 관청이 행정 목적으로 제공하기 위해 취득해도 될 경우 재무장관과의 협의를 거친 후 취득 절차를 밟게 됩니다. 아울러 행정 목적으로 사용할 예정이 없는 토지 등의 기부에 대해서는 유지 및 관리비용, 즉 국민 부담이 증대될 가능성을 우려해 받아들이고 있지 않습니다.'

국토교통성의 근본적인 대책이 필요

국토교통성은 빈집 은행의 설립을 시도하고 있다. 전국에 흩어져 있는 물건을 데이터화하여 원하는 사람이 검색할 수 있도록 하는 시스템이다. 하지만 시군구 자치단체의 설문조사에 따르면 성립 건수가 제로인 경우가 23.5퍼센트다. 여기에 1~4건으로 매우 미미하다고 대답한 건수의 비율을 더할 경우 전체의 50퍼센트를 넘는다. 제대로 활용되고 있다고 보기에는 아주 미흡한 실정이라 할 것이다.

아울러 국토교통성은 2016년에 'DIY'를 인용하여 새로운 목표로서 'DIY형 임대차의 권유'라는 것을 제안했다. 개인주택의 임대 유통을 촉진하기 위한 구상으로, 임차인이 자신의 취향대로 집을 개수하여 집주인처럼 거주할 수 있도록 하는 시스템이다. 계약서를 주고받아야 하는 번거로움은 있지만 임대가 확대될 가능성은 커졌다.

동시에 중고주택 시장의 확충도 요구된다. 일본인은 대체로 중고 물건을 구입하기보다는 새로운 것을 선호하는 경향이 있는데, 그런 풍조를 불식시키고 정보은행이 더욱 내실을 다질 필요가 있다.

2015년에는 빈집 대책 특별조치법을 시행함으로써 실소유자를 확인하기 위해 부동산 보유세의 납세 정보를 활용할 수 있도록 했다. 나아가 법무국에서는 등기수속을 간소화하였는데, 이로 인해 납세자와 실소유자가 동일하지 않은 경우도 발생하게 되었다.

정부나 지방자치단체의 근본적인 대책 마련이 늦어지는 가운데,

빈집 비율 30퍼센트 시대가 가까워지고 있다.

빈집이 초래하는 사회문제

빈집이 생겨서는 안 되는 이유는 도대체 무엇일까. 빈집이 많으면 자치단체의 이미지가 나빠진다는 점을 들 수 있지만 그 외에 실질적인 손해도 적지 않다. 가령 빈집의 정원수 가지가 이웃집으로 뻗어나갈 수도 있고 지붕이 바람에 날려 이웃에 피해를 입힐 수도 있으며 집이 붕괴할 수도 있다. 그리고 빈집이 범죄 장소로 악용될 가능성도 생각해야 한다.

또 빈집이 의심스러운 인물의 거주지가 되거나 방화범의 타깃이 되기도 한다. 해충이나 야생동물이 서식하며 주변에 악영향을 미칠 수도 있고 위생상의 문제도 야기한다. 이런 상황이 예상되는데도 빈집이 늘고 과소화가 진행되면 공공 인프라스트럭처의 제공은 더욱 어려워진다. 전기나 수도 등의 문제가 발생하는 것은 물론, 지역 편의점도 폐점을 피할 수 없게 되고, 그 외 슈퍼마켓 등 다른 가게도 영업상으로 채산이 맞지 않게 된다.

한때 개인 자산의 정점으로 여겨졌던 토지와 건물이 이처럼 무가치해지고 상속받고 싶지도 않은 애물단지가 되다니 얼마나 아이러니한 일인가. 요즈음에는 지방의 토지를 외국인이 사도록 하면 비난을 감내해야 한다는데, 그렇다면 유효 활용을 할 수조차 없는 토지는 어떻게 해야 된다는 말인가.

빈집과 비즈니스 기회

중고품으로서 일본인 사이에 가장 매매가 성행하고 있는 품목은 당연히 서적이다. 그렇다면 중고서적 비즈니스에서 무언가 실마리를 찾을 수 있을지도 모른다. 헌책을 판매하려면 이동이 편리하도록 넣어 보낼 만한 박스 같은 것이 필요하다. 포스트잇이 붙어 있든 메모가 적혀 있든 책은 그냥 있는 상태 그대로 가격이 매겨진다. 중고서적을 파는 일은 큰돈이 벌리지는 않지만 짐을 덜 수 있다는 점까지 감안하면 비교적 만족스러운 결과를 얻을 수 있다.

이런 점에 착안하여 집을 회수한 다음 리모델링을 하면 썩 만족스러운 금액은 아닐지언정 현금화에 우선순위를 두는 비즈니스가 생겨날 수 있다. 다시 말해 판매자는 상속받은 집을 그냥 받은 그대로 업자에게 건네준다. 업자는 복잡한 절차를 대신 처리해주고 집안에 쌓인 쓰레기 처리에서 구입자 탐색까지 풀서비스로 대행한다. 부모가 죽어 상속받은 경우 '추억'이라는 감성적인 부분까지야 어찌할 도리가 없겠지만, 그 외 모든 일을 처리하고 일괄적으로 매각 대금을 불입해주는 서비스다.

빈집 문제가 생기는 이유 중 하나로 절차의 복잡성을 들 수 있다. 법무국에서는 등기 절차를 간소화했다고 하지만, 고령자는 여전히 절차를 밟는 데 어려움을 느낀다. 모든 절차를 대신 처리해주는 대리 서비스의 확충도 필요할 것이다.

2033년에 일어날 변화

- 빈집 비율이 전체 30퍼센트 이상

염두에 두어야 할 사항

- 빈집 증가를 전제로 한 시장에 대한 자사 진입의 가능성

이런 물건이 팔린다

- 빈집의 유효 활용 비즈니스
- 빈집의 대행처리 서비스
- 상속 절차 등의 일괄 처리형 서비스

돈 버는 법

빈집을 커뮤니티로 승화시킬 수 있는가?

두말할 필요도 없겠지만 민박으로 빈집을 활용하는 방법이 있다. 현재는 여러 가지 제약이 있어 전면적으로 전개하기는 어렵지만, 빈집으로 외국인을 유인하여 지역 활성화에 도움을 주는 것은 가능하리라 본다.

실제로 기능실습제도의 일환으로 일본을 찾는 외국인들을 위해 빈집을 활용하도록 권장하는 움직임이 감지되고 있다. 빈집을 활용할 수 있을 뿐만 아니라, 그들이 주변 상업시설을 이용하게 됨으로써 얻는 편익도 있을 것이고 세수입도 증가할 것이다. 다만 철저한 준비 과정 없이 감성적으로만 대처하면 좋지 못한 결과로 이어질 수 있으므로, 해당 자치단체도 공존공영의 자세를 확고하게 가다듬을 필요가 있다.

또 빈집 활용을 통해 실험적인 커뮤니티를 시작할 수도 있다. 예를 들어, 요즈음 고독사가 사회문제로 대두되고 있으므로 빈집을 인근 지역의 노인이 함께 모여 생활하는 고령 셰어하우스로 활용할 수 있다. 또한 취미를 공유하는 사람들이 공짜나 다름없이 모여 살도록 해주는 것 외에 외국 기업을 유치하는 것도 유력한 방법이 되리라 생각한다.

빈집이 사회문제인 것만큼은 분명하지만 인구감소 국면에서 필연적인 결과로 인식할 필요도 있다. 예전에는 집이 누구나 갖고 싶어 한 자산이었지만 이제는 돈을 내지 않고도 마음껏 사용이 가능하다는 점을 내세우며 거주자 모집에 나선 자치단체도 있다. 아이디어에 따라 성패가 갈리는 시대다.

나날이 발전하는 IT산업 덕분에 전원생활을 하면서도 자신의 일을 할 수 있을 것이라 생각하는 사람들이 최근 들어 부쩍 늘은 듯하다. 그러나 원격지에서 화상전화를 통해 회의에 참가할 수 있다고 해도 현시점에서 인구 과소지역으로 이주하는 데는 여전히 어려움이 뒤따른다. 역시 실제적인 교류가 많아야 프리랜서도 일을 얻기가 수월하다.

그런 면에서 현행 구조에서는 곤란한 상황이 줄곧 이어질 것이다. 빈집을 강제로 허물어버리고 과소지역으로 주민을 끌어들이고자 하는 자치단체가 나타날 수도 있다. 그렇게라도 하지 않으면 행정 서비스를 제공하기가 어려워지기 때문이다.

어찌 되었든, 빈집의 대량 발생은 우리에게 너무도 큰 과제를 던져주고 있다.

2034년

AI가 인간의 일을 경감 혹은 강탈한다

AI가 본격적으로 실생활에 이용된다.

P

Politics(정치)

행정기관이 AI를 산업 활성화에 활용하는 방안을 강구한다.

E

Economy(경제)

AI 관련 시장이 2조 엔을 돌파한다.

S

Society(사회)

AI가 인간 노동의 약 절반을 대신할 가능성이 있다.

T

Technology(기술)

AI 장치가 간소화되어 데이터만 갖춰지면 AI화가 즉시 가능해진다.

변화의 특징

AI가 2034년까지 인간이 하는 노동의 대부분을 대신할 가능성이 있다. 지금까지 생각할 수 없었던 영역에도 AI가 진출하고, 나아가 싱귤래리티*라는 기술적 특이점을 맞게 됨으로써 AI는 인류의 지능을 뛰어넘는 능력을 갖추게 된다.
거듭 반복하여 강조되는 이야기지만, 인간에게 무엇보다 중요한 것은 기계가 할 수 없는 영역을 규명하는 일이다. 그것은 AI와 인간을 연결하는 일이나 인간의 영감을 고무시키는 일이 될 것이다.

*Singularity: 인공지능과 IoT의 결합이 초래할 미래를 상징하는 용어로 인공지능이 인간 지능을 넘어서는 기점을 의미한다_옮긴이

의사, AI, 접촉

나는 의사란 참으로 묘한 직업이라고 생각한다. 의사 면허 하나로 의사들은 저마다 외과라든지 내과라든지 선택을 하는데, 굳이 전문의가 될 것이 아니라면 특별히 별도의 자격이 필요 없다. 또한 의사는 환자의 증상에 대해 단지 통계적인 처치를 할 뿐이다. 그러나 일반적으로 환자는 의사의 처방이 절대적으로 '올바르다' 혹은 '올바르지 않으면 안 된다'라는 생각을 한다.

그리고 플라시보 효과를 보는 경우가 적지 않기 때문에, 동일한 진단 후에도 의사 A의 처치는 병의 치료에 효과가 있지만 의사 B의 처치는 효과가 없을 때도 있다.

이런 점에 대해 평소 알고 지내는 의사에게 물어보았다. 그는 물론 실력이 중요하다는 전제를 하면서 "의사와 환자가 잘 맞고 안 맞고의 차이는 있겠지요"라고 했다. 한 가지 재미있는 것은 노인들에게는 직접 접촉해주는 의사가 가장 인기가 좋다고 말했다는 사실이다.

"접촉이라고요?"

"그래요, 접촉이요. 그러니까 의사가 직접 접촉해주면 안심이 되기 때문에 찾아오는 사람도 많거든요."

직접 신체를 접촉하여 진료를 받으면 의사를 신뢰하게 된다는 뜻이었다.

이런 내용을 아토피로 고생하는 지인에게 말해보았다.

"나도 실력이 좋다고 해서 가봤더니 그냥 쳐다만 보고 처방을 내리는 의사가 있었습니다. 그렇지만 직접 손으로 만져가며 진찰해주는 의사가 더 신뢰가 가더군요."

과연 그럴 수도 있겠다는 생각이 들었다. 미래에는 의사가 하는 일의 일부도 로봇이 하게 될 것이라는 말을 곧잘 듣곤 한다. 바로 그런 점에서, 육체적이든 정신적이든 AI가 인간을 대체하는 시대에서 살아남기 위해서는 '접촉'이란 단어를 실마리로 삼아야 할지도 모른다.

인간의 일 약 절반을 AI가 처리

영국 옥스퍼드대학의 마이클 오스본(Michael Osborne) 교수와 칼 프레이(Carl Frey) 박사는 2014년에 매우 흥미로운 보고문을 발표했다. 10~20년이 지나면 영국의 노동인구가 수행하는 일의 35퍼센트를 인공지능이나 로봇이 대신 처리하게 될 가능성이 높다는 것이다. 참고로 2013년의 한 저서에서 미국은 47퍼센트, 2015년의 연구에서 일본은 49퍼센트였다.

불과 몇 년의 시차는 두고 있지만 거기에 구애될 필요 없이 최소한 2034년쯤이면 선진국에서 40~50퍼센트의 일은 AI가 대신한다고 예상해볼 수 있다.

AI 관련 시장은 2030년에 2조 엔이라 하기도 하고 90조 엔이라 하기도 한다. 몇 가지 조사 데이터를 보았는데, 무엇을 AI 관련으로 파악하는지에 따라 결과는 판이하게 다르다. 그러므로 그다지 큰 의미를 둘 필요는 없고 그냥 우상향 곡선을 그리며 계속 성장한다고 받아들이면 될 것이다.

경제산업성도 2017년 발표한 '신산업 구조 비전'에서 AI 분야를 소홀히 하면 국익을 해친다고 하였는데, 총 379쪽이나 되는 보고문에서 'AI'를 245회나 언급할 만큼 매우 중요한 이슈로 다루었다.

범용 AI와 특화형 AI

개인적인 생각을 말하자면, 나는 언론이 AI라느니 기계학습이라느니 호들갑을 떨며 너무 극단적인 표현만 하는 것 같다. 연배의 경영자가 아직껏 스마트폰조차 잘 다루지 못하는데, 과연 AI가 모든 것을 대행하게 될까. 물론 이것은 기계치처럼 세태에서 벗어나는 경우겠지만, 현재의 논의는 너무나 SF 공상소설처럼 앞서가는 것 같다.

인공지능 하위에 기계학습이 있고, 또 그 하위에 딥러닝이라는 것이 있다. 여기서 가장 큰 개념은 당연히 인공지능(AI: artificial intelligence)이다. AI가 모든 것을 지배한다는 말은 지나친 과장이겠지만, 동시에 AI가 큰 위협이 될 것이라는 말이 틀리지는 않다.

우선 AI는 크게 나누어 두 가지가 있다.

〈범용 AI〉

· 우주소년 아톰, 터미네이터 등과 같은 AI를 일컫는다.
· 범용 인공지능이라고도 불린다. 인간 수준 혹은 인간 이상의 지능을 발휘한다.
· 현실에서는 실현 곤란하다는 학자도 있다.
· 다만 일반적으로는 이런 AI의 세상이 도래할 것으로 믿고 있다.

〈특화형 AI〉

· 특정 분야에 특화된 기계학습 기술을 일컫는다.
· 데이터를 축적하여 논리 또는 알고리즘에 따라 아웃풋한다.
· 인간의 개입이나 미세조정이 필요하다.
· 현시점에서 실현 가능하다.

보통 AI라고 하면 범용 AI를 먼저 떠올리는 경향이 있다. 그래서 무엇이든 AI로 만들 수 있을 것이라고 생각하는 사람도 있으나, 현재는 특화형 AI의 단계다. 특화된 AI는 수많은 과거의 데이터를 축적한 다음 다양한 방향으로 결과를 낸다. AI가 무조건 미래를 예측하는 것이 아니라, 어디까지나 수많은 데이터를 필요로 한다. 그런 요건이 갖춰지면 밑바닥부터 단계를 밟아나가면서 데이터를 분석하는 것이다.

AI와 관련된 실제 경험담

나는 2017년에 기계학습에 사용되는 파이썬(Python)이라는 프로그램 언어를 기초 과정부터 학습하고, 실제 사용 가능한 정도를 검증하기 위해 직접 기계학습 소스 코드를 만들어보았다. 그리고 다음과 같은 테스트를 실시했다.

① 우선 거래처 기업의 순위를 매겼다. 신용조사 회사로부터 그때까지 자리매김 된 각 기업의 순위 정보를 입수했다. 간단히 말하자면 결산상태, 종업원의 1인당 효율성, 전년 대비 성장률 등의 다양한 정보를 바탕으로 1점부터 10점으로 채점한 결과다. 채점 방법은 공개되어 있지 않다. 그래서 기계학습을 통해 과거의 데이터를 읽

어 들이게 한 다음, 각 기업의 예상점수를 뽑았다. 그 결과 신용조사 회사와 동일한 점수가 산출되었다.

② 거래처로부터 조달되는 제품이 있다. 금속 가공품을 샘플로 삼아 부피, 깎인 정도, 표면 처리 등의 데이터와 각각의 가격을 입력했다. 이를테면 사양과 그 실제 가격이라고 이해하면 될 것이다. 그 뒤 신규 조달품 사양을 입력하고 예상가격을 뽑아보았다. 그러자 100 퍼센트는 아니었지만 매우 근접한 가격을 산출할 수 있었다.

기계학습에서는 데이터를 입력하면 그중 몇 개의 데이터를 바탕으로 법칙성을 찾아낸다. 결산 상태라면 점수가 몇 점이라거나, 이 사양이라면 가격이 몇 엔이라거나 하는 식이다. 그리고 남아 있는 다른 데이터를 통해 그 법칙이 올바른지 확인한다. 앞에서 들었던 예시에 법칙을 적용시켜 8점을 부여한 항목이 실제로 8점인지 확인하고, 또 그 계산식이 실용성 면에서 벗어나 있지 않은지 판단한다. 데이터가 많을수록 정확도는 높아진다. 동시에 인간이 더 뛰어난 알고리즘은 없는지 시행착오 과정을 거치면서 검토한다. 약간 전문

기계학습의 과정

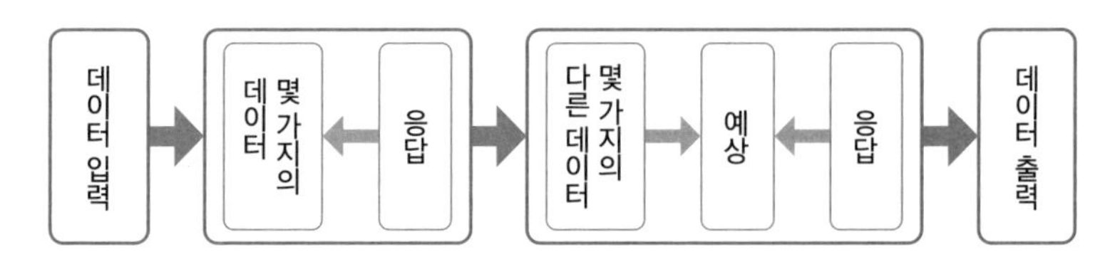

적으로 표현하자면 ①은 분류이고 ②는 회귀라 할 수 있다.

이것은 기초 중의 기초로, 첨단의 연구자가 수행하는 높은 수준의 영역은 아니다. 전문가가 보면 일소를 터트릴 것이다. 다만 실천적인 의미가 있다고 생각한다. 구조도 잘 모르면서 AI 위협론 운운하기보다 기계학습에 대해 좀 더 적극적으로 이해하려 노력해야 하기 때문이다.

안드레아스 뮐러(Andreas C. Muller)는 《파이썬으로 시작하는 기계학습(Introduction to Machine Learning with Python, 2016)》에서 이렇게 말했다.

> '기계학습에서 가장 중요한 것은 취급하고 있는 데이터를 이해하는 것이며, 또한 해결하고자 하는 문제와 데이터의 관계를 이해하는 것이다. 적당히 알고리즘을 선택하여 데이터를 입력하는 식으로는 원하는 결과를 얻어내지 못한다.'

기계학습은 어디까지나 데이터가 바탕이 되어야 하고 대상에 대한 깊은 조예가 필요하다. 올바른 데이터를 취급하고 알고리즘을 설정할 수 있게 되면 AI는 분명 위협이 될 수 있다. 각종 미디어를 통해 널리 알려진 캘리포니아대학 음악학부 교수인 데이비드 코프(David Cope)가 개발한 AI 에밀리 하웰(Emily Howell)은 클래식을 작곡할 수 있다. 클래식의 악곡을 입력하면 거기서 명곡의 법칙성이나 작곡가의 습관 등을 찾아내 작곡을 한다.

현재도 AI는 인간이 엄청난 시간을 쏟아부어도 끝내지 못할 분석을 할 수 있다. 따라서 특정 영역에서는 강점을 발휘하며 인간을 대신하여 업무를 수행할 수 있다. 가까운 미래에 사라지게 될 것으로 자주 거론되는 단순 노동 직업으로는 계산원, 요리사, 접수원 등이 있으며, 화이트칼라 직업으로는 회계사 등이 상위에 올라 있다.

그렇다면 AI가 어떤 일을 할 수 있을지 좀 더 알아보자.

· AI 요리사: 조리 데이터를 분석하여 식재료에 맞는 요리를 제안한다. 나아가 제안뿐만 아니라 실제로 조리 로봇을 통해 요리도 제공한다.

· AI 스타일리스트: 수많은 사진 데이터를 분석하여 체형이나 피부색에 적합한 의류를 추천한다.

· AI 홈페이지: 폰트, 배색, 배치, 카피, 사이즈 등의 조합을 방문자별로 무한반복으로 실행하여 방문자의 특성에 맞게끔 최적화한다. 아울러 메일도 수신자별로 확인율이 가장 높은 시간대에 맞춰 발송하고 매체나 메일 제목 등에도 변화를 준다.

· AI 점원: 슈퍼마켓이나 편의점 등에서 매출이 가장 높은 매대의 진열 방식을 분석한다. 또한 거동이 의심스러운 고객을 찾아내고 감시한다.

· AI 어시스턴트: 이미 AI가 탑재된 지능스피커가 가전을 조작해

주는 것처럼 서류 작성이나 예약 확인, 과거의 정보수집 등을 실행한다. 실제로 결산서나 회계 관련 데이터를 모아 회사별로 요약된 정보를 제공하는 서비스는 이미 존재하고 있는데, 앞으로 그 역할은 더욱 확대되리라 예상된다. 나중에는 AI 어시스턴트에 일을 의뢰하는 사원마저 불필요하게 될 것이다.

· AI 엔터테이너: 앞에서 작곡의 예를 들었는데, 그보다 좀 더 진화되어 인간을 빼닮은 캐릭터가 날마다 다른 노래를 불러주기도 하고 나아가 작사도 직접 하는 시대가 열린다. 유튜버가 되어 매일, 아니 매 시간마다 콘텐츠를 갱신할지도 모른다.

· AI 컨설턴트: 기업의 정보를 분석하여 문제점을 찾아내고 해결책을 제시한다.

· AI 변호사: 지금까지 축적된 방대한 판례집에서 적절한 사례를 찾아 자료를 작성하고 최적의 재판 전술을 검토해준다.

이처럼 AI가 활동 가능한 영역은 헤아릴 수 없을 만큼 많다. 앞으로 데이터를 분류하거나 회귀시키거나 규칙을 추출하는 등의 다양한 영역에서 AI가 더욱 활약하게 될 것이다.

특화형 AI의 미래

이미 오래전부터 싱귤래리티라는 개념이 널리 쓰이고 있다. 싱귤래리티란 미래학자이자 발명가인 레이 커즈와일(Ray Kurzweil)이라는 천재가 《특이점이 온다(The Singularity is near, 2007)》에서 본격적으로 소개한 개념이다. AI가 인간의 사고력을 뛰어넘고 심지어 AI끼리 진화를 진행시키면서 엄청난 속도로 발전해나간다는 의미를 담고 있다. 커즈와일은 지금까지의 세계와는 완전히 다른 풍경이 펼쳐질 것이라며 싱귤래리티 대학을 창설했다.

싱귤래리티라는 말은 사람에 따라 다양하게 해석되고 있다. 2045년에는 AI가 인간보다 압도적인 능력을 가지고(능력의 정의는 아직 명확하지 않다), 스스로 프로그램을 수정하는 단계까지(프로그램의 수정이 어느 수준까지를 의미하는지도 합의된 바 없다) 진화할 것이라고 생각하는 사람이 많다. 또한 싱귤래리티 시기가 되면 전 인류 두뇌의 합에 해당하는 계산 능력을 가진 PC를 거리에서 손쉽게 구입할 수 있게 된다는 사람도 있다. 싱귤래리티가 기술적 특이점이라고 번역되는 현시점에서는 구체적으로 사회 변화가 어느 수준까지 일어날지 알 수 없다. 하기야 인간이 예상할 수 있는 것을 '특이점'이라고 부르지는 않을 것이다.

마찬가지로 싱귤래리티 대학이 예상하는 미래는 무서우면서도 재미있다. 예를 들어, 제조업이 모두 3D프린터로 대체될 것이라고 하면서 원자 프린터의 등장을 예상하고 있다. 지금은 플라스틱 등의 소재만 성형이 가능하지만 원자 프린터라면 다양한 재료를 사용하여 형체를 출력할 수 있다. 그 시대의 공장은 어쩌면 도심의 빌딩에 들어서게 될지도 모른다.

한 시기가 더 지난 또 다른 미래에는 그런 프린터들이 자신과 완전히 동일한 프린터를 증식하게 될 것이다. 이것은 어쩌면 새로운 생명의 탄생이라고 할 수 있지 않을까. 무한히 증식되는 프린터들의 연쇄. 그쯤 되면 생명을 품어내는 모성에 빗대어 프린터성이라는 말이 쓰이게 될지도 모를 일이다.

이외에 ExO(exponential organization)의 개념도 재미있다. 개인은 뿔뿔이 흩어져서 일하지만 유기적이고 유동적으로 연결된다. 인원수가 소규모인 경우에도 외부와 연계하면서 더 큰 가치를 창조한다. 구글도 사원수나 대차대조표 평가 규모에 비해 영향력이나 주식가치가 상당히 높으며, 우버 역시 그렇다. 기존의 제조업 시대에는 규모를 키우고 막대한 고정비를 들이는 것이 사회에 영향을 미칠 수 있는 철칙과도 같았다. 하지만 AI 시대에는 루틴 업무는 기계에 일임하고 개인 또는 소조직이라는 마이크로적 존재가 위세를 떨치게 된다.

물론 개인 또는 소조직이 새로운 가치를 창출하지 못하면 기계에 흡수될 가능성도 없지 않다. 그러나 새로운 가치를 창출할 수 있다면 기계와 함께 번영을 누리는 시대가 될 것이다.

2034년에 일어날 변화

- AI에 일자리를 빼앗기는 인간

염두에 두어야 할 사항

- AI의 자사 업무 전개
- AI가 대신할 수 없는 서비스

이런 물건이 팔린다

- AI를 이용하여 대량의 데이터를 취급하는 서비스

돈 버는 법

AI라는 블랙박스를 잘 활용해야 한다.

늘 석연치 않게 느꼈던 것은 AI가 작동하는 과정과 결론이 선뜻 이해가 되지 않는다는 점이다. AI에는 '그럴지도 모르지. 그런데 어째서 그렇다는 것일까'라는 식으로 뭔가 알쏭달쏭한 구석이 있다. 장기 게임 AI 소프트웨어 '포난자'를 개발한 야마모토 잇세이가 "인공지능이 어떻게 '명인'을 이겼을까?"라고 의문을 표시할 정도다.

"포난자에는 수많은 암수가 입력되어 있어서 이유나 이치를 알기란 거의 불가능합니다. '프로그래밍의 이유나 이치를 모른다'는 것은 프로그래밍에 입력된 다양한 수치 중에서 어째서 특정 수치가 선택되었는지, 혹은 어째서 특정 조합이 유효한지 진정한 의미로는 이해가 되지 않는다는 뜻이지요. 기껏해야 경험적 혹은 실험적으로 유효했다는 사실 정도만 알고 있을 따름입니다."

현재의 중간 관리직을 떠올려보았다. 예를 들어, 부하직원이 'AI가 이렇게 말하고 있습니다. 왠지는 모르겠지만 이것이 나을 듯싶습니다'라고 결재를 요구했을 때 뭐라고 답해야 할까. '그냥 AI가 하자는 대로 하지 뭐'라고 말해야 하는 것일까?

이런 점에서 필연적으로 주목을 받는 것이 이해할 수 없는 AI와 인간을 이어주는 연결고리 역할이라고 생각한다. 일찍이 야후의 아타카 가즈토는 이렇게 지적했다.

"AI에 맡기는 부분은 많든 적든 블랙박스화한다. 앞으로 위기관리에 대한 사고법은 경영의 중요한 판단 요소가 된다. (중략) 향후에는 인간이 이해할 수 있는 말로 AI와 인간의 세계를 이어주는 소프트웨어적 기술이 경영능력으로서 중요성을 더하게 될 것이다."

-《하버드 비즈니스 리뷰》, 2015년 11월호.

기계가 많은 일을 대행하는 시대에 어떻게 살아남아야 하는가에 대한 대답은 추상적인 것이 될 수밖에 없다. 앞에서 '접촉'을 키워드로 언급했는데, 접촉이란 고무시키는 것, 마음을 뒤흔드는 것, 놀라게 하는 것, 감동시키는 것, 두근두근 설레게 하는 것 등을 내포한 말일 것이다. 가령 기계가 빌딩과 빌딩의 최상층을 잇는 로프를 건너고 있다고 해보자. 그 모습을 바라보는 나의 감정이 어떨지는 모르겠으나, 확실히 말할 수 있는 것은 그 로프를 인간이 건너면 감동을 안겨준다는 사실이다.

이에 대해 고도로 발달한 최상급 AI는 이렇게 말할지도 모른다. '인간의 감정 따위야. 지금까지의 패턴을 분석하여 더 감동을 줄 수 있도록 하겠습니다'라고.

2035년

[하늘 비즈니스가 확대되고, 파일럿과 기술자 수요가 약 150만 명에 이른다]

하늘의 수요가 급증하는 시대에
어떻게 비약할 것인가?

P

Politics(정치)
하늘의 자유화가 진행되고 민관 주도로 파일럿과 기술자 확보를 추진한다.

E

Economy(경제)
앞으로도 항공산업의 성장 가능성은 높다.

S

Society(사회)
글로벌화에 따라 이동횟수가 증가한다.

T

Technology(기술)
저비용 항공사의 수가 더욱 늘어난다. 기체는 소형기 중심으로 바뀌고 보잉이나 에어버스 이외의 신규 진입이 봇물 터지듯 일어난다.

변화의 특징

세계 각국으로의 이동이 더욱 활발해짐에 따라 항공산업도 순조롭게 성장해간다. 한편 그러한 수요에 대처하지 못하여 파일럿이나 기술자 부족 현상이 날로 심각성을 더한다. 일본은 패전 후 항공산업이 중단되어 선진국에 비해 기술 개발 측면에서 일천한 역사를 가져야만 했다. 이런 상황에서 하늘의 서비스를 세계에 어필할 수 있는지, 그리고 항공기 생산을 통해 새로운 비즈니스 기회를 창출할 수 있는지가 항공산업 발전의 관건이 된다.

인류가 하늘을 난다는 것

인류가 하늘을 날 수 있게 된 것은 독일 제플린(Zeppelin) 백작의 비행선 이후로 보고 있다. 제플린 백작은 막대한 사재를 털어 하늘을 나는 꿈에 투자했고, 1900년에 첫 비행을 이루어냈다. 비행선에서 비행기로 바뀔 것까지 예측하고 개발을 진행했는데, 그 과정에서 축적된 항공 기술은 독일 비행기 기술자 배출의 초석이 되었다.

하지만 비행기의 성공 사례로는 1903년 라이트 형제의 노스캐롤라이나주 비행 실험이 유명하다. 실험은 기술 유출을 피하기 위해 자택으로부터 800킬로미터나 떨어진 장소에서 이루어졌다. 라이트 형제는 기체(機體)가 중요하기는 하지만 본래 불안정한 것이라 여기고 파일럿의 조종 능력을 향상시키는 데 집중함으로써 비행을 실현시켰다.

그 후 항공 사업은 군사 기술로 각광을 받아 하늘에서 타국을 감시 혹은 폭격할 수 있는 도구가 되었다. 그리고 제2차 세계대전 후 비로소 이동수단으로서의 항공 사업이 꽃을 피우게 된다. 미국에서 신흥기업이 항공 사업에 뛰어들었으며, 아울러 유럽에서도 스칸디나비아 항공 등 여러 항공사가 생겨났다.

일본에서는 1922년에 일본항공수송연구소가 운항을 개시했으나, 패전 후 연합군최고사령부(GHQ)에 의한 비군사화 정책으로 일본제 항공기는 비행이 금지되었다. 미야자키 하야오의 명작 《바람이 분다》를 모티프로 하여 호리코시 지로가 미쓰비시의 제로전투기를 설계한 것은 널리 알려진 이야기다. 하지만 그 역시도 패전 후에는 리어카나 냉동고를 제작하는 일에 종사하게 되었다. 일본인의 손에 의한 항공 사업은 그 시점에서 자취를 감추게 되었고 오랫동안 훗날을 기약하는 것 외에는 다른 방도가 없었다.

그 후 1952년이 되어서야 항공법이 제정되고 일본이 항공 사업에 참여할 길이 열린다. 그 시점에 태어난 항공사는 반민반관으로 일컬어진다. 그도 그럴 것이 일본의 항공 사업이 무력화된 상황에서 세계 유수의 유력 항공사에 대해 일개 민간기업이 경쟁력을 갖추기는 힘들었기 때문이다. 다시 말해 국가 사업으로서 대응해야만 얼굴이라도 알릴 수 있었던 것이다.

아나(ANA)는 1952년에 일본헬리콥터수송이라는 이름으로 탄생하여 1957년에 전일본항공으로 개명하였다. 잘(JAL)은 ANA보다 일 년 빠른 1951년에 창립되었는데, 반민반관의 형태로 유지되다가 1987년에 완전히 민영화했다. 주지하는 대로 JAL은 2010년에 파산 위기를 겪은 뒤 이나모리 가즈오 등을 경영진으로 불러들여 부활에 성공하였다.

하늘 수요의 급증과 공급의 둔화

보잉은 2035년까지 약 150만 명의 파일럿과 기술자가 필요할 것으로 예측했다. 2016년 시점에 보잉이 보유한 대형제트기는 25만 722기지만, 20년 후에는 거의 두 배가 될 것으로 전망하고 있다. 2016년에는 비행시간도 급증해서 비행 회수가 자그마치 2910만 회로 이전에 비해 두 배나 껑충 뛰었다.

에어버스는 2035년까지 3만 3070기의 항공기가 필요할 것으로 예상하고 있다. 보잉의 예상은 3만 9600기로, 차이는 보이지만 어쨌든 증가할 것은 틀림없다.

'민간항공기에 관한 시장예측 2018~2037(재단법인 일본항공기개발협회)'에 따르면, 항공 여객수요도 2017년에는 7조 7371억 여객킬로미터(passenger kilometer: 여객수 위주로 표시하는 수송량 단위로 여객수송 인원에 수송거리를 곱한 값_옮긴이)였지만 2037년에는 약 2.4배인 18조 5875억 여객킬로미터가 될 것으로 전망하고 있다.

오픈 스카이

하늘의 자유화는 본래 미국에서 추진되었다. 미국에서는 1978년에 주 경계 밖으로의 운항을 인정하는 법률이 통과되었고 그 이후로도 꾸준히 자유화가 진행되어왔다. 카터 정권 무렵에는 항공사의 국제선 취항에 대한 규제를 완화하는 등 미국 항공산업의 경쟁력을 높이는 데 힘썼다.

이러한 자유화의 움직임을 오픈 스카이라고 부른다. 항공 사업의 강화와 더불어 규모의 확대를 지향했던 것이다. EU는 물론 전 세계가 이러한 흐름에 동조했다. 일본은 오랜 세월 동안 신중한 태도를 취해왔지만, 도쿄올림픽이 개최되는 2020년을 앞두고 유연한 자세로 선회하여 많은 나라의 저비용 항공사(LCC)가 운항되기 시작했다.

저비용 항공사는 아시아 간의 이동이 활발해지면서 생겨난 필연적인 결과물이다. 아시아권 운항기의 좌석점유율이 높아지면서 인터넷이나 스마트폰 어플 등으로 쉽게 항공권 예약을 할 수 있게 되었는데, 이것이 아시아의 저비용 항공사를 한층 더 성장시키는 요인으로 작용했다.

2017년에 IATA(국제항공운송협회)가 발표한 '여객수×구간거리'의 세계 순위를 살펴보면, 1위가 아메리칸 항공, 2위는 델타 항공, 3위 유나이티드 항공, 4위 에미리트 항공, 5위 중국남방항공 등으로 이어진다. JAL과 ANA는 상위그룹에서 한참 뒤처져 있어, 1위인 아메리칸 항공에 비해 5~6분의 1 정도의 규모에 지나지 않는다.

패전 후 발목이 꺾였던 것이 일본 항공산업이 여전히 세계로 비상하지 못하는 이유라고 보는 사람이 많다. 1985년에 도쿄를 출발하여 오사카로 향하던 JAL기(보잉 747 점보기)가 비행 도중 추락하는 사고가 발생했는데, 이 참혹한 사고가 그 후 일본 항공산업의 발달을 저해했다고 지적하는 사람도 있다.

그러나 일본은 여전히 국외시장에 눈을 돌리지 않고 내수 지향의 서비스에서 벗어나지 못하고 있다. 물론 그렇게 된 데에는 역사적인 경위도 있고 요금 설정의 문제도 있다.

일본에서는 돈이 없는 젊은 사람들이 장거리 이동을 할 때 대체로 저비용 항공사가 아닌 심야버스나 JR철도의 무제한이용권 등을 이용하는 경향이 있다. 또한 도쿄와 오사카 구간을 이동할 경우 가격차가 크지 않다면 공항에 가는 시간이나 전후의 대기시간 등을 감안하여 신칸센을 이용하는 편이 낫다고 생각한다. 더욱이 공항사용료가 비싼 일본으로서는 요금을 싸게 책정하기가 힘들다.

그러나 급증하는 여객 수요에 대응하기 위해서는 역시 하늘 이동수단의 내실을 다질 필요가 있다. 파일럿 증가라고 하는 의미에서도 그렇고, 기체 개발 및 생산이라는 의미에서는 더욱더 그렇다.

파일럿 증가 대책과 기체 개발

파일럿이 되는 길은 사립대학 등의 민간 양성기관, 항공대학교, 항공사, 방위성(재취직) 등을 거치는 방법이 있다. 그런데 민간 양성기관을 이용할 경우 비행학교나 사립대학 모두 1000만 엔 이상의 비용이 든다. 장학금을 받는다고 해도 지원 금액이 한정되어 있어서 혜택을 받기가 좀처럼 쉽지 않다. 국토교통성에서도 파일럿의 '공급' 운운하며 심각성을 말하고 있지만 파일럿의 육성이 하루아침에 이루어지는 일은 아니다.

항공대학교는 독립행정법인인데, 4년제 대학에 2년 이상 재학해야 수험자격이 주어진다. 하지만 입학한다고 해도 파일럿으로서의 취직이 보장되는 것도 아니다.

사립대학으로는 도카이대학, 호세이대학 등 몇 개 대학에서 파일럿 양성코스를 운영하고 있다.

파일럿이 되어 일을 시작해도 건강을 어떻게 유지하느냐가 중요하다. 파일럿은 조종사 기능자격만이 아니라 항공 신체검사 증명도 필요하다. 항공 신체검사 증명은 신체 전반에 대해 꼼꼼하게 검진하고 아무런 이상소견이 없을 때 발급받는 것으로 정기적으로 갱신하는 일이 필수다. 게다가 여객기를 조종하기 위해서는 기종별로 별도의 자격이 필요하다. 물론 하늘의 안전을 위해서 반드시 필요한 제도이기는 하다.

그러나 어느 업계든 일손 부족으로 곤란을 겪고 있고, 항공산업이라고 예외는 아니다. 장차 세계가 더욱 좁아져서 여행이나 비즈니스 관계로 이동이 증가하리라는 것은 명약관화한 일이다. 따라서 그 대응책을 모색하는 것이 무엇보다도 시급하다.

외국인 조종사의 활용도 검토되어, 체류자격 요건을 비행시간

1000 시간 이상에서 250시간으로 줄이고 일부 시험을 면제해주게 되었다. 하지만 세계적으로 파일럿 부족 현상에 직면해 있기 때문에 외국인 조종사의 국내 채용이 쉽지만은 않다. 최근에는 파일럿의 상한 연령을 끌어올리거나 나안으로만 실시하던 시력검사 제한을 없애려는 움직임도 감지되고 있다.

일본에서는 1990년대부터 기존 항공사에 비해 저렴한 운임을 제공하는 저비용 항공사가 속속 등장하였다. 일본을 방문하는 외국인이 급증하기 시작하면서 파일럿 부족은 가속화하고 있다. 완전한 해결방법을 찾을 수는 없겠지만 무슨 수를 쓰든 파일럿을 늘리지 않으면 안 될 것이다.

패전 후 항공산업이 주춤하며 함께 뒤쳐져야 했던 기체 개발 부문에서도 새로운 움직임이 일고 있다. 그중에서도 MRJ가 유명한데, 이는 미쓰비시중공이 중심이 되어 개발한 국산기종을 말한다. JAL과 연계하여 아이치현에서 시험을 마쳤으며 해외로부터 수주를 따내는 데도 성공했다. MRJ는 개발이 지연되는 등 크고 작은 구설수에 시달리고 있지만 그런 내용은 여기서 다루지 않기로 한다. 현재 일본에서 뜨고 내리는 국제선은 거의 보잉과 에어버스가 주종을 이루고 있다. 제조업 부문에서 대량생산의 시대가 종언을 고한 것처럼, 이동 부문에서도 소폭의 그리고 적은 인원수의 이동 수요가 많아지고 있다. 이런 점을 생각하면 보잉과 에어버스 이외의 선택지도 생겼으면 하는 바람이다. 혼다기켄공업도 소형제트기 개발에 착수하는 등 사업 영역을 다른 분야로 확산시키고 있다.

두 회사 모두 우여곡절은 있겠지만 확대되는 하늘의 수요에 대응하려는 방향성이 잘못된 선택은 아닐 것이다.

제트기의 속도 향상에 대해

세계 최초의 제트 여객기는 1949년에 하늘을 날았다. 1953년에는 제트 여객기가 런던에서 하네다 공항을 향해 비행했는데, 35시간 이상이나 허비해야 했다. 경유지가 많았고 그때마다 급유를 해야 했기 때문이다. 당시만 해도 대서양을 횡단하는 것은 불가능한 일이었다. 물론 시간이 단축되고 있지만 급유의 문제가 있어서 초음속 여객기는 보급되고 있지 않다.

초음속 여객기 콩코드는 보통의 여객기보다 높은 고도를 날아 공기 저항을 낮추고 속도를 높였다. 그러나 기체와 연료비가 비용 상승요인으로 작용하여 운임을 더 올려야 했다. 게다가 기체가 상승하는 데 시간이 오래 걸려 근거리를 가는 경우에는 초음속의 빠른 속도를 체감할 수 없었다. 그래서인지 콩코드는 20기 정도를 끝으로 생산이 중단되었다.

비행 속도를 체감할 수 없는 것과 관련하여 JAL은 이렇게 설명하고 있다.

"실제로 비행기는 최고속도로 날고 있는 것이 아닙니다. 비행기가 최대 출력으로 비행을 계속하면 진동이나 흔들림이 크게 전달되어 기내에 계신 고객 여러분이 '쾌적한 하늘의 여행'을 즐길 수 없기 때문입니다. 또한 엔진이나 기체의 수명이 단축되고 연료가 과도하게 소비되어 비용 상승 요인이 되므로 고객님께 폐를 끼치게 될 수도 있습니다."

2035년에 일어날 변화

- 하늘의 수요가 급증하여 세계의 비행거리가 늘어나고 기체 수요도 증가
- 파일럿과 기술자의 세계적 기근

염두에 두어야 할 사항

- 국가 간 대이동 시대 참여
- 하늘 지원 서비스 참여

이런 물건이 팔린다

- 이동 비즈니스
- 파일럿, 기술자 육성지원 서비스

돈 버는 법

마일리지 카드를 다각도로 활용하라.

항공사 하면 마일리지 카드를 떠올리는 사람이 많을 것이다. 1981년에 아메리칸 항공이 '발명'한 이 로열티 정책은 단골손님을 확보하기 위한 방책이었다. 본래 항공 사업은 엄청난 고정비용으로 유지되고 있다. 손님이 있든 없든 비행기는 떠야만 하고, 객실 승무원도 없어서는 안 된다. 따라서 많은 우량고객을 확보하고 그들에게 더러 무료탑승을 시켜준다고 아까워할 일은 아닌 것이다. 이런 발상으로 시작된 제도가 항공 부문만이 아닌 일상 쇼핑 부문으로도 확대되어 제2의 화폐라 불리는 경제권을 만들어냈다.

이전부터 CLO(Card Linked Offer)라는 것은 있었다. 마일리지가 적립되는 신용카드로 고객이 쇼핑을 할 때마다 그 특성을 분석하여 적절한 쿠폰 등을 제공해주는 시스템이다. 사용자 입장에서도 쓸데없이 쿠폰이 남발되는 것보다는 기호에 맞도록 핀포인트로 제공되는 편이 낫다. 자동적으로 발급되어 제공된 쿠폰 중에는 불필요한 것이 꼭 있기 때문이다. 그렇지만 신용카드 명세에 호텔의 숙박이력이 있을 경우 이를 활용하면 '저희 호텔은 가격이 싸고 쾌적해요'라며 최적의 오퍼를 제안하여 효율성을 높일 수 있다.

손님은 비행기를 타고 싶은 것이 아니라(물론 그런 사람도 있겠지만), 이동이라는 용역 서비스를 구입하는 것이다. 그런 관점에서 비행기 이동을 포함한 토털 패키지로 여타의 상품을 제안하는 것도 좋은 방법이다. 항공권을 구입할 때 호텔을 함께 예약할 수도 있는데, 현재 인터넷 여행 대리점에서 이런 상품을 판매하고 있다. 그러나 비행과 관련해서는 개인 데이터에서 기호에 이르기까지 항공사가 보유하고 있는 정보량이 훨씬 더 풍부하다.

이런 점을 생각하면 항공사는 외출할 때 택시를 대기시키는 일에서 이동 중의 식사, 코디네이터 섭외, 여행지 안내에 이르는 토털 서비스가 가능할 것이다. 물론 현재는 규제 때문에 어려운 측면이 있지만 전혀 방법이 없는 것은 아니다. 예를 들어, 동일한 마일리지 가맹점의 정보를 총체적으로 활용하면 세계적인 규모의 서비스를 전개할 수 있다. 비행기를 타고 한 지점에서 다른 지점으로 날아가는 행위에는 여행이든 비즈니스든 반드시 무엇인가 목적이 있게 마련이다.

좀 과장되게 표현하자면, 비행 중은 이를테면 손님을 '구금'하고 있는 상태라 할 수 있다. 나는 전부터 부유층을 일정 시간 구속할 수 있는 그 어마어마한 찬스에 주목하고 있었다. 개인 제트기가 있어도 비행기를 타야 한다면 아무리 돈이 많아도 퍼스트클래스를 이용하는 것이 최상의 선택이고, 5시간의 비행시간을 1시간으로 단축할 수도 없다. 귀천에 관계없이 누구나 기내에 머물러 있을 수밖에는 없다는 뜻이다. 그래서 탑승객들은 대부분 '뭐 어쩔 수 없지' 하며 평상시라면 거들떠보지도 않을 영화를 감상하거나 뚜렷한 목적의식 없이 기내 모니터에 눈길을 주기도 한다. 대개는 바빠서 서류를 읽지도 않을 것 같은 경영진도 비행기 안에서는 비즈니스 출자 관련 프레젠테이션에 관심을 가질 수도 있다. 또 24시간 내내 신규 사업만 골똘히 생각하는 경영자도 많다. 그런 점에 착안하여 퍼스트클래스에 앉아 있는 고객에게 새로운 비즈니스의 출자 제안을 하는 광고를 흘려보내면 흥미를 가질 확률이 높아질 것이다. 기내 와이파이 서비스 제공에만 그칠 것이 아니라 다양한 고객층을 구금(!)하고 있다는 이점을 최대한 활용해야 할 것이다.

2036년

[노년 인구가 전체 3분의 1, 사망자 수는 최대가 되고 종활 비즈니스가 절정을 맞는다]

살아가기 위한 비즈니스에서
잘 죽기 위한 비즈니스로 전환된다.

P

Politics(정치)

정부의 '인생 100세 시대 구상회의'가 발족한다. 장수와 장례에 대한 행정의 관심이 높아진다.

E

Economy(경제)

장례 관련 시장 규모가 1조 엔을 넘어선다. 종활 비즈니스의 규모가 더욱 확대된다.

S

Society(사회)

인구의 3분의 1이 노년에 접어든다. 연간 사망자 수가 160만 명을 돌파한다.

T

Technology(기술)

SNS 계정이 사후에는 신개념의 무덤으로 활용된다.

변화의 특징

2036년 일본은 노년 인구가 전체의 3분의 1을 차지하고 사망자 수가 최대를 기록한다. 이에 따라 종활 비즈니스가 엄청난 주목을 받게 된다. 장례 관련 비즈니스도 꾸준한 성장세를 보인다.
고객이 죽기 전까지 거처할 장소를 물색하거나 사후 분쟁을 경감하는 사업 외에 화장 후 유골을 처리하는 사업 등 종활 비즈니스의 범위는 무궁무진하다.

현대의 묘지, SNS

대학시절에 어느 저술가의 뉴스레터를 구독한 적이 있다. 이를테면 현재의 유료 메일 매거진의 구버전이다. 그 저술가는 합리적인 사상을 가진 것으로 알려진 사람이었는데, 묘지의 존재에 대해 쓴 부분이 기억에 남는다.

합리주의자에게 죽은 자의 묘지 따위가 무슨 의미가 있을까 했는데 내 생각은 완전히 빗나갔다. 그는 묘지를 가리켜, 합리적인 근거를 초월하여 후세를 사는 사람들에게 맥을 이어나가게 하고 인류의 역사를 알게 하는 데 아주 중요한 의미를 갖는 것이라고 했다. 합리주의자도 이런 생각을 하는구나 하며 참으로 신선한 충격을 받았다.

지금은 성묘를 할 기회가 많이 줄었지만, 그렇더라도 자신이 단지 생명과 생명을 이어주는 존재일 뿐이라는 인식을 가질 필요성은 있다. 선조의 묘지를 찾든 안 찾든 간에 그런 식으로 겸허한 마음을 갖게 되면 다른 사람도 존중하게 될 것이기 때문이다. 그런데 그런 묘지의 실태가 현대에 들어 변용되고 있다.

스마트폰을 두고 나가는 것은 이미 현대적 의미의 출가로 여겨진다. 그리고 누군가 죽었을 때 그의 SNS 계정은 묘지로서 기능한다. 갑작스레 죽음을 당한 내 지인의 계정에도 해마다 기일이 되면 어김없이 조의를 표하는 댓글이 달린다.

어떤 사람은 SNS에 글이 정기적으로 자동 입력되도록 설정해놓는다. 아마 그가 사망한 뒤에도 그의 계정에는 삶과 죽음을 초월한 듯 글이 계속 올라올 것이다. 이처럼 모든 것이 기록되고 공개되는 시대에는 사후 상황에 대한 고려가 꼭 필요할 것이다.

산다는 것과 죽는다는 것

인생은 어떻게 살고 어떻게 죽어야 할까. 지금은 인생 100세 시대라고 한다. 2017년에는 정부의 '인생 100세 시대 구상회의'가 발족했다. 평균수명은 1947년부터 계속 늘고 있으며 일본인은 일상생활에 지장을 겪지 않는 '건강 수명'도 길다.

그러나 죽음을 맞는 상황이 되면 어떤 생각을 가지게 될까. 최근에는 QOL(quality of life: 삶의 질)에서 QOD(quality of death: 죽음의 질)에 대한 논의로 초점이 바뀌어가는 추세라고 한다. 쓸데없이 연명치료에 시간과 비용을 들이기보다는 고독이나 불안으로부터 해방되어 의연하게 죽음을 맞이하는 것을 중요시하고 있다.

그런데 몇몇 단체가 실시한 조사의 결과를 살펴보면, 일본의 QOD 수준이 매우 낮은 것으로 나타난다. 가족과 떨어져 양로원이나 요양시설에서 홀로 지내는 사람이 많기 때문에 그런 결과가 나왔는지도 모른다. 하지만 조사결과와는 상관없이 남에게 표현하지 못하는 불안감이 있는 것만큼은 분명해 보인다. 어떻게 살까가 아니라 어떻게 죽을까에 대한 고민이 있는 것이다. 그리고 그러한 고민으로부터 생겨난 것이 바로 종활(終活)이라는 개념이다.

일본에서는 취직활동을 줄여 취활(就活)이라고 표현한다. 바로 그 취활이라는 단어에 빗대어 만들어진 '종활'은 자신의 임종(臨終)을 맞이하는 활동(活動)이라는 뜻으로, 2012년에 일본의 유행어 대상 후보로 선정되기도 하였다. 유언을 준비하거나 장의업자와 사전에 상담하거나 사후 가족의 역할에 대해 결정하기도 한다. 이런 추세를 반영하듯 최근 서점가에서는 엔딩 노트(Ending Note: 죽음을 앞둔 사람이 죽음에 대비하여 자신의 희망을 적어두는 노트_옮긴이)류 붐이 일기도 했다.

취활이 장래를 결정하듯 종활은 사후를 결정하는 행동인 것이다.

평생 미혼자, 독거노인, 사망자 수

요즈음 평생 미혼으로 지내는 사람들이 증가하고 있다. 또한 배우자와 사별한 경우를 포함한 독거노인의 비율도 증가하고 있다. 그들은 혼자서 갑작스럽게 변을 당하는 경우를 생각하며 불안을 느낄지도 모른다.

국립사회보장 인구문제연구소에 따르면 2036년 노년층(65세 이상)

평생 미혼자 비율의 추이

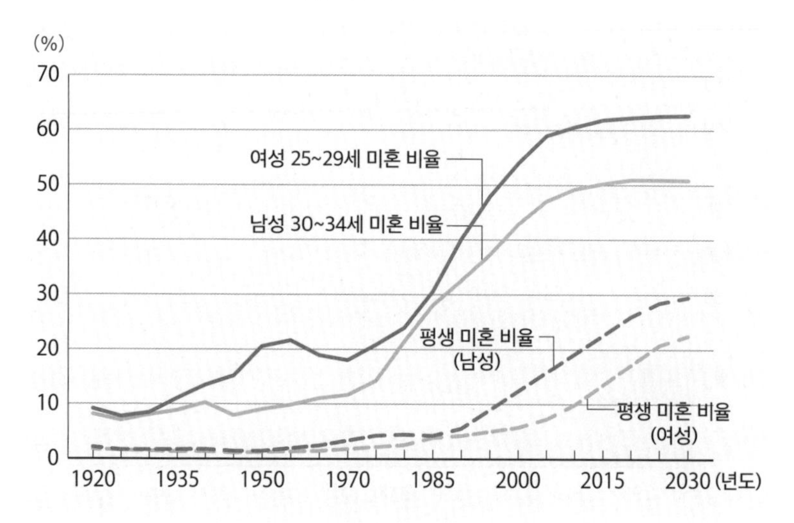

독거노인의 동향

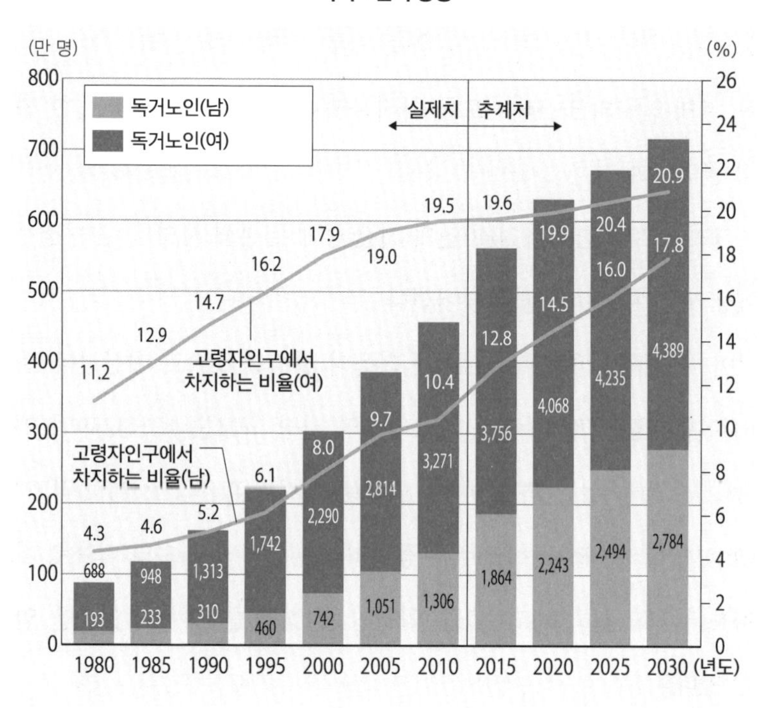

연령대별로 살펴본 사망자 수의 추이

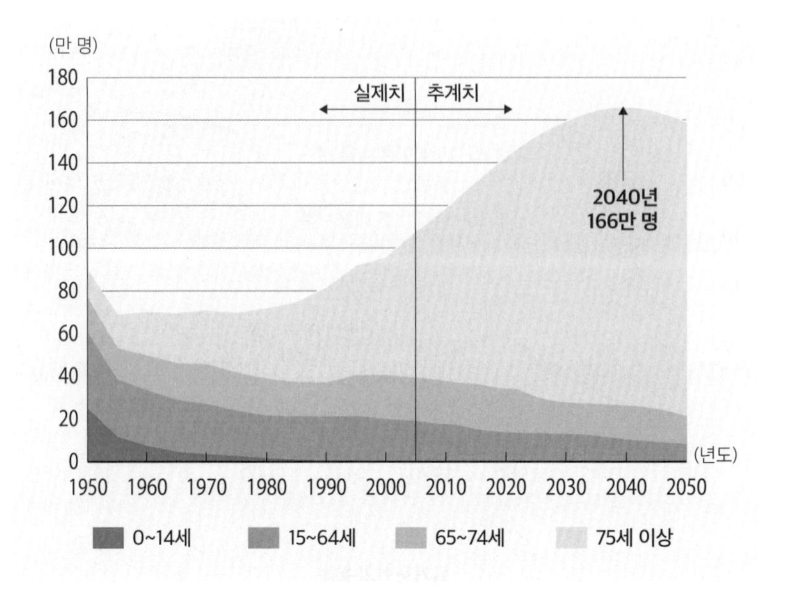

은 전체 인구의 33.3퍼센트를 차지하게 되는데, 거의 세 명에 한 사람 꼴인 셈이다.

그리고 2036년부터 2040년의 기간 중에 일본의 사망자 수는 정점에 도달하여 160만 명을 넘어선다.

이 시기부터 종활 비즈니스는 더욱더 성행할 것으로 예상된다. 실제로 현시점의 장례 관련 비즈니스의 시장 규모는 1조 3739억 엔(2015년 경제산업성 '특정 서비스산업 실태조사') 혹은 1조 7593억 엔(2015년 야노 경제연구소)으로 추정된 바 있다. 사망자 수의 비율로 따져보더라도 종활 비즈니스는 엄청난 '성장세'를 보이고 있음을 알 수 있다.

이런 구분법이 듣기에 불편할지도 모르겠지만, 종활을 죽기 전(死前)과 죽은 뒤(死後)로 분류하여 좀 더 자세히 살펴보기로 하자.

종활, 죽기 전 마지막 거처를 찾아서

일본에는 단열 기능이 제대로 작동되지 않는 춥고 낡은 집들이 있다. 건축된 지 40년 이상 된 주택에서는 열 충격(heat shock)에 의한 사고발생의 위험성이 높다. 온도차가 심한 곳에서 노년층에게 자주 일어나는 사고 중 하나다. 겨울철에 따끈따끈한 거실에서 갑자기 추운 목욕탕으로 가 뜨거운 물에 알몸으로 들어가면 뜻하지 않게 변을 당할 수 있는 것이다.

따라서 건축 시에 실내의 바닥면적을 최소화하고 단열재 등으로 보온효과를 최대화할 필요가 있는데, 이와 관련해서는 행정관청으로부터 보조금을 받을 수도 있다.

부모님과 떨어져 살고 있는 자녀의 경우에는 부모님의 안부가 걱정될 때가 많을 것이다. 인터넷에서 '노인 돌봄 서비스'로 검색하면 알 수 있듯이, 현재 고령자의 집을 정기적으로 방문하여 안부를 확인해주는 서비스가 실시되고 있다. 편의점에서도 방문주문접수 비즈니스를 시작하여, 배달과 동시에 다른 주문을 받기도 하고 때로는 가벼운 문제에 대한 의논 상대가 되어주기도 한다.

시골에 살고 있던 고령자가 멀리 떨어져 있는 자녀들 주변으로 이사하면 꽤 난감한 처지가 될 수도 있다. 환경에 익숙하지 않고 말동무도 없는 데다가 자녀들은 일하느라 바쁘기 때문에 얼굴 보기도 쉽지 않다. 그러다 보면 고령자는 집안에 틀어박혀 지내기 쉽다.

그래서 고령자용 임대주택이 주목을 받고 있는데, 이곳에서는 입주자들끼리 격의 없이 지낼 수 있고 긴급 시의 대응도 가능하다. 지금까지 일본에서는 가족용 임대물건이 많지 않아서 내 집 마련을 적극 권장해왔다. 그런데 임대주택에 입주하려면 소유주택을 처분해야만 한다. 또 하나의 문제는 연금에 의존하여 생활하는 고령자용 임대물건이 별로 많지 않다는 것이다.

앞에서 말한 고령자용 임대주택은 UR도시기구(Urban Renaissance Agency: 국토교통성이 관할하는 독립행정법인으로 도시의 시가지 정비나 임대주택의 공급을 지원한다_옮긴이)가 관장하고 있는데, 임대료가 그다지 싸지는 않다. 개인소득이 연금 등의 기준이 되는 월수입을 밑도는 경우에도 일정액의 예금만 있으면 이런 주택에 입주할 수 있다고 생각하는 사람이 많다. 그러나 UR도시기구의 홈페이지에 따르면 '기준 저축액이 입주자가 실제로 지불하는 금액의 100배가 되어야 한다'고 하니 장벽이 결코 낮지 않다. 따라서 앞으로 수요가 늘어나게 될 고령자용 임대주택과 관련한 비즈니스는 충분히 가능성이 있다. 그러므로 관심이 있다면 미리 대비하여 사전에 보증 등의 궁리를 해둘 필요가 있을 것이다.

요즘 각광받고 있는 것으로 리버스 모기지(Reverse mortgage)를 들 수 있다. 생존 중에 주택을 담보로 제공하고 대신에 금융기관으로부터 융자를 받는 제도다. 그리고 사후에는 부동산을 매각하여 상환한다. 자녀의 상속의사가 없거나 상속인이 아예 없다면 아주 적절한 방법일 것이다.

마지막 인생은 배우자와 떨어져서 생활

다소 충격적인 말로 들리겠지만 '사후 이혼'이란 것이 있다. 배우자와 사별했을 경우에도 배우자의 부모는 생존해 있을 수 있다. 그럴 때 남아 있는 사람이 아내인 경우 남편의 부모로부터 적절치 못한 대우를 받는다거나 부득이 그들의 간병을 해야 하는 처지에 놓일 수도 있다. 그래서 인척관계 종료서를 제출하여 관계를 청산하는 제도다. 이때 배우자는 이미 사망한 뒤이므로 반대할 리가 없고 친인척들의 반대는 받아들여지지 않는다.

생전의 이혼은 재산분할이나 연금 등의 문제를 생각할 때 여성 쪽이 대체로 불리하므로, 이혼보다는 '졸혼'을 선택하는 경우도 있다. 육아가 일단락되었으니 혼인관계는 유지한 채 부부가 각자 지내는 방법이다. 이 외에 완전한 별거 형태가 아닌 콜렉티브 하우스(collective house: 스웨덴, 덴마크, 포르투갈 등에서 동료나 친구끼리 공동으로 생활하는 방식_옮긴이)라는 선택지도 있다. 같은 지붕 아래서 기본적으로 따로따로 살면서 생활의 일부만 공유하는 방법이다.

죽음을 앞두고 있는 마지막 인생을 어떻게 살아야 할까. 거기에는 분명 다양한 니즈가 존재할 것이며, 그러한 니즈를 만족시켜주는 서비스가 필요할 것이다.

종활, 죽은 뒤 문제 발생에 대비하여

당신이 만약 회사를 경영하고 있는데 직원이 사망한다면, 보험금은 회사가 받고 그것을 사망 퇴직금 식으로 지급하면 세금을 줄일 수 있다. 이러한 다양한 노하우를 활용하는 서비스를 일괄적으로 받을 수 있다면 매우 편리할 것이다. 회사, 예금, 주식, 채권, 가상통화나 국채 등을 어떻게 처리해야 절세나 상속 면에서 유리할까. 그리고 그런 처리를 위해 준비해야 할 것은 무엇일까.

옛날처럼 가진 것이 은행계좌 하나가 전부라면 처리가 간단할지 모르겠으나 지금은 재산이 여기저기 분산되어 있는 경우가 많다. 그래서 일본에서는 계좌 소유자와 연락이 닿지 않는 금액이 해마다 800억 엔에 육박한다. 어쩌면 소유자가 이미 사망하여 유족조차 그 돈에 대해 모를 수도 있다. 다행히 계좌를 찾아내도 그것을 귀속시키려면 상속인 전원의 호적등본이나 인감증명 등이 필요하다.

한편, 장례식 중에 난데없이 채권자가 들이닥쳐 곤욕을 치르는 경우가 종종 있다. 연대보증인으로 설정된 경우 등은 본인조차 잊고 지내기도 한다. 상속받을 재산이 거의 없으니 자신이나 자신의 친족은 유산상속 분쟁과 거리가 멀다고 생각할 수도 있다. 그러나 유산분할 관련 재판으로 인용이나 조정성립이 이루어진 건수를 찾아보면, 재판소의 홈페이지마다 헤아릴 수 없을 만큼 기록이 많다.

그러한 재판결과 내용을 보면 유산가액마다 비율이 천차만별임을 알 수 있다. 1억 엔 이하의 사건 총수 8664건 가운데 2764건이 1000만 엔 이하의 금액을 대상으로 하고 있다. 사실상 32퍼센트가 1000만 엔 이하의 금액으로 분쟁을 한 셈이다.

이와 같은 사후의 문제를 덜기 위해서는 다음 목록을 기록해두는 일이 중요하다.

· 각종 기기의 패스워드

· 연금수첩, 인감, 여권 등의 보관 장소

· 가입된 보험

· 예금계좌 목록

· 토지, 유가증권, 그 외 금융자산 목록

· 빚, 보증인, 연대보증인 등의 목록

· 대금고나 대창고 등의 목록

· 신용카드의 종류와 비밀번호

· 유산의 희망 처리(희망하는 업자가 있으면 업자명도 기재)

· 부고를 받을 사람들의 연락처

· 가계도

· 혼외자 등의 유무

· 의식을 잃었을 때의 의료, 연명 조치의 가부

이런 내용들을 엔딩 노트 등에 사실대로 적어두어야 하며, 앞으로 해야 할 일이나 대책을 조언해줄 사람을 선정할 필요도 있다. 실제로 이와 같은 조언을 비즈니스로 삼아 활약하는 사람들이 많다.

어떻게 죽을지에 대해 자신이 원하는 바가 있더라도 사후에 그것이 제대로 이루어질지는 당연히 알 수 없다. 그러나 자신의 의사를 남기는 일 자체가 결코 무의미한 행위가 되지는 않을 것이다. 연명 조치는 살아날 가망이 없는 줄 알면서도 단지 목숨만을 이어가는 것이 목적이다. 그런 조치를 바라는 사람이 과연 있을까. 적어도 가족으로서는, 눈앞에서 의식도 없이 누워 있는 당신이 평소 어떤 의향을 갖고 있었는지 안다는 사실만으로도 황망한 경황 중에 미력하나마 의지가 될 것이다.

평생을 함께한 반려동물의 처리

반려동물을 키우던 사람이 죽으면 남겨진 그 동물은 어떻게 될까. 고령화가 진행되면서 손이 많이 가는 개보다는 손이 덜 가는 고양이를 선호하게 되었다. 그러나 고양이라 해도 주인이 죽고 나면 살아가기 힘들다. 가까운 친척이나 친구라고 해도 반려동물의 이름 정도는 알아도 좋아하는 먹이라든지 하루의 급여량이나 횟수까지 아는 경우는 드물다. 실제로는 안락사시키는 경우가 많기는 하지만, 사후에 대비하여 원래의 주인과 인수자를 미리 매칭해주는 서비스가 필요할 수도 있다.

그래도 걱정이 된다면 자신의 사후에 반려동물이 천덕꾸러기 신세가 되지 않도록 반려동물을 위한 일종의 유산을 적립하는 방법이 있다. 사후에 정해진 사람 또는 어느 누구라도 사육을 대신할 수 있도록 금전적 지원을 하는 것이다. 물론 동물은 말을 할 수 없으므로 그 돈이 적정하게 사용되는지 여부는 알 수 없다. 따라서 대행자를 감시하는 일도 비즈니스 기회로 검토할 수 있을 것이다.

종활 레이팅

개인의 소셜 레이팅(social rating)에 착안하여 종활 레이팅이 생길 수도 있다. 레이팅(rating)이란 등급설정 또는 등급평가를 말한다. 개개인의 평소 생활 태도에 대해 다른 사람이 점수를 매기도록 하는 것이다.

화제에서 조금 벗어나는지 모르겠지만, 중국에서는 급속하게 캐시리스(cashless)화 및 전자화폐화가 진행되었다. 그 결과 일정기간 동안의 소비생활을 바탕으로 개개인의 신용점수 산출이 가능해졌다. 그러다 보니 어느 매장에서 불미스런 행동을 하면 다른 매장에서 그 사람의 구매를 차단할 수도 있게 되었다. 이런 기능으로 매장은 물론 사용자도 행동을 조심하게 된다.

가령 지금까지 임대료 지불을 미룬 적이 없는 사람은 좋은 점수를 받게 되므로, 고령이 되어도 임대물건을 우선적으로 얻게 될 수 있다. 또한 행실이 좋아 등급이 높은 사람이라면 다른 사람과 함께 지내는 콜렉티브 하우스에도 우선순위로 입주할 수 있을지 모른다. 반려동물도 점수가 높았던 사람이 애정을 가지고 길렀다는 사실이 알려지게 되면 인수하겠다는 사람이 금방 나타날지도 모른다.

소셜 레이팅의 활용은 과거의 행실이 현재의 족쇄가 되는 부정적 측면이 있기도 하지만, 대부분의 선량한 사람에게는 별 문제가 없을 것이고 오히려 바람직한 시도가 될 수 있다.

2036년에 일어날 변화

- 노년 인구가 전체 3분의 1을 차지하고 사망자 수가 최대치를 기록

염두에 두어야 할 사항

- 종활 비즈니스로 진입할 수 있는 여지

이런 물건이 팔린다

- 죽기 전까지 거처할 장소를 제공하는 서비스
- 인생을 되돌아보게 해주고 앞으로의 대책을 조언하는 비즈니스

돈 버는 법

다양화하는 죽음, 다양화하는 장례문화에 주목하라.

앞에서 SNS가 현대의 묘지처럼 활용되고 있다고 언급했다. 현대인에게 시골에 있는 실제 묘지와 인터넷에 있는 묘지 중 어느 쪽이 고인을 기리는 데 더 효과적일까.

사실 가족들이 관리를 못해서 묘지가 폐쇄되는 경우가 있다. 그래서 바다에 유골가루를 뿌리는 경우가 많아졌다. 그렇다고 함부로 아무 바다에나 뿌리면 윤리적으로 비난을 받거나 바닷가 인근 주민과 마찰을 빚을 수도 있어서 신중을 기해야 한다. 실제로 해상에 유골가루를 대신 뿌려주는 업체들이 급성장하고 있을 정도라고 한다. 나 역시 어머니로부터

바다에 유골가루를 뿌려달라는 유언을 받아놓은 상태다.

비즈니스 기회는 유골을 처리하는 데만 한정되지 않고 문상이나 영결식과 관련해서도 얼마든지 생겨날 수 있다. 과거의 통념에서 벗어나는 '장례 방법'을 기대하는 사람이 많기 때문에 그에 따라 새로운 서비스가 탄생할 것으로 예상된다. 관은 어째서 디자인이 그렇게 천편일률적일까. 대중적이고 예술적인 모양이어도 괜찮지 않을까. 장례의 모든 절차를 페이스북으로 중계하는 것은 어떨까. 또 무슨 뜻인지도 모르는 불경소리를 듣고 있기보다는 알기 쉬운 말로 번역하는 것이 훨씬 의미가 있지 않을까. 아니, 불경을 풀어서 읊어주는 로봇은 없을까. 본래 밀교(密教)에서는 만트라(진리의 말)를 읊조리며 육체적 수행을 병행해야 한다고 가르쳐왔다. 그러나 오늘날 그 깊은 뜻을 아는 사람이 과연 얼마나 될까.

이제 장례문화는 종교의 상식 범위를 넘어섰는지도 모른다. 그러나 일본의 불교 자체가 본류에서 바라볼 때 지극히 세속적이라는 비판을 받아온 것이 사실이다. 고령화 사회 일본, 사망자 수 최대인 일본은 앞으로 죽음에 이르는 방법과 관련된 비즈니스에 더 많은 관심을 기울여야 할 것이다.

2037년

토요타자동차가 창립 100주년을 맞는다

지금까지 유지된 회사의 형태와
평가방식의 재검토가 필요하다.

P

Politics(정치)

상장, 비상장에 관계없이 기업지배구조의 강화가 요구된다. 이익체질, 투명성, 지속성의 강화가 필수요소가 된다.

E

Economy(경제)

일본을 대표하는 자동차기업들이 고령을 바라본다.

S

Society(사회)

인구는 1억 1000만 명대로 감소한다. 회사의 비즈니스 모델과 목표를 재검토해야 할 시점이 된다.

T

Technology(기술)

자금조달이나 자재조달 방식이 다양해지고 가치관을 중시하게 된다.

변화의 특징

토요타자동차가 창립 100주년을 맞이한다. 토요타 외에도 일본에는 장수기업이 많다. 이들은 현대적 의미로 볼 때 영리 외의 가치를 추구하는 기업활동을 은근히 드러낸다. 영리 추구 이외에 주식회사가 갖는 척도는 무엇일까. 앞으로의 또 다른 100년을 내다보며 새로운 기업활동의 평가 척도를 마련하는 해가 되어야 할 것이다.

토요타 100주년과 기업의 수명

2037년은 토요타자동차가 처음 설립된 지 100년이 되는 해로, 창립 100주년이 된다. 토요타자동차는 일본의 얼굴, 일본주식회사로도 불린다는 점에서 2037년은 매우 상징적인 해로 기념하게 될 것이다. 1937년에는 중일전쟁이 발발했으며 2년 뒤에는 제2차 세계대전의 전운이 감돌고 있었다.

토요타자동차는 본래 토요타자동직기제작소로부터 분리되어 설립된 회사였다. 설립 당시의 명칭은 토요타자동차공업주식회사였으며 창립총회는 1937년 8월 27일에 개최되었다. 토요타자동직기제작소는 맨 처음 자동차 제작 부문을 설치하고, 그 당시 일본에 보급되어 있던 시보레나 포드와 유사한 구조로 설계한 G1형 트럭 및 AA형 승용차를 발표했다.

다이하츠공업은 발동기제조주식회사라는 이름으로 1907년에, 닛산자동차주식회사는 1934년에, 그리고 혼다기켄공업주식회사는 10년 이상 늦은 1948년에 설립되었다.

자동차산업은 프레스, 플라스틱, 주조 및 단조라는 원재료뿐만 아니라 반도체나 소프트웨어 등 다양한 분야의 첨단기술을 집곡시키며 진화해왔다. 일본 기업이 장기간에 걸쳐 성장할 수 있었던 원동력으로서 계열사 발주 또는 가까운 기업 간의 밀월관계를 들기도 한다. 선행된 몇 가지 연구결과를 보더라도 미국이나 유럽 기업과 비교할 때 일본 기업은 계열사 조달 및 외주의 비율이 높은 것으로 나타난다. 대부분의 부품을 자체적으로 생산하지 않으니 외부 의존도가 높은 것이다. 문화적인 요인도 있겠지만 고도성장기에 자사의 생산 부문 다각화에 손쓸 여력이 없었던 것이 주된 요인이다.

자동차산업은 공급사슬이 일본 전역의 대기업 및 중소영세기업에 그물망처럼 엮여 있기 때문에 필연적으로 계열 시스템이 강화될 수밖에 없었다. 생산에 관여하는 기업은 직간접을 불문하고 자동차산업과 관련을 맺게 됨으로써 엄청난 고용을 창출했다. 그리고 미일 무역마찰 등의 우여곡절은 있었지만, 자동차산업은 일본을 대표하는 산업으로 굳건하게 자리 잡았다.

앞에서 언급했듯이 자동차산업은 치열한 경쟁을 펼치고 있기 때문에 기존의 어느 업체도 살얼음판을 걷지 않은 날이 없었다. 그렇지만 토요타는 물론 다른 자동차 각사의 성쇠는 모두 일본 산업과 경제의 대표적인 지표가 될 것이다.

한편 일본에는 장수기업이 많다고들 하는데, 그런 장수기업으로부터 영감을 떠올릴 수 있는 향후의 비즈니스에 대해 생각해보기로 하자.

장수기업이 많은 나라 일본

일본에서 100년, 즉 한 세기 동안 계속 이어져온 기업은 얼마나 될까. 데이코쿠 데이터뱅크에 따르면 대략 2만 개의 기업이 있다. 대략이라는 표현을 쓴 것은 이 데이터베이스가 모든 것을 망라하고 있지 않기 때문이다. 다른 연구자들에 따르면 100년이 넘는 역사를 가진 기업은 5만 2000사인 것으로 나타났다(요코자와 도시마사, 《노포기업의 연구》, 고토 토시오, 《패밀리 비즈니스, 알려지지 않은 실력과 가능성》).

다시 데이코쿠 데이터뱅크의 조사결과를 인용하면 청주 제조업, 임대사무실업, 주류 소매, 포목 및 옷감 소매 외에 여관 등 숙박업소 부문에 노포기업이 다수 분포되어 있다. 이들 노포기업은 역사와 전통 그 자체에 의미를 두기 때문에 해당 분야에서 상품 혁신이 일어나기가 힘들다.

그중에서도 노포(老舗: 일본어로 '시니세'라고 한다. 역사가 오래된 가게를 뜻하며 가업을 대를 이어 지속하고 있는 경우가 많다_옮긴이) 형성의 가장 큰 요인은 그 비즈니스가 상품의 브랜드 스위칭이 일어나기 어려운 영역에 속한다는 점이다. 스마트폰의 경우 소비자는 신흥기업의 제품이든 뭐든 상관하지 않을 것이며, 인터넷 서비스나 일반 소매점의 경우도 마찬가지다.

그러나 사실상 신규 진입이 어려운 분야도 있다. IT업계라면 PC

몇 대로 독립할 수도 있겠지만, 막대한 고정비가 필요한 분야는 사정이 다르다. 이를테면 맥주업계일 경우 크래프트 맥주(craft beer: 개인이나 소규모 양조장에서 만드는 다양한 종류의 맥주_옮긴이)를 만드는 소규모 사업체라면 기존 시장에 진입하기가 쉽지 않다.

데이코쿠 데이터뱅크의 2016년 5월 조사에는 1916년 이전에 창업한 100년 노포기업의 수를 데이터베이스의 등록기업 수로 나눈 광역자치단체별 비율이 실려 있다.

그에 따르면 도쿄 1.42퍼센트, 오사카 1.64퍼센트에 대해 교토 4.75퍼센트, 야마가타현 4.87퍼센트로, 전통적이고 보수적인 지역이 노포기업 비율에서 압도적으로 높은 수치를 보였다.

다만 앞에서 말한 자동차산업도 이제는 브랜드 스위칭이 일어날 수 있는 업계로 바뀌었다. 가솔린차에서 전기자동차로 이동하면서 부품 가짓수가 큰 폭으로 줄어들었을 뿐만 아니라 모터 제조업체 등 신흥기업 진입이 훨씬 수월해졌기 때문이다. 그러므로 이제는 전통적인 산업 부문에서도 경쟁 환경이 조성될 수 있는 것이다.

100년 기업의 조건

100년 이상 이어져 내려오는 기업의 비결을 다양한 선행 연구를 통해 밝혀보려고 했으나, 유감스럽게도 아주 범용적인 결론만을 이

끌어낼 수 있었다.

· 확실한 주관을 가지고 다음 세대에 이어준다.
· 고객의 중요성을 생각하여 매입처, 종업원도 소중히 한다.
· 상품의 품질을 유지하기 위한 노력을 게을리하지 않는다.

경영은 이기는 게임이 아니라 지지 않도록 만드는 게임이라고 말한 이가 있었다. 그런 의미로 볼 때 견실함이 최고의 무기임에 틀림없다.

일본에서는 예부터 '삼방선(三方善)'이라 하여, 구매자와 판매자의 이익을 추구함은 물론이고 세상에도 도움이 되는 장사를 해야 한다는 말이 통용되곤 했다.

일본 근대자본주의의 아버지라 불리는 시부사와 에이이치는 합본주의를 주장했다. 사리사욕 추구만이 아니라 사회공헌이 가능한 사업을 추진하고 높은 윤리의식을 가져야 한다는 가르침이다. 시부사와는 《논어》를 탐독하고 상도덕을 설파한 《논어와 주판》을 집필했는데, 거기서 화혼양재(和魂洋才: 일본의 전통적 정신과 서양의 기술_옮긴이) 못지않은 사혼상재(士魂商才: 무사의 정신과 장사의 기술_옮긴이)의 정신을 제창하였다. 즉 무사의 정신과 상인의 기재를 동시에 갖춰야 한다는 뜻이다. 지금은 지나친 이익중심주의에 대한 반성으로 기업가의 사회공헌을 중시하는 분위기로 바뀌었다. 그래서 최근에는 기업의 사회적 책임(Corporate Social Responsibility), 기업지배구조(corporate governance), 지속 가능성(sustainability), 인간중심주의 등의 용어가 사람들의 입에 자주 오르내리게 되었다.

시부사와가 집필한 일련의 저작을 보면, 그는 현대의 조류가 자리 잡기 훨씬 전부터 이와 같은 내용을 줄곧 강조했음을 알 수 있다. 도덕과 경제의 합일성, 회사와 공익성, 사업의 계속성, 인간 존중 등 시부사와의 주장 대부분은 현대에도 통용되기 때문에 참으로 놀라울 따름이다.

현재는 기업의 사회적 책임에서 공통 가치의 창조(Creating Shared Value)에 초점을 맞추는 추세다. 즉 사회적으로 가치 있는 사업을 창조해야 한다는 의미로, 일본인이 평소부터 목표로 삼고 있는 것과 일맥상통하는 내용이라고 볼 수 있다.

족벌경영이 장수기업의 비결인가

다양한 선행 연구에 따르면 노포기업에는 창업자 일족이 경영하는 가족기업이 많다. 미국의 월마트도 창업자 샘 월튼(Samuel Moore Walton) 일족의 구성원이 영향력을 갖고 있다. 넓은 의미에서는 폭스바겐이나 포드자동차도 마찬가지다.

일본에서는 산토리가 이에 해당되고 다케나카코무텐, 요미우리신문 등도 예외가 아니다. 족벌경영은 이른바 '구닥다리 스타일'이라 하여 무조건 외면하는 경향이 있다. 특정 구성원만 의사결정에 참여하여 사회 통념에서 벗어나는 결정을 내릴 가능성이 있기 때문이다. 실제로 불투명한 결정 방식이나 정보의 비공개, 인사나 금전 보수 등에 대한 종업원의 불평등감이 문제로 지적되기도 한다.

하지만 본보기로 삼을 만한 부분이 없는 것도 아니다. 의사결정의 신속성, 카리스마적 통솔력, 창업 이념의 계승 등이 기업을 경영하는 데 장점으로 작용하기도 하기 때문이다. 물론 현재는 비즈니스의 소유와 경영이 분리되어 부적절한 행동을 억제하기 위해 기업지배구조가 강화되고 있는 추세다. 창업자 일족이 실권을 잡고 있다면 회사에 불상사가 발생했을 경우에도 직원이 불만 제기를 할 수 없을 것이다. 그러므로 비상장기업은 다소 어렵더라도, 상장기업이라면 사외이사를 고용하여 경영의 투명성을 제고하는 것이 바람직스러운 일이라고 할 수 있다.

때로는 일족이 경영 참여를 사양하는 경우도 있다. 기업이 성장함에 따라 외부로부터 전문 경영인을 등용함으로써 더 큰 발전을 이룰 수 있기 때문이다. 그러나 실제로는 창업자 일족이 계속 지배적인 영향력을 행사하는 경우가 많다. 다시 말하지만 일족이 영향력을 가지는 게 결코 나쁘기만 한 것은 아니다. 문제는 부정을 타파하고 사업의 원활한 신진대사를 끊임없이 강구하면서 시대에 맞게끔 대응해나갈 수 있는지 여부인 것이다.

현시점에서 비상장기업에 기업지배구조를 요구하기는 어렵겠지만, 이들은 장차 주주총회의 공정한 개최 등 투명한 경영을 요구받게 될 것이다.

노포기업의 문제점과 이점

데이코쿠 데이터뱅크는《100년 이어지는 기업의 조건》(아사히신문출판)에서 흥미로운 결산서 분석을 내놓았다. 나는 노포기업은 틀림없이 단골고객 때문에 이익률이 더 높을 것이라 믿고 있었다. 그러나 실제로는 다른 업계 평균과 비교할 때 그런 우위성이 두드러지지 않았다. 오히려 영업 외 이익 부문에서 경쟁력을 갖고 있어, '보유주식이나 토지 및 건물 등 축적된 자산을 활용하여 본업 이외의 부문에서 수익을 올리고 있다'는 어처구니없는 분석 결과가 나왔다.

그러나 노포기업을 단순히 효율적이지 못한 기업이라고 평가하고 싶지는 않다. 이들이 계속적인 사업 경영을 통해 고용창출이라는 측면에서 사회공헌을 해왔다고 생각하기 때문이다.

토요타자동차가 창립 100주년을 맞이하는 2037년에서 일 년이 지난 2038년에는 일본의 인구가 1억 1200만에서 1억 1300만 명이 될 것으로 추산된다. 지금보다 10퍼센트 정도 감소된 수치이므로 단순 계산을 한다면 고객이 10퍼센트 줄어드는 셈이다. 현재 매출이 10퍼센트 준다고 가정하면 적자로 전락하는 기업이 적지 않다. 물론 비용감축을 통해 적자로의 전환을 막을 수는 있겠지만, 고객이 감소하는 와중에서도 이익구조를 창출하는 것이 우선적으로 해결해야 할 과제다. 하지만 전 세계의 시장 조건은 그리 녹록하지 않아 더 극심한 도전에 직면하게 되리라는 것은 자명한 일이다.

토요타자동차는 2015년에 'AA형 종류 주식'을 발행했다. 중장기로 주식을 보유할 수 있도록 하여 안정된 주주를 확보하기 위해 발행된 주식이다. 즉 초년도부터 해가 쌓일수록 발행가액에 대해 연이율 0.5퍼센트, 1.0퍼센트, 1.5퍼센트, 2.0퍼센트의 배당을 각각 증액하여 받을 수 있으며, 5년 이후부터 2.5퍼센트로 고정된다. 그러니까 장기간 보유할수록 배당 비율이 상승하는 구조다.

주식시장에서 단기매매를 반복하여 매매차익을 얻는 사람들이 적지 않은데, 요즘은 1초 미만으로 주식을 사고팔아 수익을 내는 초단타매매까지 나타나고 있다. 이상적으로 주주는 기업에 대한 투자를 통해 사회에 공헌하는 것을 목적으로 삼아야 하지만, 현실적으로는 오로지 눈앞의 이익만 탐하는 경우가 적지 않다. 어차피 회사는 주주의 것이니까 사실상 거기에 반대할 명분은 없나. 토요다지동차의 AA형 종류 주식 발행은 이런 시류에 대한 일종의 반발이 아닌가 하는 생각도 든다. 주주가 회사를 보유하므로, 중장기적인 가치의 창조라는 측면에서 의미가 있다고 할 것이다.

어쩌면 이익을 가치판단의 척도로 삼는 것 자체가 고리타분한 사고방식인지도 모른다. 앨빈 토플러(Alvin Toffler)가 《제3의 물결(The Third Wave, 1980)》을 쓴 1980년대부터 이익을 대체하는 새로운 척도가 모색되었다. 예를 들어, 과거 에도시대에는 연공(年貢)은 쌀로 받되 상인이 낸 이익에 세금을 붙이지 않았다. 그리고 고정자산에 세금을 부과하지 않던 시대도 있었다.

현재 페이스북이나 구글의 회사명을 감춰놓은 상태에서 대차대조표를 본다면 그들이 세계적인 영향력을 가진 기업이라는 생각은 전혀 들지 않을 것이다. 현재의 기업평가 방식으로는 기업가치가 대체로 저평가되는 것 같다. 회계제도가 가치를 올바르게 평가하지 못하고 있기 때문이다.

아울러 주식시장 이외에 크라우드 펀딩이나 가상화폐공개(ICO) 등 다양한 수단을 통해 자본을 쉽게 모집할 수 있다. 이를테면 SNS 팔로워 수가 많은 사람이 비전을 제시하고 프로젝트 참가 신청을 받으면 너도나도 도와주겠다며 발 벗고 나선다. 우리는 이른바 기존의 척도였던 '돈'의 가치가 허물어지고 있는 시대에 살고 있다.

기업에 대한 평가 척도의 다양화

지금까지 기업이 이익의 척도에서 탈피할 가능성이 있는지 알아보았다. 곰곰이 생각하면 이익이 하나의 척도인 것처럼 고용이나 사회공헌 그리고 공공성도 궁극적으로는 하나의 척도임에 분명하다. 굳이 말하자면 100년 동안 줄곧 이어진다는 계속성조차도 그러한 하나의 척도다.

주식회사의 구조가 그리 간단하게 붕괴되지는 않을 것이다. 다만 기업체에 대한 평가의 척도는 더욱 다양하게 분화될 것이다.

다소 말장난처럼 들릴지 모르겠으나, 그냥 돌고 돌아 너희가 '믿었던 것을 행하라!'라고 말한 선인들의 탁견으로 원점 회귀할 것이다. 이것은 지극히 범용적인 말이지만, 그 속에 진실이 담겨 있음에 틀림없다.

2037년에 일어날 변화

- 토요타자동차 창립 100주년
- 이익이라는 척도에서 탈피

염두에 두어야 할 사항

- 이익을 포함한 사회를 위한 가치 창출

이런 물건이 팔린다

- 특정 가치관의 척도에 근거한 회사

돈 버는 법

스터디그룹을 통해 얻은 교훈을 되새기자.

나는 이십 대 무렵에 아주 평범한 스터디그룹에 몸담고 있었다. 책을 읽고, 저자에게 연락하고, 만나러 가고, 강연을 부탁하고, 사람을 모집하고, 술을 마시는 등의 활동을 했다. 이 과정에서 저자들 대부분이 누군지도 모르는 새파란 젊은이와의 만남을 쉽게 허락해주었다는 사실에 적잖이 놀랐다. 심지어는 생면부지의 내가 방문했을 때 환영해주기까지 했다.
그러한 스터디그룹도 결국 매너리즘에 빠지게 되었고, 마지막으로 우리는 스터디그룹을 통해 배운 것을 정리하려고 했다. 그 저자들은 다양한 배경과 풍부한 인생 경험을 가지고 서로 다른 여러 일을 하던 사람들이었는데도, 내용을 압축하여 정리했더니 다음 세 가지로 요약되었다.

· 아침 일찍 일어나 일을 하라.
· 배움을 멈추지 마라.
· 남에게 상냥하게 대하라.

이 얼마나 허무하고 무미건조한 범용이란 말인가. 그룹 멤버 모두 서로 마주보며 웃고 말았다. 그러나 무엇이든 거듭 반복하다 보면 반드시 진실은 그 범용 속에서 찾을 수 있을 것이다. 아무리 바보라도 이러한 만고의 진리를 부정하지는 않으리라 생각한다.
우리는 항상 무엇인가를 추구한다. 어디엔가, 무엇인가, 자신이 모르는 비밀이 숨어 있지는 않을까, 반드시 사업을 일거에 전환시키는 역전의 비책이 있는 것은 아닐까 하면서 말이다. 하지만 결국 꾸준히 노력하고 부지런히 일하는 방법밖에 없다.
그리고 자신이 믿는 길에서 사회에 새로운 가치를 제시할 수 있도록 노력해야 한다. 따라서 어떤 비즈니스에서든 가능성만 엿보인다면 결코 한눈팔지 않고 새로운 가치창조에 대한 믿음으로 일로매진해야 할 것이다.

2038년

전 세계적으로 교주 비즈니스가 크게 유행한다

정형에서 벗어난 미래 예상

미래를 예상한다는 것은 보통 허무한 일이다. 미래 예상은 정도가 지나칠수록 관심을 끌게 마련이지만 대체로 극적인 변화는 일어나지 않는다. 20년 전과 비교해보자. 지금은 스마트폰이나 IT 기기류는 물론 자동차의 성능도 눈부시게 발전했고 비트코인 등의 가상화폐가 세상을 뒤흔들고 있다. 하지만 아무리 그렇더라도 발전의 수준이 만화나 소설에서 그려졌던 데까지 도달하지는 않았다.

사람들은 지금도 아침에 일어나 식사를 하고 만원 전철에서 시달린 뒤 겨우 도착한 직장에서 상사로부터 스트레스를 받는다. 또한 거래처와의 관계에서 일희일비하다가 저녁 무렵에는 불평과 푸념을 곁들이며 술을 마신다. 물론 변화가 전혀 없다고는 말할 수 없으며 인류 몇 퍼센트의 생활은 바뀌었을 것이다. 그러나 내가 바라보는 관점은 90퍼센트 이상에 해당하는 나머지 사람들에게 맞춰져 있다. 전 세계 도심지가 아닌 곳에 사는 평범한 사람들을 중요한 비즈니스 상대라 생각한다면, 급격히 변화하는 몇 퍼센트를 생각하기보다는 보편적으로 변화하는 나머지 90퍼센트 이상에 초점을 맞추는 편이 낫다. 그러나 여기 이 마지막 장에서는 금기를 깨고 다소 정형에서 벗어난 미래 예상에 대해 말하고자 한다. 2038년은 지금부터 18년 후에 찾아오는 해다. 그래서 지금부터는 지난 18년 동안의 시대 조류를 살펴보고자 한다.

그 조류란 주변에서 흔히 만날 수 있는 소시민적 카리스마의 탄생에서부터 교주 소비라고 말할 수도 있는 흐름일 뿐만 아니라 비즈니스의 구조를 바꾸는 인생의 DIY화이기도 하다.

보이지 않는 종교의 등장

현대인은 주변 사람들과의 접촉을 통해서가 아니라 PC나 스마트폰, 태블릿 등을 통해 스스로가 원하는 정보와 만난다. 그리고 인터넷을 통해 교주(教祖: 교조. 사전적 의미로는 어떤 종교나 종파를 처음 세운 사람이지만, 저자는 영향력을 가진 평범한 사람 혹은 주변에서 흔히 만날 수 있는 소시민적 카리스마의 소유자 등 중의적인 의미로 사용하고 있다_옮긴이)에 귀의해간다. 마치 보통의 사람들이 종교에 빠져들 듯이 말이다. 지금까지만 해도 종교적인 활동은 영겁의 귀의와 헌신을 요구했다. 그러나 현대에는 그 정도로 '희생'의 자세를 요구하지 않는다. 오히려 청강자로서 혹은 소비자로서 그 정보 발신원에 접하는 경우가 대부분이다.

사회학자 토머스 루크먼(Thomas Luckmann)은 저서 《보이지 않는 종교(The invisible Religion, 1967)》를 통해, 교회로 대표되는 기존의 종교 외에 개인적 측면을 강조한 '보이지 않는 종교'가 등장했다고 지적했다. 그것도 약 반세기 전의 시기에 말이다.

'보이지 않는 종교'의 테마는 개개인의 고민에 입각하여 다양하게 나뉜다. 몇 가지 예로 '워크 라이프 밸런스', '일과 커리어의 성공법칙', '배우자에 대한 처세술' 등을 들 수 있다. 그 세계에서는 과학적인 법칙이 반드시 필요한 것이 아니다. 단지 정보를 발신하는 쪽에서 정보의 수신자에게 신뢰를 주는지 아니면 신뢰를 갖게끔 언행을 하는지가 중요할 뿐이다.

내가 생각하기에 '이것이 올바르다'라거나 '이것이 선이다'라고 하는 척도는 이미 인간을 움직이게 하는 동기로 작용하지 않는다. 진위나 선악은 이제 실체가 아닌 외형의 세계에 머물러 있기 때문이다. 앞으로는 '이것을 믿어 보고 싶다'라는 충동과도 같은, 마음의 흔들림만이 사람을 움직일 수 있는 것이다.

그리고 정보의 발신자 측에서도 자신이 말하고자 하는 법칙을 마치 무슨 진리라도 되는 양 전달하는 게 아니다. 그저 '직접 실천해보니 효과가 있었다'라며, 적어도 다른 사람이 경계하는 마음을 갖지 않도록 변증적으로 표현한다. 그리고 '보이지 않는 종교'는 겉으로 드러나게끔 영성(靈性) 운운하며 무조건 다가서는 게 아니라 오히려 한 걸음 물러나 실용 수준에서의 유효성만을 강조한다.

전직을 자주 한 사람은 한 회사에서의 근속연수가 짧아 회사 경력이 겉으로 쉽게 드러나지 않는다. 이때가 되면 직장 철학이니 이념 따위를 중시하는 사람은 그다지 많지 않고, 오히려 그 보이지 않는 종교의 커뮤니티에 소속되어 있는 연수가 긴 사람들이 많아진다.

보이지 않는 종교의 실용성

비트코인 등으로 유명해진 블록체인 기술은 거래에 참여하는 컴퓨터에 거래 기록을 보존한다. 그로써 불법 해킹을 막을 수 있을 뿐만 아니라 자금세탁도 불가능하게 한다.

블록체인 기술이 더 광범위하게 확산되면, 앞서 아프리카를 다룬 장에서 언급했듯이 토지 등기 정보 등에도 활용될 수 있다. 어떤 나라에서는 토지의 권리 정보가 제멋대로 고쳐져서 토지를 빼앗기는 경우도 있다. 그러나 블록체인 기술이 보편화되면 이런 부정을 방지할 수 있다. 또 소비자는 상품의 공급사슬 안에 있는 생산, 제조, 유통 주체를 파악할 수도 있다. 예를 들어, 모든 소비자가 식품 제조를 중국에서 했는지 혹은 의류제품 봉제를 방글라데시에서 했는지 등을 알 수 있게 되는 것이다.

아울러 착취되는 구조 아래서 생산된 것인지 적정한 비용이 지불되고 생산된 것인지 파악할 수 있어 개념 있는 소비가 가능해진다. 블록체인 기술과는 상관없지만, 가령 의류 브랜드인 에벌레인(Everlane)은 각 상품의 제조비용을 홈페이지에 상세하게 공개하고 있다. 정보 공개의 자세 그 자체를 투명성 제고의 포인트로 삼고자 함인데, 이러한 움직임은 점점 가속화될 것이다.

이처럼 무한하게 퍼져가는 정보공간 안에서 어떤 선택을 하는 것이 가장 올바른 방법일까. 이러한 물음에 대해 나는 교주의 단언이 필요하다고 생각한다. 발신자들은 살롱과 같은 소우주의 형태를 만든다. 발신자가 의도하지 않은 경우라 해도 '보이지 않는 종교'가 개인적인 인생의 가르침을 바탕으로 조직에서 변용되어간다. 발신자들은 그것이 신자 비즈니스라거나 신흥종교라고 불리는 것을 내심 부정하고 싶을 것이다. 카리스마가 미진해서가 아니라 너무도 충만해서 신자 비즈니스 따위라고는 생각조차 하지 않기 때문이다.

그러나 신흥종교의 교주는 확실히 필요하다. 사회인들의 고민은 여전히 직장의 인간관계와 급여 그리고 업무내용으로 집약된다. 취직활동 지원기업은 사회 진출의 꿈에 부풀어 있는 젊은이들에게 홍보를 하는 데 여념이 없다. 쾌적한 사무실, 미남이면서 시원시원한 성격의 선배, 상냥하고 어여쁜 여성 직원 그리고 에너지가 넘치는 상사. 그런 분위기 속에서 나날이 보람을 느끼며 열심히 일하고 있는 당신. 적어도 나는 겪어본 적이 없는 이런 광경이 광고에 그려지는 것은 그러한 직장(즉 환상)을 요구하는 사람들의 소망이 투영되고 있기 때문이다.

하지만 일을 시작한 다음부터는 끊임없는 일상에 얽매여 옴짝달싹 못하게 된다. 물론 미남과 미녀로 가득 찬 직장이 존재할지도 모르지만, 일이라는 것은 사실상 땀내 나는 작업과 복잡한 인간관계에 지배되게 마련이다. 우리가 필요로 하는 것은 혁명가나 몽상가가 아니다. 현재 상황을 공감해주고 나아가 타개책을 제시해주는, 주변 가까운 곳에서 흔히 만날 수 있는 소시민적 존재다.

현재 중심은 물건에서 가치로, 그리고 한 걸음 더 나아가 가치에서 사람으로 이행되고 있다. 진심으로 교주들에게 바라건대, 회사에서 즐기며 생활하는 방법이나 냉엄한 사회에서 남의 눈치 보지 않고 살아가는 방법을 제시해주면 좋겠다.

보이지 않는 종교의 목적

'보이지 않는 종교'에서 접한 유명인들의 살롱 등에 가보면 배금적인 설법을 하는 경우가 거의 없다. 오히려 새로운 비즈니스나 기술, 능력개발에 대한 논의가 대부분을 차지한다.

지금까지 종교의 중심 테마는 다툼, 빈곤, 병마의 구원이었다. 그리고 다툼, 빈곤, 병마의 한가운데에 있는 상황에서도 인생의 의미를 느껴야 한다는 가르침은 불우한 처지를 합리시키는 순기능을 가져다주었다. 하지만 그런 상황을 비판적으로 받아들여 변혁운동에 나서게 하는 동기를 유발하는 데까지는 미치지 못했다.

이런 점에서 '보이지 않는 종교'는 평화적으로 자기개혁을 지향하게끔 하고 더 나은 사회를 만들고자 하는 목표를 갖게끔 한다는 것을 그 특징이라고 봐도 좋다. 또한 과거의 종교가 사람을 구원하는 것은 사후인 경우가 많다. 잘 알려진 대로 원시 불교에서는 윤회사상을 믿든 말든 상관없이 적어도 사후 세계에 대한 답을 찾아내려고 애쓴다. 기독교에서도 원죄로부터의 해방은 사후에나 가능한 것으로 보고 있다.

다툼, 빈곤, 병마에서 멀어진 우리는 지금 현세적이고 이기적인 가치를 추구하고 있는데, 그것은 어쩌면 필연적인 결과인지도 모른다.

자기계발의 발명

자기계발이 가능해지기 위해서는 '스스로 자신을 바꿀 수 있다'는 명제가 전제되어야 한다. 아울러 '스스로 인생을 결정할 수 있다'는 조건 또한 필요하다. 다른 사람으로부터 부여받은 일만 하는 것처럼 정해진 철길 위로만 걷는다면 자기계발의 여지는 없다.

부모에게서 가업을 계승하여 그것을 당연한 것으로 여기며 주어진 일만 해도 상관없는 시대라면 자기계발의 당위성은 존재하지 않을 것이다. 그러나 직업의 세습이 불가능해졌고 먹을 것만 해결되면 별생각 없이 무엇을 하든 '자유'로운 우리이기 때문에 역설적으로 자기계발이 필요하다.

자기계발이 탄생한 무대는 1961년의 미국이다. 그 당시까지 아무런 문제의식 없이 살아온 인간의 삶을 바꾸고자 했던 두 명의 인물이 있었다. 마이클 머피(Michael Murphy)와 리처드 프라이스(Richard

Price)다. 명상, 동양사상, 종교, 철학에 흥미가 깊었던 두 사람은 1961년에 캘리포니아의 휴양지를 방문했다. 두 사람은 그 휴양지를 동호인들이 모이는 장소로 만드는 아이디어를 떠올리게 되었다. 시설을 보수하여 숙박시설을 만들고 세미나를 열어 수익모델을 만들면 자신들이 좋아하는 학문에 몰두하는 일이 가능할 것이라는 생각이었다.

머피와 프라이스는 건강강좌와 세미나를 개최하고 심리학이나 철학 등을 연구하여 인간에 대한 폭넓은 이해를 시도하려는 구상을 했다. 그들은 기존의 학술체계를 따르는 학자들과 달리 인간 그 자체의 신비와 가능성을 연구대상으로 삼았는데, 그것은 가히 혁신적인 발상이었다.

히피문화까지 끌어들여 미국 및 전 세계에 일대 붐을 일으킨 휴먼 포텐셜 운동(Human Potential Movement: 인간성회복운동_옮긴이)의 기점이 이곳이며, 유명한 에솔렌 연구소(Esalen Institute)도 이런 분위기 속에서 탄생했다. 그리하여 전통이나 제도에 얽매이지 않고 자신이 주체가 되어 자유롭게 살아갈 수 있다는 가치관이 사회 전반으로 스며들기 시작했다.

에솔렌 연구소가 개방적이고 신비적인 세미나를 열고 있을 때 베트남전쟁은 한 치 앞도 못 볼 만큼 긴장이 고조되고 있었다. 그즈음의 보수 종교는 냉엄한 현실을 눈앞에 두고 무조건 새로운 '무엇인가'를 찾아내야 했다.

에솔렌 연구소와 관련된 인물로서 가장 유명한 사람이 에이브러햄 매슬로(Abraham H. Maslow)다. 장황하게 설명할 필요도 없이 매슬로의 인간 욕구 5단계 이론 하면 웬만한 사람은 다 알고 있으리라 생각한다. 생리적 욕구, 안전에 대한 욕구, 애정과 소속에 대한 욕구, 자기존중의 욕구를 거쳐 마지막으로 자기실현의 욕구에 이르게 된다는 내용이다.

에솔렌 연구소나 히피문화 자체는 당시의 기세나 분위기와 관련해서는 무엇 하나 현재에 남긴 것이 없다. 그러나 자기계발적인 부분은 계속 살아남았고, 그 일부는 비즈니스로 정착해갔다.

에솔렌 연구소는 베트남전쟁의 틈바구니에서 사회를 바꾸려고 하지 않고 개인을 변용시키려고 했다. 그 후에 퍼스널컴퓨터의 붐이 도래했는데, PC라고 하는 작은 상자를 사용하면 사회나 세계가 바뀐다는 사실이 드러났다. 그러나 재미있는 것은, 바로 그 PC가 발전하여 인터넷을 낳고 SNS를 낳고 살롱문화를 낳게 됨으로써 카리스마적 인격의 정보발신이 용이해졌다는 점이다. 그리고 다시 자기계발은 새로운 형태로 되살아났다.

보이지 않는 종교가 구원하는 것

현대에는 '워크 라이프 밸런스', '일과 커리어의 성공법칙', '배우자에 대한 처세술' 등이 널리 유행하고 있다. 이와 같이 오늘날 고민에 대한 해결책을 제시하는 것은 이미 기존의 종교가 아니다. 과장이나 꾸밈없이 있는 그대로의 모습을 한, 주변에서 흔히 볼 수 있음직한 소시민적 카리스마가 그 역할을 한다. 상대의 아픔에 대해 알아주고 상처의 부당함에 공감하며, 그 아픔과 고민과 곤경의 공유를 자처하는 카리스마. 이렇게 이해하며 다가와주는 카리스마는 과장도 꾸밈도 없는, 있는 그대로의 소시민적 모습으로만 존재할 수 있다.

여기서 잠깐 종교 및 제사 관련 비용의 지출 추이를 살펴보자. 제시된 도표는 가계조사를 통해 추출한 것인데, 조사가 처음 실시된 1995년 이후의 데이터를 그대로 보여주고 있다. 누군가는 '현대는 종교의 시대'라고 했지만 적어도 일본인의 지출을 보면 거의 무신앙의 경향을 보인다.

다음으로 종교법인 수와 신자 비율을 살펴보자. 문화청이 정리해놓은 통계에는 신자 수만 기재되어 있으므로 총인구로 나누어 신자 비율로 산출했다. 종교법인이 자진 신고한 신자 수를 합계하면 총인구를 웃돈다는 사실은 익히 알려져 있다. 하지만 그런 내용을 감안하더라도, 종교법인 수 그리고 인구에서 차지하는 신자 비율(물론 신자의 수 자체도)은 우하향 곡선을 그리고 있다.

요즈음 '치유의 시대'를 운운하며 정신적 측면을 새삼스레 강조하는 사람들이 있다. 그러나 앞에서 언급했듯이 예부터 사람들이 종

종교 및 제사 관련 비용의 지출

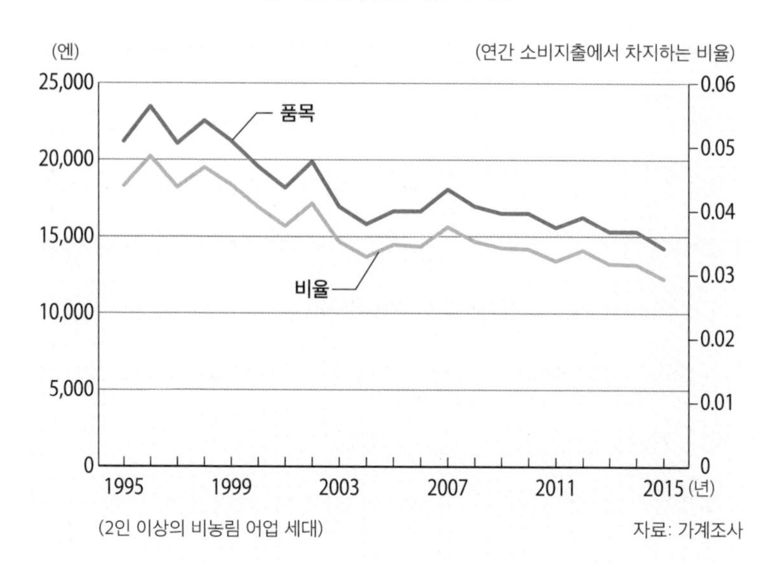

종교법인 수와 신자 비율

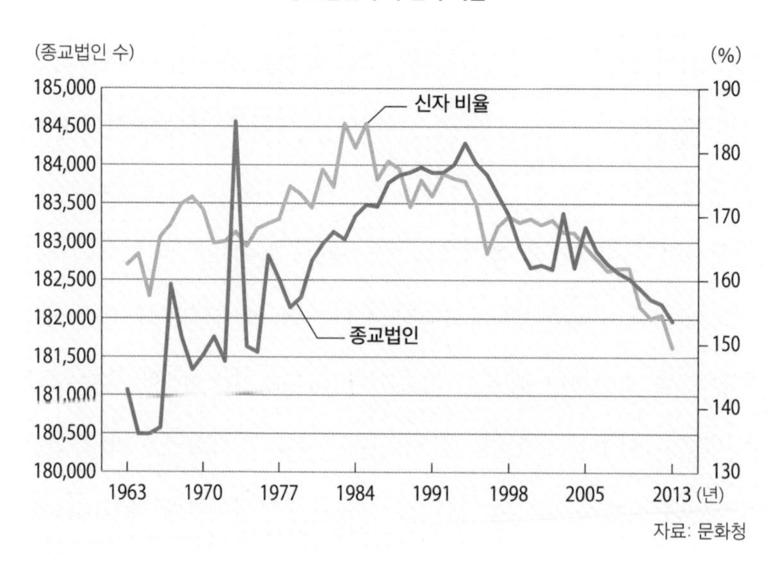

교에 바라는 것은 다툼, 빈곤, 병마로부터의 탈출이었다. 다시 말해 사람들은 늘 육체적으로 치료받고 정신적으로 구원받고 싶어 했던 것이다.

현재가 되었다고 구원을 원하는 사람이 적어진 것이 아니고 고민이 줄어든 것도 아니다. 이것은 시대가 바뀐다고 그리 쉽게 바뀌는 일이 아니다. 단지 교주가 바뀌었을 뿐이다.

지금까지 그런 역할을 수행해온 사람은 비즈니스 관련서의 저자들이나 TV에 등장하는 지식인들이었다. 그러나 사람들은 이게 그런 협소한 선택지 속에서 자신에게 알맞은 카리스마를 찾아낼 수 없다. 한편 무수한 '카리스마들'이 정보를 발신하는 시대에는 선택의 가능성이 크게 높아진다.

패스트푸드 식품업계는 보편적인 대중에게 만족을 줄 수는 있을지언정 미식가 혹은 특정 기호를 가진 사람을 만족시킬 수는 없다. 그런 특정인이 대상이라면 커스터마이징 개념을 접목한 치밀한 대응이 필요하다.

이것이 무슨 새로운 움직임이라도 되는 양 특별하게 느껴지지는 않을 것이다. 1960년대 히피문화는 반기업, 반자본주의, 반소비를 외치며 뉴 에이지나 현재의 이콜로지(ecology: 인간 생태학)와도 통하는 새로운 사상을 낳았다. 그 시기에는 문화적 대중스타가 각광을 받았는데, 대표적으로 존 레넌(John Lennon), 그레이트풀 데드(Grateful Dead), 재니스 조플린(Janis Joplin), 도어즈(The Doors) 등을 들 수 있다.

한편 그때도 베트남전쟁 반대 시위를 하거나, 인도로 떠나거나, 농촌으로 귀환하는 등의 행동은 하기가 쉽지 않았다. 그리고 과학적으로 학문 연구를 하는 에솔렌 연구소처럼 진지한 동기를 가지고 자신을 변혁하기를 원하는 사람이 많은 것도 아니었다.

그렇지만 유기농과 효율적 소비를 추구하고, 고민을 공유하고, 멋진 라이프스타일을 보여주거나 하는 정도의 가벼우면서 진지함이 배어 있지 않은 카리스마는 대부분 원하고 있다. 본래 1948년을 전후로 태어난 세대는 학생운동을, 그리고 요즘 젊은이는 SNS로 '연결'되는 행동을 좋아한다.

오래전부터 사람들은 지금과 마찬가지로 육체적 치유나 정신적 위안을 갈구해왔다. 그 수단이 물건에서 가치로 바뀌었고, 다시 사람으로 바뀌었다. 다른 사람이나 혹은 주변에 있는 누군가에게 직접적인 치유의 제공을 바라기 시작한 것이다.

그래서 우리는 종교를 통해 만날 수 있는 카리스마가 아닌, 자그마한 소우주 안에 있는 완전히 다른 카리스마를 찾아내기 시작했다. 그러고는 귀의의 방향을 종교의 교주가 아닌 '살아 있는 교주'로 바꾸었다.

소시민적 카리스마가 해야 할 일

현대사회에서는 스마트폰을 소유하지 않는 것이 출가이고 전파를 끊는 것이 수행인 것처럼 여겨진다. 그러나 실제로는 다를 수도 있다. 스마트폰으로 특정 개인을 팔로우하고 그가 발신하는 글과 사진을 교의처럼 여기며 꼼꼼히 읽는 것이 출가요, 전파를 끊고 리얼한 오프라인 이벤트에 참가하는 것이 그 세계관에 가까워지기 위한 수행인지도 모른다.

교주는 교의뿐만 아니라 새로운 성서로서의 통화를 발행하게 될 것이다. 엔화는 일본 정부가 발행했다는 것이 신뢰의 근거이다. 신뢰를 대변하는 주체가 하는 행위로서 통화 발행만큼 적격인 것은 없다. 내가 가상통화와 관련하여 가장 위화감을 갖는 것은 가상통화를 엔으로 환산하여 표현하는 부분이다. 가상통화에 믿음이 있다면 특별히 엔으로 환산할 필요가 없다. 엔으로 환산한 가치가 폭락하더라도 가상통화를 보유하고 있다는 사실은 달라지지 않는다. 어디까지나 엔으로 바꾸고자 하기 때문에 손해라느니 이익이라느니 하는 것이 생긴다. 그렇다면 '가지고 있는 자체로 좋다'는 설법이야말로 가장 종교에 가까운 것인지도 모른다.

현재는 가상통화의 발행에 의해 다양한 경제활동이 가능해졌다. 사토 가쓰아키는 저서 《돈 2.0》에서 개인이 각자 자신이 좋아하는 경제권을 선택하게 된다고 했다. 엔화가 아니라 가상통화나 토큰으로 급여를 받는 경우도 늘어날 것이다. 급여라는 표현 자체가 고리타분한 것이 되고 앞으로는 페이스북의 '좋아요!'처럼 전자상으로 전송하는 화폐적인 감사의 형태, 이를테면 새전(賽錢: 신령이나 부처 앞에 바치는 돈_옮긴이)과 같은 형태가 탄생할 것이다.

물론 모든 사람이 카리스마가 될 수 있는 것은 아니다. 그리고 '교도'나 '신자'가 모든 것을 한 곳에만 거는 것도 아니다. 생활의 편리성은 높아진다. 3D프린터를 통해 커스터마이징 상품을 생산하고, 한 발 더 나아가 VR로 집 자체를 가상 공간화한다. 경제활동은 유명인 중심으로 구성된 커뮤니티에서 발행되는 토큰을 중심으로 이루어지고 성가신 일은 AI에 맡긴다. 그리고 인간은 실질적으로 별다른 도움도 되지 않는 것을 중심으로 살아간다. 그런 의미에서 즉물적으로 가장 도움이 되지 않는 예술, 특히 현대예술이 주목받게 되는 일은 필연적 결과라고 할 것이다. 평론은 문과 분야로 AI는 할 수 없을지도 모른다. 따라서 예술이나 평론처럼 현실적으로 가장 도움이 되지 않는, 그리고 앞으로도 도움이 되지 않을 분야야말로 가장 가능성이 높지 않을까 생각한다. 그래서 평론적인 입장(세계를 해설하는 입장)을 가진 인물들 중에서 더 많은 카리스마가 출현하리라는 것은 불 보듯 뻔한 일이다.

아울러 인간은 좀 더 아방가르드(Avant-Garde: 기존 예술에 대한 인식과 가치를 부정하고 새로운 예술의 개념을 추구하는 전위예술_옮긴이)를 지향하며, 무질서하고 미완성인 무언가 그리고 몹시 황량하며 환각적인 무언가를 추구할 것이다.

인생의 DIY화

이 시기부터 인생의 DIY화나 라이프 온 디맨드(Life On Demand)라는 것이 생겨나기 시작한다. 사람들은 인생의 지침을 소시민적 카리스마를 통해 받아들임과 동시에 현실에서 실현될 수 없는 리얼함을 디지털 기술을 통해 체험한다.

현재 피부감각을 공유하려는 움직임이 있다. 나이키(Nike)의 NBA 커넥티드 저지(Connected Jersey)는 스포츠를 관전하는 동안 시합 중인 선수와 '연결'해주는 매개체다. 선수의 심박동 수나 자극 등을 동기화하여 선수와 동일한 크기의 흥분을 얻을 수 있게 해준다. 그렇다면 이때 관전자의 신체는 도대체 누구의 것일까. 신경자극 기술이라고 할 수 있을 만큼 뇌신경을 직접 자극하는 뉴로프라이밍(Neuropriming)도 등장했다. 이 기술이 진화하여 VR로 촉각과 후각 모두가 상상 속에서 존재할 때 자신의 인생은 도대체 어디에 가 있는 것일까. 아니, 본래의 진정한 내가 존재하기는 하는 것일까.

대용량의 라이프로그(Life Log)가 가능해지면 개인의 시선으로 보고 느낀 그 모든 것을 기록할 수 있다. 소형의 스마트 기기가 수단이 될 수도 있으며 인체에 내장된 하드웨어가 수단이 될 수도 있다. 그리고 누군가의 일상을 따라가며 체험할 수 있게 된다. 그런데 그런 체험을 반복할 경우 진정한 자신의 인생은 어디에 있다고 할 수 있을까.

미래에는 가상이기는 해도 좋든 싫든 DIY에 의해 자신의 인생을 자유자재로 디자인할 수 있게 된다. 현실에서 리얼한 카리스마가 될지 아니면 VR에서 멋진 인생을 살지 본인이 선택할 수 있는 것이다. 이것을 비판하는 사람이 있다면, 미래는 그가 상상할 수 있는 가치관을 뛰어넘는 세상이 된다는 것 말고는 달리 할 말이 없다. 그리고 이미 가상공간 이외에 믿을 수 있는 가치를 가지고 있기 때문이라고 할 수밖에 없다.

약 20년이나 되는 미래를 예상한다면 교주 비즈니스와 인생의 DIY화에 대해 반드시 다뤄야 한다고 생각한다. 그리고 교주 비즈니스와 인생의 DIY화가 만연하는 것이 바람직스러운지 아닌지는 전적으로 독자의 가치관에 맡기고자 한다.

맺는말

지금까지 2020년부터 2038년까지 19년 동안 일어날 변화에 대해 다루었는데, 현재 독자 여러분은 나이가 몇일까 궁금하다. 2038년의 자신의 모습을 마음속에 그리면서 이 책을 읽었다면 더 흥미로웠을 것이다.

먼저 이 책을 쓰는 된 계기부터 밝히고자 한다. 나는 니혼TV의 생방송 정보 프로그램인 〈슷키리〉에 평론가인 우노 쓰네히로 씨와 함께 이 년 반 동안 출연했다. 우리는 삽십 대의 마지막을 맞고 있는 동갑내기였으므로 다양한 이야기를 기탄없이 주고받을 수 있었다. 일단락을 맺는 시기에 즈음하여 '한정된 시간 속에서 어떤 일에 힘을 쏟아야 하는가?', '할 수 있다면 기념할 만한 출판물을 내는 것이 좋지 않을까?' 이런 물음을 거듭하는 동안 당연히 그렇게 해야 한다는 의식이 점점 확고해졌다.

나는 평소에 다양한 업계의 데이터를 보면서 분석하거나 자료를 작성하거나 강연을 하거나 한다. 그런 가운데 나 자신의 향후 19년을 생각하는 과정에서, 방대한 데이터와 사투를 벌이다 보면 미래를 예상할 수 있지 않을까 하는 발상에서 이 책을 쓰게 되었다.

2020년에서 2038년까지 일 년을 하나의 장으로 삼아 다양한 업계에 대해 예상했다. 그러나 그 업계를 꼭 그 해의 예로만 국한시켜야 할 절대성이나 필연성은 전혀 없다. 게다가 업계를 선정하는 행위 자체가 내 주관적 판단에서 이루어졌다는 것도 사실이다. 그러니까 굳이 말하자면, 이 책은 각 업계에 대한 나 자신의 예측이며 나 자신의 이야기다.

주변을 둘러보면 미래 예상과 관련된 서적이 넘쳐난다. 하지만 대부분 매우 비약적이고, 조금은 생뚱맞은 예견을 하고 있다. 이 책을 쓰기에 앞서 10년 전, 20년 전에 쓰인 미래 예측서들을 읽어보았다. 거의 모든 책이 적절하지 않았다. 현실은 예상과는 완전히 다른 방식으로 나타나게 마련이다. 그러니까 미래 예상이라는 것은 허무한 일이다. 이 책도 역시 같은 길을 걷게 될 수도 있을 것이다. 다만 이 책은 의도적으로 내용을 화려하게 꾸미지 않으려 노력했다. 상품 예상도 가급적 평범하게 기술하려고 애썼다. 대부분이 미래를 초월하여 미래를 말하는 데 반하여, 이 책은 통계를 기본으로 작성했다. 그리고 예상이 맞든 틀리든, 독자가 나에게 호의적이든 비판적이든 가급적 검증이 가능하도록 데이터 소스를 기재해두었다.

불평이 담겨 있는 메일, 끊임없이 울어대는 전화, 동료로부터의 푸념, 무한히 이어지는 자료 작성, 어두운 내용의 어시스턴트 상담, 고객의 예고 없는 방문으로 허비되는 시간, 누군가의 책임을 벗겨

주기 위해 떠맡는 역할, 범위를 넘어선 과중한 업무, 그리고 상사로부터의 질책 등. 나는 10년 전까지만 해도 이런 일들을 끝없이 겪어야 하는 직장에 있었다.

하지만 무엇과도 견줄 수 없는 둘도 없는 경험도 했다. 늦은 밤이 되어서야 겨우 아오모리 공장의 생산 중단을 막도록 조치한 일, 홍콩에서 갈등을 겪은 일, 미국에서 고뇌한 일, 매일 공장을 둘러보고 현장에서 대화를 거듭하며 생각에 골몰한 일, 수없이 많은 경영자들과 대화한 일, 심야까지 야근을 하던 직장에서 장래의 꿈에 대해 이야기를 주고받은 일, 술을 마시며 '너, 왜 회사를 그만두는 거야!' 하며 울었던 일, 부모와 자식만큼 나이 차가 나는 남성이 '지금까지 고마웠습니다'라며 굳은 악수를 한 뒤 포옹을 청했던 일 등.

업무 내용을 총정리하여 《규동 한 그릇으로 버는 9엔》(겐토샤)이라는 책을 펴냈던 것이 바로 그 당시였다. 원래 나는 기업의 자재부에서 사회생활의 첫걸음을 내디뎠다. 자재부는 제품 생산에 필요한 부자재나 재료를 사들여 공장에 공급하는 일을 담당한다. 사내에서 가장 한가로운 부서였지만, 거기서 나는 제품 지식을 습득했고 거래처 분석 요령을 터득했으며 원가나 회계 업무와 관련된 통계 데이터를 보는 법을 익히는 등 다양한 경험을 쌓아갔다.

그 후 TV에 출연하게 되고 회사를 창업한 뒤 결혼을 하여 아이까지 생기는 동안 10년이란 세월이 훌쩍 지나가버렸다. 10년 전만 해도 내가 미래 예측서를 출판하리라고는 상상도 할 수 없었다. 옛말에 10년이면 강산도 변한다는데, 지금의 내 경우가 딱 그렇다.

회사 곳곳에서 분투하던 내가(적과의 싸움이라기보다는 스스로의 가능성 모색을 위한 나와의 싸움이었지만), 이번에 독자에게 일상을 접어두고 미래에 대해 사고하는 계기를 만들어줄 수 있다면 참으로 다행이라고 생각할 따름이다.

오늘날 비즈니스맨이 겪는 어려움은 이익과 효율을 추구하는 끊임없는 일상 업무 속에서 장래에 대해 생각하고 전략을 짜야 하는 점에 있다. 동료나 상사 모두가 바쁜 일상을 보내며 살아간다. 과거 대기업에서는 신규 사업 개발 부문이 따로 있어서 부담이 덜했는지도 모른다. 그러나 지금은 개개인이 부문에 얽매이지 않고 가설을 세워 미래를 예측하고 경력을 관리하면서 사업을 창출해나가지 않으면 안 된다.

이 책은 일본의 관점으로 내용을 전개하고 있다. 일본은 한때 제조업을 중심으로 세계를 제패했던 화려한 기억과, 현재 미국은 물론 중국에까지 뒤처지게 된 안타까움을 동시에 지니고 있다. 이런 기억과 안타까움이 양날의 검처럼 일본의 앞날에 명암을 짙게 드리운 듯이 느껴진다. 이 책은 내 나름대로 일본 부활의 전략을 세운다는 마음으로 썼다. 하지만 일본 중심으로만 생각할 필요는 없으며, 오히려 일본이라는 굴레에 얽매이지 않고 미래의 비즈니스를 모색하는 일이 더 중요하다고 생각한다. 내용이 일본 중심인 것은 어디까지나 나 자신의 연구 과정에서 책을 썼기 때문이다.

데이터를 중심으로 책을 썼다고 했는데, 사실 데이터의 중요성 선별은 일종의 감각에 의존했다는 점을 밝힌다. 똑같은 문장을 읽더라도 독자 여러분이 흥미를 느끼는 지점은 상황과 관점에 따라 달라질 것이다. 이 책을 계기로 독자의 문제의식이 점화되면서 나로서는 전혀 상상조차 할 수 없는 새로운 발상이 가능해질지도 모른다.

다양한 발상을 떠올리게끔 하기 위해 가급적 예상치 못할 고유명사를 뜬금없이 인용하기도 했다. 독자에 따라 장황하다고 느낄 수도 있고 흥미롭다고 느낄 수도 있을 것이다. 어쩌면 모든 출판물이 자신의 이야기일 뿐만 아니라 모든 일이 자신의 이야기일지도 모른다.

이 책은 데이터를 다루는 동안 급류처럼 지나쳐버리는 시간을 어떻게든 잡아놓으려는 노력의 결과로 얻어낸 산물이다. 앞에서 10년 전만 해도 내가 이런 일을 하게 되리라고는 예상하지 못 했다고 말했다. 이 책을 계기로 내 경우와 마찬가지로 독자 여러분에게도 예상하지 못했던 일이 생길지도 모른다. 내가 나 자신의 미래를 전혀 예상하지 못했듯이 말이다.

나는 운 좋게도 세계의 여러 유명인사와 만날 일이 많았다. 그들은 미래 세계의 모습에 대한 가설을 세우고 그 이후의 방향성을 결정한다. 그런 결정이 완벽하게 적중할지 아닐지는 알 수 없으며, 심지어는 완전한 실패로 끝날 가능성도 있다. 그러나 미래를 예상하고자 하는 의지가 살아가는 동력이 되고 세계라는 강을 함께 건너는 용기가 되어, 희망으로 가득 찬 창의적 연구의 희열을 가져다줄 것이다. 이 책은 미래의 나 자신에게도 아주 유용한 자료가 되리라 확신한다.

마지막으로, 장대한 나의 이야기를 위해 곁에서 동고동락해준 담당 편집자 다케무라 유코 씨에게 깊은 감사의 말씀을 전하고 싶다.

2020년

〈自動走行ビジネス検討会「自動走行の実現に向けた取組方針」報告書概要 자율주행비즈니스 검토회 '자율주행 실현을 향한 대처방침' 보고서개요〉, 自動走行ビジネス検討会 (자율주행비즈니스 검토회)

《くたばれ自動車~アメリカン, カーの内幕 망할 놈의 자동차, 미국 차의 내막》, 至誠堂新書 ジョン, キーツ(저), 至誠堂書店(1965년)

《できそこないの男たち 행실이 좋지 못한 남자들》, 光文社新書, 福岡伸一(저), 光文社(2008년)

《クルマよ、お世話になりました~米モータリゼーションの歴史と未来 자동차여, 신세가 많았다》, ケイティ, アルヴォード(저), 白水社(2013년)

《モータリゼーションの世紀~T 型フォードから電気自動車へ 모털리제이션의 세기~T형 포드에서 전기자동차까지》, 岩波現代全書96, 鈴木直次(저), 岩波書店(2016년)

《モビリティー革命2030~自動車産業の破壊と創造 모빌리티 혁명 2030~자동차산업의 파괴와 창조》, デロイトトーマツコンサルティング合同会社(저), 日経BP社(2016년)

《成長力を採点! 2020年の「勝ち組」自動車メーカー 성장력을 채점! 2020년 자동차업체의 '승자'》, 中西孝樹(저), 日本経済新聞出版社(2015년)

《大前研一IoT 革命~ウェアラブル, 家電, 自動車, ロボットあらゆるものがインターネットとつながる時代の戦略発想Iot 혁명~웨어러블, 가전, 자동차, 로봇 등 모든 것이 인터넷과 연결되는 시대의 전략 발상》, 大前研一(저), プレジデント社(2016년)

2021년

〈社会資本の維持管理, 更新のための主体間関係に関する調査研究 中間報告書 사회자

본의 유지관리, 갱신을 위한 주체 간 관계에 대한 조사연구 중간보고서〉, 国土交通省 国土交通政策研究所(국토교통성 국토교통정책연구소)
〈記者発表資料, 平成24年7月24日 기자발표자료 2012년 7월 24일〉, 国土交通省東北地方整備局(국토교통성 동북지방조정국)
《荒廃するアメリカ 황폐화하는 미국》, S.ウォルター(저), 開発問題研究所(1982년)
〈東日本大震災の実体験に基づく災害初動期指揮心得 동일본대지진의 실제 체험에 근거한 재해 초동대처 지침〉, 国土交通省東北地方整備局(국토교통성 동북지방조정국)
《2025年の巨大市場~インフラ老朽化が全産業のチャンスに変わる 2025년의 거대시장~인프라 노후화가 모든 산업에 기회를 제공한다》, 浅野祐一/村駿(저), 日経BP社(2014년)
《202Xインフラテクノロジー~土木施設の商機を大胆予測 202X 인프라 테크놀로지~토목시설의 비즈니스 기회를 대담하게 예측》, 浅野祐一(저), 日経コンストラクション(편), 日経BP社(2016년)
《よくわかるインフラ投資ビジネス~需要を読む、リスクを知る、戦略を練る 쉽게 이해하는 인프라투자 비즈니스~수요를 예측하고 리스크를 알고 전략을 짠다》, 福島隆則/菅健彦(저), 日経BP社(2014년)
《朽ちるインフラ~忍び寄るもうひとつの危機 노후화하는 인프라~조용히 접근하는 또 하나의 위기》, 根本祐二(저), 日本経済新聞出版社(2011년)
《社会インフラの危機~つくるから守るへ~維持管理の新たな潮流 사회 인프라의 위기~생산에서 지킴으로~유지관리의 새로운 조류》, 牛島栄(저), 日刊建設通信新聞社(2013년)

2022년
〈電中研ニュース409 두뇌연구 뉴스409〉, ㈶電力中央研究所[(재)전력 중앙연구소]
〈平成16年度「エネルギーに関する年次報告(エネルギー白書2005)」 2014년도 '에너지에 관한 연차보고서(에너지백서2005)'〉, 資源エネルギー庁(자원에너지청)
《エネルギー白書〈2017年版〉 에너지 백서 2017년판》, 経済産業省(편), 経済産業調査会(2017년)
《エネルギー問題入門~カリフォルニア大学バークレー校特別講義 에너지문제 입문~캘리포니아대학 버클리교 특별강의》, リチャード, A, ムラー(저), 楽工社(2014년)
《原発事故後のエネルギー供給からみる日本経済~東日本大震災はいかなる影響をもたらしたのか 원자력발전 사고 후의 에너지 공급으로부터 보는 일본경제~동일본대지진은 어떤 영향을 미쳤는가》, 馬奈木俊介(편저), ミネルヴァ書房(2016년)
《電力改革~エネルギー政策の歴史的大転換 전력 개혁~에너지 정책의 역사적 대전환》, 講談

社現代新書 橘川武郎(저), 講談社(2012년)
《エネルギー産業の2050年~ Utility3.0へのゲームチェンジ 에너지 산업의 2050년~유틸리티 3.0로의 게임 체인지》, 竹内純子(편저), 伊藤剛/岡本浩/戸田直樹(저), 日本経済新聞出版社(2017년)
《消費大陸アジア ~巨大市場を読みとく 소비대륙 아시아~거대시장을 예측분석》, 川端基夫(저), 筑摩書房(2017년)

2023년

〈農林漁業の6次産業化 농임어업의 6차 산업화〉, 農林水産省(농림수산성)
〈平成26年度 食料, 農業, 農村白書 2014년도 식량, 산업, 농촌백서〉, 農林水産省(농림수산성)
〈NEWS RELEASE 2017年8月17日 뉴스 릴리스 2017년 8월 17일〉, 住友化学(스미토모화학)
〈世界の食肉需要の行方 세계 식육 수요의 행방〉, 三井物産戦略研究所(産業調査第二室)[미쓰이 물산전략연구소(산업조사 제2실)], 野崎由紀子(노자키 유키코)
〈農地制度 농지제도〉, 農林水産省(농림수산성)
《2025年 日本の農業ビジネス 2025년 일본의 농업 비즈니스》, 講談社現代新書 21世紀政策研究所(편), 講談社(2017년)
《6次産業化とJAの新たな役割~農業の未来のために 6차 산업화와 JA의 새로운 역할~농업의 미래를 위해》, 経済法令研究会(편), 経済法令研究会(2011년)
《地方が生き残るために何をすべきか 지방이 살아남기 위해 무엇을 해야 하는가》, 金子利雄(저), 眞人堂(2017년)
《農の6次産業化と地域振興 농업의 6차 산업화와 지역진흥》, 熊倉功夫(감수), 米屋武文(편), 春風社(2015년)
《里山産業論~「食の戦略」が六次産業を超える 지역 산림산업론~'식량 전략'이 6차 산업을 초월한다》, 角川新書 金丸弘美(저), KADOKAWA(2015년)

2024년

〈Africa in 50 Years' Time 50년 동안의 아프리카〉, African Development Bank(아프리카개발은행)
〈Fact Sheet アフリカのいま#4 팩트시트-아프리카의 현재〉, UNDP 国連開発計画(유엔개발계획)
《WIRED 와이어드》 VOL. 29/特集「African Freestyle ワイアード、アフリカにいく」(특집 아프리카 프리스타일 '와이어드, 아프리카에 가다'), 2017/9/11, CondéNast Japan(コンデナスト, ジャパン)(저), WIRED編集部(편)

《フィリピン~急成長する若き「大国」 필리핀~급성장하는 젊은 '대국'》, 中公新書 井出穣治(저), 中央公論新社(2017년)
《花のある遠景~東アフリカにて(増補新版) 꽃이 있는 원경~동아프리카에서(증보신판)》, 西江雅之(저), 青土社(2010년)
《経済大陸アフリカ~資源、食糧問題から開発政策まで 경제대륙 아프리카~자원, 식량문제에서 개발정책까지》, 中公新書, 平野克己(저), 中央公論新社(2013년)
《現代アフリカ経済論 シリーズ, 現代の世界経済8 현대 아프리카 경제론 시리즈, 현대의 세계경제 8》, 北川勝彦/高橋基樹(편저) ミネルヴァ書房(2014년)
《社会人のための現代アフリカ講義 사회인을 위한 현대 아프리카 강의》, 東大塾 遠藤貢/関谷雄一(편), 東京大学出版会(2017년)

2025년

〈平成26年版高齢社会白書 2014년판 고령사회백서〉, 内閣府(내각청)
〈日本老年医学会学術集会(2015年06月12~14日) 일본노년의학회 학술집회(2015년 6월12~14일)〉, 日本老年医学会(일본노년의학회)
〈「孫」への支出実態調査(2011年度調査) '손주'에 대한 지출실태조사(2011년도조사)〉, 共立総合研究所(공립 종합연구소)
《オヤノタメ商品 ヒットの法則~100兆円 プラチナエイジ市場を動かした! 부모를 위한 상품 히트의 법칙~100조 엔 플래티넘 에이지 시장을 달렸다!》, 今井啓子/SUDI (저), 集英社(2012년)
《シニアシフトの衝撃~超高齢社会をビジネスチャンスに変える方法 시니어 변환의 충격~초고령사회를 비즈니스 기회로 바꾸는 방법》, 村田裕之(저), ダイヤモンド社(2012년)
《シニアマーケティングはなぜうまくいかないのか~新しい大人消費が日本を動かす 시니어 마케팅은 왜 제대로 되지 않는가~새로운 성인소비가 일본을 움직인다》, 阪本節郎(저), 日本経済新聞出版社(2016년)
《どうする どうなる ニッポンの大問題 어떻게 하나, 어떻게 되나, 일본의 대문제》, 少子"超"高齢化編 石破茂/弘兼憲史(저), ワニブックス(2017년)
《新シニア市場攻略のカギはモラトリアムおじさんだ! 신 시니어시장 공략의 열쇠는 모라노리엄 아저씨다!》, ビデオリサーチひと研究所(편저), ダイヤモンド社(2017년)

2026년

《1995年 1995년》, ちくま新書 速水健朗(저), 筑摩書房(2013년)

〈生活者1万人アンケートに見る日本人の価値観, 消費行動の変化(2015年) 생활인 1만 명 설문조사에서 보는 일본인의 가치관, 소비행동의 변화(2015년)〉, 野村総合研究所(노무라 종합연구소)

《「嫌消費」世代の研究~経済を揺るがす「欲しがらない」若者たち '탈소비' 세대의 연구~경제를 요동시키는 '구매하지 않는' 젊은이들》, 松田久一(저), 東洋経済新報社(2009년)

《33年後のなんとなく、クリスタル 33년 후의 어쩐지 크리스탈》, 田中康夫(저), 河出書房新社(2014년)

《R30の欲望スイッチ~欲しがらない若者の、本当の欲望 R30의 욕망 스위치~구매하지 않는 젊은이들의 진짜 욕망》, 白岩玄(저), 宣伝会議(2014년)

《シンプル族の反乱~モノを買わない消費者の登場 심플족의 반란~물건을 사지 않는 소비자의 등장》, 三浦展(저), ベストセラーズ(2009년)

《つくし世代~「新しい若者」の価値観を読む 열성 세대~'새로운 젊은층'의 가치관을 읽는다》, 光文社新書, 藤本耕平(저), 光文社(2015년)

《パリピ経済~パーティーピープルが市場を動かす 파티 피플 경제~파티 피플이 시장을 움직인다》, 新潮新書, 原田曜平(저), 新潮社(2016년)

《現代日本人の意識構造(第8版) 현대 일본인의 의식구조(제8판)》, NHKブックス NHK 放送文化研究所(편), NHK出版(2015년)

《若者はなぜモノを買わないのか 젊은이들은 왜 물건을 사지 않는가》, 青春新書インテリジェンス, 堀好伸(저), 青春出版社(2016년)

《若者離れ~電通が考える未来のためのコミュニケーション術 젊은층 이탈~덴쓰사가 생각하는 미래를 위한 커뮤니케이션 전술》, 電通若者研究部(편), 吉田将英/奈木れい/小木真/佐藤瞳(공저) エムディエヌコーポレーション(2016년)

《新装版 なんとなく、クリスタル 개정판 어쩐지 크리스탈》, 河出文庫, 田中康夫(저), 河出書房新社(2013년)

《世界史を創ったビジネスモデル 세계사를 창조한 비즈니스 모델》, 新潮選書, 野口悠紀雄(저), 新潮社(2017년)

《その1人が30万人を動かす!~影響力を味方につけるインフルエンサー, マーケティング그 한 사람이 30만 명을 움직인다!~영향력을 내 편으로 만드는 인플루언서 마케팅》, 本田哲也(저), 東洋経済新報社(2007년)

2027년

《クイックジャパン Vol.16 퀵 재팬 Vol. 16》, 太田出版(1997년)

《音楽産業 再成長のための組織戦略~不確実性と複雑性に対する音楽関連企業の組織マネジメント 음악산업 재성장을 위한 조직 전략~불확실성과 복잡성에 대한 음악 관련 기업의 조직 경영》, 八木良太(저), 東洋経済新報社(2015년)

《新時代ミュージックビジネス最終講義~新しい地図を手に、音楽とテクノロジーの蜜月時代を生きる! 신시대 뮤직 비즈니스 최종 강의~새로운 지도를 손에, 음악과 테크놀로지의 밀월 시대를 살아간다!》, 山口哲一(저), リットーミュージック(2015년)

《檻のなかのダンス 철창 속의 댄스》, 鶴見済(저), 太田出版(1998년)

《破壊者 파괴자》, 松浦勝人(저), 幻冬舎(2018년)

2028년

〈The Water Crisis 물 위기〉, Water.org

〈ピークウォーター：日本企業のサプライチェーンに潜むリスク(2012年) 빅 워터 : 일본 기업의 공급사슬에 숨어있는 위험(2012년)〉, KPMGあずさサスティナビリティ

〈日本経済新聞朝刊(2016/1/13) 2016년 1월~13일 일본경제신문 조간〉, 日本経済新聞(일본경제신문)

〈世界の水問題への日本の取組「立法と調査 2012.9 No.332」 세계의 수자원 문제에 대한 일본의 대처 '입법과 조사 2012. 9 No.332'〉, 第一特別調査室(제1특별 조사실), 松井一彦

《ヒトはこうして増えてきた~20万年の人口変遷史 히트는 이렇게 증가해왔다~20만 년의 인구 변천사》, 新潮選書, 大塚柳太郎(저), 新潮社(2015년)

《フランスはどう少子化を克服したか 프랑스는 어떻게 출생율 저하를 극복했는가》, 新潮新書, 髙崎順子(저), 新潮社(2016년)

《縮小ニッポンの衝撃 축소 일본의 충격》, 講談社現代新書, NHKスペシャル取材班(저), 講談社(2017년)

《人口の世界史 인구의 세계사》, マッシモ, リヴィ-バッチ(저), 東洋経済新報社(2014년)

《人口学への招待~少子, 高齢化はどこまで解明されたか 인구학으로의 초대~출생율 저하, 고령화는 어디까지 해명되었나》, 中公新書, 河野稠果(저), 中央公論新社(2007년)

《人口減少時代の土地問題~「所有者不明化」と相続、空き家、制度のゆくえ 인구감소시대의 토지문제~'소유자 불명화'와 상속, 빈집, 제도의 행방》, 中公新書, 吉原祥子(저), 中央公論新社(2017년)

《世界主要国, 地域の人口問題 人口学ライブラリー8 세계 주요국, 지역의 인구문제 인구학 라이브러리 8》, 早瀬保子/大淵寛(편저) 原書房(2010년)

《東アジアの社会大変動~人口センサスが語る世界 동아시아의 사회 대변환~인구 센서스가 말하는 세계》, 末廣昭/大泉啓一郎(편저) 名古屋大学出版会(2017년)

《日本の人口動向とこれからの社会~人口潮流が変える日本と世界 일본의 인구 동향과 앞으로의 사회~인구 조류가 바뀌는 일본과 세계》, 森田朗(감수), 国立社会保障, 人口問題研究所(편), 東京大学出版会(2017년)

《未来の年表~人口減少日本でこれから起きること 미래의 연표~인구감소 일본에서 앞으로 일어날 일》, 講談社現代新書, 河合雅司(저), 講談社(2017년)

2029년

《3億人の中国農民工 食いつめものブルース 3억 명의 중국 농민공 밥줄 연명 블루스》, 山田泰司(저), 日経BP社(2017년)

〈Human Development Report 2016 2016 인간개발보고서〉, 国連開発計画

〈中国鉄鋼業界の現状と今後の展望 중국 철광업계의 현황과 금후의 전망〉, 三菱東京UFJ 銀行 戦略調査部 神田壮太

《結局、勝ち続けるアメリカ経済 一人負けする中国経済 결국 계속 이기는 미국 경제, 홀로 지는 중국 경제》, 講談社＋α新書 武者陵司(저), 講談社(2017년)

《戸籍アパルトヘイト国家, 中国の崩壊 호적 아파르트헤이트 국가, 중국의 붕괴》, 講談社＋α新書 川島博之(저), 講談社(2017년)

《習近平が隠す本当は世界3位の中国経済 시진핑이 감추는, 사실은 세계3위인 중국 경제》, 講談社＋α新書 上念司(저), 講談社(2017년)

《図解ASEANを読み解く~ASEANを理解するのに役立つ70のテーマ(第2版) 도해 아세안을 분석한다~아세안을 이해하기 위해 도움이 되는 70의 테마 제2판》, みずほ総合研究所(저), 東洋経済新報社(2018년)

《中国~とっくにクライシス、なのに崩壊しない"紅い帝国"のカラクリ~在米中国人経済学者の精緻な分析で浮かび上がる 중국, 이미 위기인데도 여전히 붕괴하지 않는 '붉은 제국'의 흑막~재미 중국인 경제학자의 섬세한 분석으로 드러나다》, ワニブックスPLUS新書, 何清漣/程暁農(저), 中川友(訳) ワニ, プラス(2017년)

《中国経済入門~高度成長の終焉と安定成長への途(第4版) 중국경제입문~고도성장의 종언과 안정성장으로 가는 길 제4판》, 南亮進/牧野文夫(편), 日本評論社(2016년)

《日本と中国経済~相互交流と衝突の一〇〇年 일본과 중국경제~상호교류와 충격의 一〇〇년》, ちくま新書 梶谷懐(저), 筑摩書房(2016년)

2030년

〈POLITICAL DECLARATION 정치적 선언〉, UNウィメン(유엔여성기구)
〈女性起業家を取り巻く現状について 여성 창업가를 둘러싼 현재 상황에 대해〉, 内閣府男女共同参画局(내각부 남녀공동 기획국)
《武器としての人口減社会~国際比較統計でわかる日本の強さ 무기로서의 인구감소 사회~국제 비교 통계로 이해하는 일본의 강점》, 光文社新書, 村上由美子(저), 光文社(2016년)

2031년

〈3万3千平米 3만 3000제곱미터〉, 藤子, F, 不二雄(저),(1975년)
〈State of the Satellite Industry Report 위성산업 현황보고서〉, SIA
《ジュリスト 쥬리스트》, 2017年05月号, [雑誌](2017/4/25発売), 有斐閣
《宇宙ビジネス~入門から業界動向までひと目でわかる 図解ビジネス情報源 우주 비즈니스~입문에서 업계 동향까지 한눈에 이해하는 도해 비즈니스 정보원》, 的川泰宣(감수) アスキー, メディアワークス(2011년)
《宇宙ビジネス入門~New Space革命の全貌 우주 비즈니스 입문~뉴 스페이스 혁명의 전모》, 石田真康(저), 日経BP社(2017년)

2032년

〈World Population Prospects 2017 세계인구전망 2017〉, 国際連合
〈2017年8月「運輸と経済~インドのいま~」 2017년 8월 '운수와 경제~인도의 현재~'〉, 一般社団法人運輸調査局(사단법인 운수조사국)
《アジアのハリウッド~グローバリゼーションとインド映画 아시아의 할리우드~글로벌리제이션과 인도 영화》, 山下博司/岡光信子(저), 東京堂出版(2010년)
《インドでつくる! 売る!~先行企業に学ぶ開発, 生産, マーケティングの現地化戦略 인도에서 만든다! 판다!~선행기업에 배우는 개발, 생산, 마케팅의 현지화 전략》, 須貝信一(저), 実業之日本社(2014년)
《インドと日本は最強コンビ 인도와 일본은 최강의 콤비》, 講談社+α新書, サンジーヴ, スィンハ(저), 講談社(2016년)

《インドビジネス40年戦記~13億人市場との付き合い方 인도 비즈니스 40년 전기~13억 명 시장과의 교류법》, 中島敬二(저), 日経BP社(2016년)
《インド人の「力」 인도인의 '힘'》, 講談社現代新書, 山下博司(저), 講談社(2016년)
《すごいインドビジネス 굉장한 인도 비즈니스》, 日経プレミアシリーズ, サンジーヴ, スィンハ(저), 日本経済新聞出版社(2016년)
《モディが変えるインド~台頭するアジア巨大国家の「静かな革命」 모디 수상이 바꾼 인도~대두하는 아시아 거대국가의 '조용한 혁명'》, 笠井亮平(저), 白水社(2017년)
《最後の超大国インド~元大使が見た親日国のすべて 마지막 초대강국 인도~전 대사가 본 친일국의 모든 것》, 平林博(저), 日経BP社(2017년)
《池上彰が注目するこれからの大都市, 経済大国〈4〉, ムンバイ, インド 이케우에가 주목하는 앞으로의 대도시 뭄바이, 경제대국 인도》, 池上彰(감수), ジェニー, ヴォーン(원저) こどもくらぶ(편), 講談社(2016년)
《シャルマの未来予測~これから成長する国 沈む国 샬마의 미래 예측~앞으로 성장하는 나라 쇠퇴하는 나라》, ルチル, シャルマ(저), 東洋経済新報社(2018년)

2033년

〈NEWS RELEASE(2015年06月22日) 뉴스 릴리스 2015년 6월 22일〉, 野村総合研究所(노무라 종합연구소)
〈建築着工統計調査報告 건축착공 통계조사 보고〉, 国土交通省(국토교통성)
〈中古住宅流通促進, 活用に関する研究会 중고주택 유통촉진 및 활용에 관한 연구회〉, 国土交通省(국토교통성)
〈よくあるご質問 자주 하는 질문〉, 財務省(통계성)
〈「全国版空き家, 空き地バンク」の仕様 並びに参画方法等について '전국판 빈집, 노는 땅 뱅크'의 사양 및 기획 방법 등에 대하여〉, 国土交通省(국토교통성)
〈DIY型賃貸借のすすめ DIY형 임대차의 권유〉, 国土交通省(국토교통성)
《「空き家」が蝕む日本 '빈집'이 좀먹어가는 일본》, ポプラ新書, 長嶋修(저), ポプラ社(2014년)
《2020年マンション大崩壊 2020년 맨션 대붕괴》, 文春新書, 牧野知弘(저), 文藝春秋(2015년)
《2025年東京不動産大暴落 2025년 도쿄부동산 대폭락》, 榊淳司(저), イースト,プレス(2017년)
《解決!空き家問題 해결! 빈집문제》, ちくま新書 中川寛子(저), 筑摩書房(2015년)
《空き家大国ニッポン 빈집 대국 일본》, 水谷秀志(저), せせらぎ出版(2017년)
《空き家問題~1000万戸の衝撃 빈집 문제 1000만 호의 충격》, 祥伝社新書, 牧野知弘(저), 祥

伝社(2014년)
《老いる家 崩れる街~住宅過剰社会の末路 노후화된 집, 붕괴되는 거리》, 講談社現代新書, 野澤千絵(저), 講談社(2016년)

2034년

〈NEWS RELEASE(2015年12月02日) 뉴스 릴리스 2015년 12월 2일〉, 野村総合研究所(노무라 종합연구소)
〈新産業構造ビジョン(平成29年) 신산업 구조비전 2017년〉, 経済産業省(경제산업성)
《Pythonではじめる機械学習~scikit-learnで学ぶ特徴量エンジニアリングと機械学習の基礎 Python으로 시작하는 기계학습~scikit-learn으로 배우는 초미량 엔지니어링》, アンドレアス, C, ミュラー(저), オライリージャパン(2017년)
《ポスト, ヒューマン誕生~コンピュータが人類の知性を超えるとき 포스트 휴먼 탄생~컴퓨터가 인류의 지성을 초월할 때》, レイ, カーツワイル(저), NHK出版(2007년)
《人工知能はどのようにして「名人」を超えたのか 인공지능은 어떻게 '명인'을 이겼는가》, 山本一成(저), ダイヤモンド社(2017년)
〈ハーバード, ビジネス, レビュー2015年11月号 하버드 비즈니스 리뷰 2015년 11월호〉, 安宅和人
《2020年人工知能時代 僕たちの幸せな働き方 2020년 인공지능 시대 행복해지는 우리의 회사 근무》, 藤野貴教(저), かんき出版(2017년)
《シンギュラリティ ビジネス~AI時代に勝ち残る企業と人の条件 싱귤래리티 비즈니스~AI시대에서 살아남는 기업과 사람의 조건》, 幻冬舎新書, 齋藤和紀(저), 幻冬舎(2017년)
《最強のAI活用術~実践フェーズに突入 최강의 AI 활용법~실천 상태로 돌입》, 野村直之(저), 日経BP社(2017년)
《人間さまお断り~人工知能時代の経済と労働の手引き 인간 사절~인공지능 시대의 경제와 노동의 지침》, ジェリー, カプラン(저), 三省堂(2016년)
《人工知能と経済の未来~2030年雇用大崩壊 인공지능과 경제의 미래~2030년 고용 대붕괴》, 文春新書, 井上智洋(저), 文藝春秋(2016년)
《人工知能のための哲学塾 인공지능을 위한 철학 학원》, 三宅陽一郎(저), ビー, エヌ, エヌ新社(2016년)
《人工知能の見る夢は~AIショートショート集 인공지능이 보는 꿈은~AI 단편집》, 文春文庫 新井素子/宮内悠介(외 저), 人工知能学会(편), 文藝春秋(2017년)

《日本再興戦略 일본 부흥전략》, 落合陽一(저), 幻冬舎(2018년)
《量子コンピュータが人工知能を加速する 양자 컴퓨터가 인공지능을 가속화한다》, 西森秀稔/大関真之(저), 日経BP社(2016년)
《人工知能の核心 인공지능의 핵심》, NHK 出版新書, 羽生善治/ NHKスペシャル取材班(저), NHK出版(2017년)

2035년

〈プレスリリース(ボーイング、2035年までに約150万名のパイロットと技術者が必要と予測) 프레스릴리스-보잉, 2035년까지 약 150만 명의 파일럿과 기술자가 필요하다고 예측〉, BOEING
〈Statistical Summary of Commercial Jet Airplane Accidents 2016 민간항공기사고 통계개요 2016〉, BOEING
〈Global Market Forecast 세계시장예측〉, AIRBUS
〈CURRENT MARKET OUTLOOK 2016-2035 시장전망보고서 2016-2035〉, BOEING
〈民間航空機に関する市場予測 2017-2036 민간 항공기에 관한 시장예측 2017-2036〉, 一般財団法人 日本航空機開発協会(일반재단법인 일본항공기개발협회)
〈SUMMARY OF PASSENGER AND FREIGHT TRAFFIC 여객수송과 화물수송 개요〉, IATA
〈操縦士, 整備士等の養成, 確保に向けた取組の状況 조종사, 정비사 등의 양성, 확보를 위한 대책의 현황〉, 国土交通省(국토교통성)
〈航空豆知識 항공 토막상식〉, JAL
〈宇宙産業ビジョン 2030 우주산업 비전 2030〉, 宇宙政策委員会(우주정책 위원회)
〈宇宙基本計画工程表(平成27年度改訂) 우주기본계획 공정표 2015년도 개정〉, 宇宙開発戦略本部(우주개발 전략본부)
《エアラインパイロットになる本~夢を実現させるための進路ガイド(新版) 에어라인 파일럿이 되는 책~꿈을 실현시키기 위한 진로 가이드 신판》, イカロスMOOK, 阿施光南(저), イカロス出版(2016년)
《ボーイングVSエアバス 熾烈な開発競争~100年で旅客機はなぜこんなに進化したのか 보잉 VS 에어버스 치열한 개발경쟁~100년 사이에 여객기는 이토록 진화한 것인가》, 交通新聞社新書, 谷川一巳(저), 交通新聞社(2016년)
《航空産業入門(第2版) 항공산업 입문 제2판》, ANA総合研究所(저), 東洋経済新報社(2017년)
《最新 航空事業論~エアライン ビジネスの未来像(第2版) 최신 항공 사업론~에어라인 비즈니스의 미래상 제2판》, 井上泰日子(저), 日本評論社(2016년)

2036년

〈日本の将来推計人口(平成29年推計) 일본의 장래 추계 인구 2017년 추계〉, 国立社会保障 人口問題研究所UR都市機構(국립사회보장 인구문제연구소 UR도시기구)

〈遺産分割事件のうち認容, 調停成立件数 유산분할 사건 중 인용, 조정성립 건수〉, 裁判所(재판소)

《ひとり終活~不安が消える万全の備え 홀로 종활~불안이 사라지는 만전의 준비》, 小学館新書, 小谷みどり(저), 小学館(2016년)

《今すぐ取りかかりたい最高の終活~秘密も恥も“お片づけ” トラブルを未然に防ぐ身辺整理のすすめ 지금 바로 알아봐야 할 최고의 종활~비밀도 수치도 '깔끔히 정리', 분쟁을 미연에 막는 신변정리의 권유》, 眞鍋淳也/山本祐紀/吉田泰久(저), 社長の終活研究会(協力) 青月社(2017년)

《終活, 相続の便利帳~カリスマ相続診断士が日本一やさしく教えます! 종활, 상속의 편리장부~카리스마 상속 진단사가 가장 쉽게 알려줍니다!》, エイムック, 一橋香織(감수), 枻出版社(2017년)

《週刊エコノミスト 주간 이코노미스트》, 毎日新聞出版(2017년 10월 03호)

2037년

〈トヨタ自動車75年史 토요타자동차 75년사〉, トヨタ自動車(토요타자동차)

〈アニュアルレポート 2014年3月期(연간 리포트 2014년 3월)〉, トヨタ自動車(토요타자동차)

〈2016年5月調査-明治維新前の創業は3,343社 500年以上は41社 2016년 5월 조사-메이지유신 전의 창업은 3343사 500년 이상 되는 기업은 41사〉, 帝国データバンク(데이코쿠 데이터뱅크)

〈第1回AA型種類株式に関するご説明資料 제1회 AA형종류주식에 관한 설명자료〉, トヨタ自動車(토요타자동차)

《グローバル資本主義の中の渋沢栄一~合本キャピタリズムとモラル 글로벌 자본주의 안의 시부사와 에이이치~합본 캐피털리즘과 모랄》, 橘川武郎/パトリック, フリデンソハン(편저) 東洋経済新報社(2014년)

《現代語訳 論語と算盤 현대어 번역 논어와 주판》, ちくま新書 渋沢栄一(저), 守屋淳(訳), 筑摩書房(2010년)

《200年企業 200년 기업》, 日経ビジネス人文庫, 日本経済新聞社(편), 日本経済新聞出版社(2010년)

《200年企業 Ⅱ 200년 기업 Ⅱ》, 日経ビジネス人文庫, 日本経済新聞社(편), 日本経済新聞出

版社(2012년)
《200年企業Ⅲ 200년 기업 Ⅲ》, 日経ビジネス人文庫, 日本経済新聞社(편), 日本経済新聞出版社(2013년)
《あの会社はこうして潰れた 그 회사는 이렇게 망했다》, 日経プレミアシリーズ, 藤森徹(저), 日本経済新聞出版社(2017년)
《週刊エコノミスト 주간 이코노미스트》, ザ, 100年企業 毎日新聞出版(2018년 1월 16일 발행)
《成功長寿企業への道 성공 장수 기업으로 가는 길》, 浅田厚志(저), 出版文化社(2013년)
《創業三〇〇年の長寿企業はなぜ栄え続けるのか 창업 3○○년의 장수 기업은 왜 계속 번창하는가》, グロービス経営大学院(저), 田久保善彦(감수), 東洋経済新報社(2014년)
《長寿企業のリスクマネジメント~生き残るためのDNA 장수 기업의 위험관리~살아남기 위한 DNA》, 後藤俊夫(감수), 第一法規出版(2017년)
《日本のファミリービジネス~その永続性を探る 일본의 패밀리 비즈니스~그 영속성을 탐구하다》, ファミリービジネス学会(편), 奥村昭博/加護野忠男(편저), 中央経済社(2016년)
《百年以上続いている会社はどこが違うのか 100년 이상 지속되는 회사는 어디가 다른가》, 田中真澄(저), 致知出版社(2015년)
《百年続く企業の条件~老舗は変化を恐れない 100년 이어지는 기업의 조건~노포는 변화를 두려워하지 않는다》, 朝日新書, 帝国データバンク史料館, 産業調査部(편), 朝日新聞出版(2009년)
《老舗企業の研究(改訂新版) 노포기업의 연구 개정신판》, 横澤利昌(편저), 生産性出版(2012년)

2038년
《エスリンとアメリカの覚醒~人間の可能性への挑戦 에솔렌과 미국의 각성~인간의 가능성에 대한 도전》, W.T.アンダーソヘン(저), 誠信書房(1998년)
《見えない宗教~ 現代宗教社会学入門 보이지 않는 종교~현대종교사회학 입문》, トーマス, ルックマン(저), ヨルダン社(1976년)
《お金2.0 돈 2.0》, 佐藤航陽(저), 幻冬舎(2017년)
《時代を先読みし、チャンスを生み出す 未来予測の技法 시대를 미리 내다보고 기회를 살리는 미래예측 기법》, 佐藤航陽(저), ディスカヴァー21(2018년)
《スマホが神になる~宗教を圧倒する「情報革命」の力 스마트폰이 신이 된다~종교를 압도하는 '정보혁명'의 힘》, 角川新書, 島田裕巳(저), KADOKAWA(2016년)

《宗教家になるには(改訂版) 종교가가 되려면 개정판》, 島田裕巳(저), ぺりかん社(2014년)
《宗教消滅~資本主義は宗教と心中する 종교 소멸~자본주의는 종교화 정확히 일치한다》, 島田裕巳(저), SBクリエイティブ(2016년)

책 전반

《10年後の働き方~「こんな仕事、聞いたことない!」からイノベーションの予兆をつかむ 10년 후의 근무방법~이런 일, 들어본 적 없으니 이노베이션의 징후를 알 수 있다》, できるビジネス, 曽我浩太郎/宮川麻衣子(저), インプレス(2017년)
《2017年度、動乱の世界情勢を読む~緊急出版!日経大予測 2017년도, 동란의 세계정세를 읽는다~긴급출판! 일본경제 대예측》, 日本経済新聞社(편), 日本経済新聞出版社(2017년)
《2030年ジャック アタリの未来予測~不確実な世の中をサバイブせよ! 2030년 자크 아탈리의 미래예측~불확실한 세계를 구하자!》, ジャック, アタリ(저), プレジデント社(2017년)
《2030年の世界経済~新興国と先進国 共同リーダーシップの時代 2030년의 세계경제~신흥공업국과 선진국 공동 리더십의 시대》, イワン, ツェリッシェフ(저), NTT出版(2014년)
《2040年の新世界~プラットフォームとしての3Dプリンタの衝撃 2040년의 신세계~플랫폼으로서의 3D프린터의 충격》, ホッド, リプソンメルバ, カーマン(저), 東洋経済新報社(2014년)
《2040年全ビジネスモデル消滅 2040년 전체 비즈니스 모델 소멸》, 文春新書, 牧野知弘(저), 文藝春秋(2016년)
《2050年の世界~英 エコノミスト, 誌は予測する 2050년의 세계~영국 '이코노미스트지'는 예측한다》, 英《エコノミスト(이코노미스트)》, 編集部(저), 船橋洋一(해설) 文藝春秋(2012년)
《2100年へのパラダイム シフト2100년으로의 패러다임 전환》, 広井良典/大井浩一(편), 作品社(2017년)
《9プリンシプルズ~加速する未来で勝ち残るために 9가지 원칙~가속화하는 미래에서 살아남기 위하여》, 伊藤穰一/ジェフ, ハウ(저), 早川書房(2017년)
《BCGが読む経営の論点2018 BCG가 읽는 경영의 논점 2018》, ボストンコンサルティンググループ(편), 日本経済新聞出版社(2017년)
《ICT未来予想図~自動運転、知能化都市、ロボット実装に向けて ICT 미래의 예상도~자율주행, 지능화 도시, 로봇 시대를 향하여》, 共立スマートセレクション, 土井美和子(저), 原隆浩(コーディネーター), 共立出版(2016년)
《インダストリーX.0~製造業の「デジタル価値」実現戦略 인더스트리 X.0~제조업의 '디지털

가치' 실현 전략》, エリック シェイファー(저), 日経BP社(2017년)
《これからの日本の論点~日経大予測2017 앞으로의 일본의 논점~닛케이 대예측 2017》, 日本経済新聞社(편), 日本経済新聞出版社(2016년)
《シフト~2035年, 米国最高情報機関が予測する驚愕の未来 전환~2035년, 미국 최고정보기관이 예측하는 경악의 미래》, マシュー バロウズ(저), ダイヤモンド社(2015년)
《マッキンゼーが予測する未来~近未来のビジネスは、4つの力に支配されている 매킨지가 예측하는 미래~가까운 미래의 비즈니스는 4가지 힘에 지배되고 있다》, リチャード ドッブス/ジェームズ マニーカ/ジョナサン ウーツェル(저), ダイヤモンド社(2017년)
《メガトレンド~世界の終わりと始まり 메가 트렌드~세계의 종말과 시작》, 川口盛之助(저), 日経BP社(2017년)
《楽観主義者の未来予測 上~テクノロジーの爆発的進化が世界を豊かにする 낙관주의자의 미래 예측 상~테크놀로지의 폭발적 진화가 세계를 풍요롭게 한다》, ピーター H, ディアマンディス/スティーヴン コトラー(저), 早川書房(2014년)
《楽観主義者の未来予測 下~テクノロジーの爆発的進化が世界を豊かにする 낙관주의자의 미래 예측 하~테크놀로지의 폭발적 진화가 세계를 풍요롭게 한다》, ピーター H, ディアマンディス/スティーヴン コトラー(저), 早川書房(2014년)
《驚愕! 日本の未来年表~識者が語る日本への警鐘と処方箋 경악! 일본의 미래 연표~지식인이 말하는 일본에 대한 경종과 처방전》, エイムック(저), 枻出版社(2017년)
《現代用語の基礎知識 2017 현대용어의 기초지식 2017》, 自由国民社(2016년)
《現代用語の基礎知識 2018 현대용어의 기초지식 2018》, 創刊70周年号 自由国民社(2017년)
《柔らかい個人主義の誕生~消費社会の美学 유연한 개인주의의 탄생~소비사회의 미학》, 中公文庫, 山崎正和(저), 中央公論新社(1987년)
《新ビジョン2050~地球温暖化、少子高齢化は克服できる 신 비전 2050~지구온난화, 출산율 저하와 고령화는 극복할 수 있다》, 小宮山宏/山田興一(저), 日経BP社(2016년)
《世界を変える100の技術~日経テクノロジー展望2017 세계를 바꾸는 100가지 기술~닛케이 테크놀로지 전망 2017》, 日経BP社(편), 日経BP社(2016년)
《第四次産業革命~ダボス会議が予測する未来 제4차 산업혁명~다보스포럼이 예측하는 미래》, クラウス シュワブ(저), 日本経済新聞出版社(2016년)
《誰が世界を変えるのか~日本企業の未来予想図 누가 세계를 바꾸는 것인가~일본 기업

의 미래 예상도》, 西野嘉之(저), 産業能/率大学出版部(2017년)
《日本の未来100年年表 2018-2117年の政治, 社会, 経済, 産業を予測! 일본의 미래 100년 연표 2018-2117년의 정치, 사회, 경제, 산업을 예측!》, 洋泉社MOOK, 洋泉社(2017년)
《日本版インダストリー4.0の教科書~IoT 時代のモノづくり戦略 일본판 인더스트리 4.0의 교과서~IoT 시대의 상품 생산전략》, 山田太郎(저), 日経BP社(2016년)
《日本未来図2030~20人の叡智が描くこの国のすがた 일본 미래도 2030~20명의 예언가가 그리는 이 나라의 모습》, 自由民主党国家戦略本部(편), 日経BP社(2014년)
《不安な個人、立ちすくむ国家 불안한 개인, 옴짝달싹 못하는 국가》, 経産省若手プロジェクト(저), 文藝春秋(2017년)

2020-2038
부의 미래

초판 1쇄 인쇄 2020년 1월 3일
초판 1쇄 발행 2020년 1월 10일

지은이 사카구치 다카노리
옮긴이 신현호
펴낸이 이범상
펴낸곳 (주)비전비엔피 · 비전코리아

기획 편집 이경원 유지현 김승희 조은아 박주은 황서연
디자인 김은주 이상재 한우리
마케팅 한상철 이성호 최은석 전상미
전자책 김성화 김희정 이병준
관리 이다정

주소 우)04034 서울시 마포구 잔다리로7길 12 (서교동)
전화 02)338-2411 | **팩스** 02)338-2413
홈페이지 www.visionbp.co.kr
인스타그램 www.instagram.com/visioncorea
포스트 post.naver.com/visioncorea
이메일 visioncorea@naver.com
원고투고 editor@visionbp.co.kr

등록번호 제313-2005-224호

ISBN 978-89-6322-161-8 03320

- 값은 뒤표지에 있습니다.
- 잘못된 책은 구입하신 서점에서 바꿔드립니다.

이 도서의 국립중앙도서관 출판시도서목록(CIP)은 서지정보유통지원시스템 홈페이지(http://seoji.nl.go.kr)와 국가자료공동목록시스템(http://www.nl.go.kr/kolisnet)에서 이용하실 수 있습니다.(CIP제어번호: CIP2019049830)